EinFach
Deutsch

Anne Frank.
Ein Lesebuch

Erarbeitet von Dorothea Waldherr
und Ute Hiddemann

Herausgegeben von
Johannes Diekhans

Wir danken dem Fischer Verlag Frankfurt für die freundliche Erlaubnis, aus den Tagebuch-Briefen und den übrigen Publikationen zu zitieren.

westermann GRUPPE

© 2000 Ferdinand Schöningh, Paderborn

© ab 2004 Bildungshaus Schulbuchverlage
Westermann Schroedel Diesterweg Schöningh Winklers GmbH, Braunschweig
www.westermann.de

Das Werk und seine Teile sind urheberrechtlich geschützt.
Jede Nutzung in anderen als den gesetzlich zugelassenen bzw. vertraglich zuge-
standenen Fällen bedarf der vorherigen schriftlichen Einwilligung des Verlages.
Nähere Informationen zur vertraglich gestatteten Anzahl von Kopien finden Sie
auf www.schulbuchkopie.de.
Für Verweise (Links) auf Internet-Adressen gilt folgender Haftungshinweis:
Trotz sorgfältiger inhaltlicher Kontrolle wird die Haftung für die Inhalte der
externen Seiten ausgeschlossen. Für den Inhalt dieser externen Seiten sind ausschließlich deren Betreiber verantwortlich. Sollten Sie daher auf kostenpflich-
tige, illegale oder anstößige Inhalte treffen, so bedauern wir dies ausdrücklich
und bitten Sie, uns umgehend per E-Mail davon in Kenntnis zu setzen, damit
beim Nachdruck der Verweis gelöscht wird.

Druck A[22] / Jahr 2020
Alle Drucke der Serie A sind im Unterricht parallel verwendbar.

Umschlaggestaltung: Jennifer Kirchhof
Druck und Bindung: Westermann Druck GmbH, Braunschweig

ISBN 978-3-14-**022273**-0

Anne Frank. Ein Lesebuch

Vorwort 5

A. Die Tagebuchbriefe – Eine Auswahl 6

B. Texte über Anne und die Zeit, in der sie lebte . . 87

I. Die leeren Seiten 88

  1. Der Verrat 88
  2. Westerbork 91
  3. Auschwitz 93
  4. Bergen-Belsen 96
  5. Das Schicksal Fritz Pfeffers und der Familie
     van Pels 102

II. „Her Story" – Anne Frank im Kontext
    ihrer Zeit 103

  1. Frankfurt am Main und die Familie Frank 103
  2. Die Juden in den Niederlanden 106
  3. Die Familie Frank am Merwedeplein in
     Amsterdam 112

III. Das Haus 118

  1. Stimmen und Stimmungen 119
  2. Miep Gies: Eine Nacht im Hinterhaus 120
  3. Das Lebensmittelmarkenproblem 122
  4. Alltagsepisoden 125

IV. Die Menschen 129

  1. Die Onderduikers 130

Otto Frank 130
Edith Frank 135
Margot 140
Peter 143
Frau van Pels 145
Herr van Pels 147
Fritz Pfeffer 149

2. Die Helfer 152

Miep Gies 154
Johannes Kleiman 155
Victor Kugler 157
Elisabeth Voskuijl, genannt Bep 158

V. Anne 159

1. ... über sich selbst 160
2. ... im Spiegel der anderen 162

Madame van der Waal – Die Mutter der besten
Freundin 162
Hanneli – Die Freundin 164
Die Lehrer 165
Miep Gies 166
„Ein Bündelchen Widerspruch" 168
Sehnsucht 170

3. Anne und die Liebe 175

Der erste Kuss 177
Anne und Peter 182

4. Anne und Gott 186

Annes Gott 186
Ein Verbündeter gegen die Angst 188
„Angst" 191
Gott in der Natur 194

VI. Das Tagebuch 198

1. Die Geschichte des Buches 199

Erste Begegnung 199
Annes Vermächtnis 200
Von losen Blättern zum Bestseller 202
Der Vorwurf der Fälschung 205

2. Das Buch macht Geschichte 206

Zitate 206
Ein Interview mit Karla Raveh 208
Dorothee Sölle: Aufwachen 211

Bildquellen 216

Literaturverzeichnis 217

Vorwort

Anne Frank – ein Mädchen wie jedes andere? Eine Schriftstellerin? Ein „Exempel" der Judenverfolgung? Wir wollen uns mit euch auf die Spur dieses Kindes, dieser jungen Frau begeben und Annes Persönlichkeit im Kontext ihrer Zeit zu erfassen suchen.

Dazu haben wir zwei Schwerpunkte gewählt: Im ersten Teil des Buches wollen wir euch anhand von ausgewählten Eintragungen aus Annes Tagebuch eine möglichst authentische Begegnung mit ihr ermöglichen. Der zweite Teil beinhaltet weitgehend Texte aus Biografien, die über Anne Frank erschienen sind. Sie werden ergänzt durch Aussagen und Berichte von Zeitzeugen, die das Leben der Familie Frank begleitet haben, sowie durch einige Kurzgeschichten Annes. Die einzelnen Beiträge sind wie die Teile eines Puzzles zu verstehen, die ein Gesamtbild der damaligen Situation erahnen lassen.

Gleichzeitig bildet das Tagebuch selbst ein Thema, das sich wie ein roter Faden durch die Gesamtausgabe zieht. Seine ursprüngliche Form, das rot karierte Poesiealbum, das Anne zu ihrem 13. Geburtstag bekam, bildet die Einleitung. Das letzte Kapitel erzählt, wie aus diesem Buch eines unbekannten jüdischen Mädchens ein Bestseller wurde. Dazwischen stehen die „leeren" Seiten, die sich mit den Geschehnissen beschäftigen, die Anne nicht mehr aufschreiben konnte.

Wir hoffen, dass euch die Lektüre des ersten Teils zum Lesen des gesamten Tagebuchs anregt. Ein Verleger begründete den Erfolg des Tagebuchs einmal damit, dass jeder Leser darin etwas entdecken kann, das ihn persönlich berührt. In diesem Sinne bleibt uns nur zu wünschen, dass ihr bei der Lektüre findet, was *euch* persönlich anspricht und bewegt.

Eure
Ute Hiddemann
Dorothea Waldherr

Das „Tagebuch der Anne Frank" erscheint im Fischer Verlag, Frankfurt.

A
Die Tagebuchbriefe

In de zomer van ~~1941~~ werd Oma Holländer erg ziek,(zij was toen al bij ons,)Zij
moest geopereerd worden, en van mijn
verjaardag kwam niet veel.
In kamen 1940 ook niet, want toen was
de oorlog net daarbij in Nederland.
Deze winter 1941-1942 is Oma gestorven.
En niemand weet hoeveel ik aan haar
denk en nog van haar houdt.
Deze verjaardig 1942 is dan ook ge-
vierd om alles in te halen en Oma's
lichtje stond er naast.

Vrijdag 19 Juni 1942.

Vanochtend was ik thuis, ik heb heel
erg lang geslapen. toen kwam Hanneli en hebben we nog wat gekletst.
Jacque is nu opeens erg met Ilse
ingenomen en doet erg kinderachtig
en flauw tegen mij, Die valt mij hoe
langer hoe meer tegen. Anne

Die Tagebuchbriefe – Eine Auswahl

Eine Auswahl

Das schönste Geburtstagsgeschenk

8 Anne Frank. Ein Lesebuch

Auf die erste Seite ihres Tagebuchs schreibt Anne:

Ik zal hoop ik aan jou alles kunnen toevertrouwen, zoals ik het nog aan niemand gekund heb, en ik hoop dat je me een grote steun zult zijn. Anne Frank, 12 Juni 1942.

Ich werde, hoffe ich, dir alles anvertrauen können, wie ich es noch bei niemandem gekonnt habe, und ich hoffe, du wirst mir eine große Stütze sein. Anne Frank, 12. Juni 1942

Samstag, 20. Juni 1942

Es ist für jemanden wie mich ein eigenartiges Gefühl, Tagebuch zu schreiben. Nicht nur, dass ich noch nie geschrieben habe, sondern ich denke auch, dass sich später keiner, weder ich noch ein anderer, für die
5 Herzensergüsse eines dreizehnjährigen Schulmädchens interessieren wird. Aber darauf kommt es eigentlich nicht an, ich habe Lust zu schreiben und will mir vor allem alles Mögliche gründlich von der Seele reden. Papier ist geduldiger als Menschen. Dieses Sprichwort
10 fiel mir ein, als ich an einem meiner leicht-melancholischen Tage gelangweilt am Tisch saß, den Kopf auf den Händen, und vor Schlaffheit nicht wusste, ob ich weggehen oder lieber zu Hause bleiben sollte, und so schließlich sitzen blieb und weitergrübelte. In der Tat,
15 Papier ist geduldig. Und weil ich nicht die Absicht habe, dieses kartonierte Heft mit dem hochtrabenden Namen „Tagebuch" jemals jemanden lesen zu lassen, es sei denn, ich würde irgendwann in meinem Leben „den" Freund oder „die" Freundin finden, ist es auch egal.
20 Nun bin ich bei dem Punkt angelangt, an dem die ganze Tagebuch-Idee angefangen hat: Ich habe keine Freundin. Um noch deutlicher zu sein, muss hier eine Erklärung folgen, denn niemand kann verstehen, dass ein Mädchen von dreizehn ganz allein auf der Welt steht.

Die Tagebuchbriefe – Eine Auswahl   9

Das ist auch nicht wahr. Ich habe liebe Eltern und eine
Schwester von sechzehn, ich habe, alles zusammenge-
zählt, mindestens dreißig Bekannte oder was man so
Freundinnen nennt. Ich habe einen Haufen Anbeter, die
mir alles von den Augen ablesen und sogar, wenn's sein
muss, in der Klasse versuchen, mithilfe eines zerbroche-
nen Taschenspiegels einen Schimmer von mir aufzufan-
gen. Ich habe Verwandte und ein gutes Zuhause. Nein,
es fehlt mir offensichtlich nichts, außer „die" Freundin.
Ich kann mit keinem von meinen Bekannten etwas anderes tun als Spaß machen, ich kann nur über alltägliche
Dinge sprechen und werde nie intimer mit ihnen. Das ist
der Haken. Vielleicht liegt dieser Mangel an
Vertraulichkeit auch an mir. Jedenfalls ist es so, leider,
und nicht zu ändern. Darum dieses Tagebuch.
Um nun die Vorstellung der ersehnten Freundin in meiner Fantasie noch zu steigern, will ich nicht einfach
Tatsachen in mein Tagebuch schreiben wie alle anderen,
sondern ich will dieses Tagebuch die Freundin selbst
sein lassen, und diese Freundin heißt *Kitty*.
Meine Geschichte! (Idiotisch, so etwas vergisst man nicht.)
Weil niemand das, was ich Kitty erzähle, verstehen
würde, wenn ich so mit der Tür ins Haus falle, muss ich,
wenn auch ungern, kurz meine Lebensgeschichte wiedergeben.
Mein Vater, der liebste Schatz von einem Vater, den ich je
getroffen habe, heiratete erst mit 36 Jahren meine Mutter,
die damals 25 war. Meine Schwester Margot wurde 1926
in Frankfurt am Main geboren, in Deutschland. Am 12.
Juni 1929 folgte ich. Bis zu meinem vierten Lebensjahr
wohnte ich in Frankfurt. Da wir Juden sind, ging dann
mein Vater 1933 in die Niederlande. Er wurde Direktor
der Niederländischen Opekta Gesellschaft zur
Marmeladeherstellung. Meine Mutter, Edith Frank-
Holländer, fuhr im September auch nach Holland und
Margot und ich gingen nach Aachen, wo unsere
Großmutter wohnte. Margot ging im Dezember nach
Holland und ich im Februar, wo ich als
Geburtstagsgeschenk für Margot auf den Tisch gesetzt
wurde.

10 Anne Frank. Ein Lesebuch

Ich ging bald in den Kindergarten der Montessorischule.
Dort blieb ich bis sechs, dann kam ich in die erste Klasse.
In der 6. Klasse kam ich zu Frau Kuperus, der Direktorin.
Am Ende des Schuljahres nahmen wir einen herzergrei-
fenden Abschied voneinander und weinten beide, denn
ich wurde am Jüdischen Lyzeum angenommen, in das
Margot auch ging.
Unser Leben verlief nicht ohne Aufregung, da die übrige
Familie in Deutschland nicht von Hitlers Judengesetzen
verschont blieb. Nach den Pogromen 1938 flohen meine
beiden Onkel, Brüder von Mutter, nach Amerika, und
meine Großmutter kam zu uns. Sie war damals 73 Jahre alt.
Ab Mai 1940 ging es bergab mit den guten Zeiten: Erst der
Krieg, dann die Kapitulation, der Einmarsch der
Deutschen, und das Elend für uns Juden begann.
Judengesetz folgte auf Judengesetz und unsere Freiheit
wurde sehr beschränkt. Juden müssen einen Judenstern
tragen; Juden müssen ihre Fahrräder abgeben; Juden dürfen nicht mit der Straßenbahn fahren; Juden dürfen nicht
mit einem Auto fahren, auch nicht mit einem privaten;
Juden dürfen nur von 3 – 5 Uhr einkaufen; Juden dürfen
nur zu einem jüdischen Friseur; Juden dürfen zwischen 8
Uhr abends und 6 Uhr morgens nicht auf die Straße; Juden
dürfen sich nicht in Theatern, Kinos und an anderen dem
Vergnügen dienenden Plätzen aufhalten; Juden dürfen
nicht ins Schwimmbad, ebenso wenig auf Tennis-, Hockey-
oder andere Sportplätze; Juden dürfen nicht rudern; Juden
dürfen in der Öffentlichkeit keinerlei Sport treiben; Juden
dürfen nach acht Uhr abends weder in ihrem eigenen
Garten noch bei Bekannten sitzen; Juden dürfen nicht zu
Christen ins Haus kommen; Juden müssen auf jüdische
Schulen gehen und dergleichen mehr. So ging unser Leben
weiter, und wir durften dies nicht und das nicht. Jacque[1]
sagt immer zu mir: „Ich traue mich nichts mehr zu
machen, ich habe Angst, dass es nicht erlaubt ist."
Im Sommer 1941 wurde Oma sehr krank. Sie musste
operiert werden, und aus meinem Geburtstag wurde

---

[1] Jaqueline van Maarsen, genannt Jacque, war ebenfalls Jüdin und eine
gute Freundin Annes.

Die Tagebuchbriefe – Eine Auswahl   **11**

nicht viel. Im Sommer 1940 auch schon nicht, da war der Krieg in den Niederlanden gerade vorbei. Oma starb im Januar 1942. Niemand weiß, wie oft <u>ich</u> an sie denke und sie noch immer lieb habe. Dieser Geburtstag 1942 ist dann auch gefeiert worden, um alles nachzuholen, und Omas Kerze stand daneben.
Uns vieren geht es noch immer gut und so bin ich dann bei dem heutigen Datum angelangt, an dem die feierliche Einweihung meines Tagebuchs beginnt, dem 20. Juni 1942.

Samstag, 20. Juni 1942

Liebe Kitty!
Dann fange ich gleich an. Es ist schön ruhig, Vater und Mutter sind ausgegangen, Margot ist mit ein paar jungen Leuten zu ihrer Freundin zum Pingpongspielen. Ich spiele in der letzten Zeit auch sehr viel, sogar so viel, dass wir fünf Mädchen einen Club gegründet haben. Der Club heißt „Der kleine Bär minus 2". Ein verrückter Name, der auf einem Irrtum beruht. Wir wollten einen besonderen Namen und dachten wegen unserer fünf Mitglieder sofort an die Sterne, an den Kleinen Bären. Wir meinten, er hätte fünf Sterne, aber da haben wir uns geirrt, er hat sieben, genau wie der Große Bär. Daher das „minus zwei". Ilse Wagner hat ein Pingpongspiel, und das große Esszimmer der Wagners steht uns immer zur Verfügung. Da wir Pingpongspielerinnen vor allem im Sommer gerne Eis essen und das Spielen warm macht, endet es meistens mit einem Ausflug zum nächsten Eisgeschäft, das für Juden erlaubt ist, die Oase oder das Delphi. Nach Geld oder Portmonee suchen wir überhaupt nicht mehr, denn in der Oase ist es meistens so voll, dass wir immer einige großzügige Herren aus unserem weiten Bekanntenkreis oder den einen oder anderen Verehrer finden, die uns mehr Eis anbieten, als wir in einer Woche essen können.
Ich nehme an, du bist ein bisschen erstaunt über die Tatsache, dass ich, so jung ich bin, über Verehrer spreche. Leider (in einigen Fällen auch nicht leider) scheint dieses Übel auf unserer Schule unvermeidbar zu sein. Sobald mich ein Junge fragt, ob er mit mir nach Hause radeln darf,

12   Anne Frank. Ein Lesebuch

und wir ein Gespräch anfangen, kann ich in neun von zehn
Fällen damit rechnen, dass der betreffende Jüngling die
Gewohnheit hat, sofort in Feuer und Flamme zu geraten,
und mich nicht mehr aus den Augen lässt. Nach einiger
5 Zeit legt sich die Verliebtheit wieder, vor allem, weil ich
mir aus feurigen Blicken nicht viel mache und lustig weiter-
radle. Wenn es mir manchmal zu bunt wird, schlenkere ich
ein bisschen mit dem Rad, die Tasche fällt runter, und der
junge Mann muss anstandshalber absteigen. Wenn er mir
10 die Tasche zurückgegeben hat, habe ich längst ein anderes
Gesprächsthema angefangen. Das sind aber noch die
Unschuldigen. Es gibt auch einige, die mir Kusshändchen
zuwerfen oder versuchen, mich am Arm zu nehmen. Aber
da sind sie bei mir an der falschen Adresse! Ich steige ab
15 und weigere mich, weiter seine Gesellschaft in Anspruch
zu nehmen. Oder ich spiele die Beleidigte und sage ihm
klipp und klar, er könne nach Hause gehen.
So, der Grundstein für unsere Freundschaft ist gelegt.
Bis morgen!   Deine Anne

20   Mittwoch, 8. Juli 1942
Liebe Kitty!
Zwischen Sonntagmorgen und jetzt scheinen Jahre zu
liegen. Es ist so viel geschehen, als hätte sich plötzlich
die Welt umgedreht. Aber, Kitty, du merkst, dass ich
25 noch lebe, und das ist die Hauptsache, sagt Vater. Ja, in
der Tat, ich lebe noch, aber frage nicht, wo und wie. Ich
denke, dass du mich heute überhaupt nicht verstehst,
deshalb werde ich einfach anfangen, dir zu erzählen,
was am Sonntag geschehen ist.
30 Um 3 Uhr (Hello[1] war eben weggegangen und wollte später zurückkommen) klingelte jemand an der Tür. Ich hatte
es nicht gehört, da ich faul in einem Liegestuhl auf der
Veranda in der Sonne lag und las. Kurz darauf erschien
Margot ganz aufgeregt an der Küchentür. „Für Vater ist
35 ein Aufruf von der SS gekommen", flüsterte sie. „Mutter
ist schon zu Herrn van Daan gegangen." (Van Daan ist ein
guter Bekannter und Teilhaber in Vaters Firma.)

---
[1] Hello Silberberg war ein Verehrer Annes.

Die Tagebuchbriefe – Eine Auswahl   **13**

Ich erschrak schrecklich. Ein Aufruf![1] Jeder weiß, was
das bedeutet. Konzentrationslager und einsame Zellen
sah ich vor mir auftauchen, und dahin sollten wir Vater
ziehen lassen müssen? „Er geht natürlich nicht", erklärte
Margot, als wir im Zimmer saßen und auf Mutter warte- 5
ten. „Mutter ist zu van Daan gegangen und fragt, ob wir
schon morgen in unser Versteck umziehen können. Van
Daans gehen mit. Wir sind dann zu siebt."[2]
Stille. Wir konnten nicht mehr sprechen. Der Gedanke
an Vater, der, nichts Böses ahnend, einen Besuch im jüdi- 10
schen Altersheim machte, das Warten auf Mutter, die
Hitze, die Anspannung ... das alles ließ uns schweigen.
Plötzlich klingelte es wieder. „Das ist Hello", sagte ich.
Margot hielt mich zurück. „Nicht aufmachen!"
Aber das war überflüssig. Wir hörten Mutter und Herrn 15
van Daan unten mit Hello reden. Dann kamen sie herein
und schlossen die Tür hinter sich. Bei jedem Klingeln
sollten Margot oder ich nun leise hinuntergehen, um zu
sehen, ob es Vater war. Andere Leute ließen wir nicht
rein. Margot und ich wurden aus dem Zimmer geschickt, 20
van Daan wollte mit Mutter allein sprechen.
Als Margot und ich in unserem Schlafzimmer saßen,
erzählte sie, dass der Aufruf nicht Vater betraf, sondern
sie. Ich erschrak erneut und begann zu weinen. Margot ist
sechzehn. So junge Mädchen wollten sie wegschicken? 25
Aber zum Glück würde sie nicht gehen, Mutter hatte es
selbst gesagt. Und vermutlich hatte auch Vater das
gemeint, als er mit mir über Verstecken gesprochen hatte.
Verstecken! Wo sollten wir uns verstecken? In der Stadt?
Auf dem Land? In einem Haus, in einer Hütte? Wann? 30

---

[1] Der Aufruf beinhaltete die sogenannte Zwangsverpflichtung zum
Arbeitseinsatz in Deutschland. Die Aufgerufenen mussten sich bei
der Amsterdamer Zentralstelle für jüdische Auswanderung melden
und wurden von dort in das Auffanglager Westerbork gebracht, das
im Nordosten Hollands lag. Ihr weiteres Schicksal war ungewiss.
(Siehe Kapitel II „Her Story – Anne im Kontext ihrer Zeit".)
[2] Die ebenfalls jüdische Familie van Pels, von Anne in ihrem Tagebuch
van Daan genannt, lebte in unmittelbarer Nachbarschaft der Franks.
Van Pels hatte als Gewürzspezialist in Otto Franks Firma gearbeitet.
(Siehe Kapitel IV „Die Menschen".)

Wie? Wo? Das waren Fragen, die ich nicht stellen konnte und die mich doch nicht losließen.

Margot und ich fingen an, das Nötigste in unsere Schultaschen zu packen. Das Erste, was ich hineintat, war dieses gebundene Heft, danach Lockenwickler, Taschentücher, Schulbücher, einen Kamm, alte Briefe. Ich dachte ans Untertauchen und stopfte deshalb die unsinnigsten Sachen in die Tasche. Aber es tut mir nicht leid, ich mache mir mehr aus Erinnerungen als aus Kleidern.

Um fünf Uhr kam Vater endlich nach Hause. Wir riefen Herrn Kleiman an und fragten, ob er noch an diesem Abend kommen könnte.[1] Van Daan ging weg und holte Miep. Sie kam, packte einige Schuhe, Kleider, Mäntel, Unterwäsche und Strümpfe in eine Tasche und versprach, abends noch einmal zu kommen. Danach war es still in unserer Wohnung. Keiner von uns vieren wollte essen. Es war noch warm und alles war sehr sonderbar. Das große Zimmer oben war an Herrn Goldschmidt vermietet, einen geschiedenen Mann in den Dreißigern. Anscheinend hatte er an diesem Abend nichts vor, er hing bis zehn Uhr bei uns rum und war nicht wegzukriegen.

Um elf Uhr kamen Miep und Jan Gies. Miep ist seit 1933 bei Vater im Geschäft und eine gute Freundin geworden, ebenso ihr frischgebackener Ehemann Jan. Wieder verschwanden Schuhe, Hosen, Bücher und Unterwäsche in Mieps Beutel und Jans tiefen Taschen. Um halb zwölf waren sie wieder gegangen.

Ich war todmüde, und obwohl ich wusste, dass es die letzte Nacht in meinem eigenen Bett sein würde, schlief ich sofort ein und wurde am nächsten Morgen um halb sechs von Mutter geweckt. Glücklicherweise war es

---

[1] Johannes Kleiman war zunächst Buchhalter in Otto Franks Firmen Pectacon und Opekta. Otto Frank machte ihn 1940 zum Teilhaber der Firma, als es Juden nicht mehr erlaubt war, einen eigenen Betrieb zu besitzen. (Siehe auch Kapitel II „Her Story" – Anne im Kontext ihrer Zeit".) Kleiman war einer der engsten Freunde der Familie und hatte sich ebenso wie die anderen Mitarbeiter Victor Kugler (der offizielle Aufsichtsrat), Bep Voskuijl und Miep Gies dazu bereit erklärt, die Familie Frank während der Zeit des Untertauchens zu unterstützen. (Siehe auch Kap. IV. 2. „Die Helfer".)

Die Tagebuchbriefe – Eine Auswahl   15

nicht mehr so heiß wie am Sonntag; den ganzen Tag fiel
ein warmer Regen. Wir zogen uns alle vier so dick an, als
müssten wir in einem Eisschrank übernachten, und das
nur, um noch ein paar Kleidungsstücke mehr mitzunehmen. Kein Jude in unserer Lage hätte gewagt, mit einem
Koffer voller Kleider aus dem Haus zu gehen. Ich hatte
zwei Hemden, drei Hosen, zwei Paar Strümpfe und ein
Kleid an, darüber Rock, Mantel, Sommermantel, feste
Schuhe, Mütze, Schal und noch viel mehr. Ich erstickte
zu Hause schon fast, aber danach fragte niemand.
Margot stopfte ihre Schultasche voll mit Schulbüchern,
holte ihr Rad und fuhr hinter Miep her in eine mir unbe-
kannte Ferne. Ich wusste nämlich noch immer nicht, wo
der geheimnisvolle Ort war, zu dem wir gehen würden.
Um halb acht schlossen auch wir die Tür hinter uns. Die
Einzige, von der ich Abschied nehmen musste, war
Moortje, meine kleine Katze, die ein gutes Heim bei den
Nachbarn bekommen sollte, wie auf einem Briefchen an
Herrn Goldschmidt stand.
Die aufgedeckten Betten, das Frühstückszeug auf dem
Tisch, ein Pfund Fleisch für die Katze in der Küche, das
alles erweckte den Eindruck, als wären wir Hals über Kopf
weggegangen. Eindrücke konnten uns egal sein. Weg woll-
ten wir, nur weg und sicher ankommen, sonst nichts.
Morgen mehr.   Deine Anne

Donnerstag, 9. Juli 1942

Liebe Kitty!
So gingen wir dann im strömenden Regen, Vater, Mutter
und ich, jeder mit einer Schul- und Einkaufstasche, bis
obenhin vollgestopft mit den unterschiedlichsten Sachen.
Die Arbeiter, die früh zu ihrer Arbeit gingen, schauten uns
mitleidig nach. In ihren Gesichtern war deutlich das
Bedauern zu lesen, dass sie uns keinerlei Fahrzeug anbie-
ten konnten. Der auffallende gelbe Stern sprach für sich
selbst.
Erst als wir auf der Straße waren, erzählten Vater und
Mutter mir stückchenweise den ganzen Versteckplan.
Schon monatelang hatten wir so viel Hausrat und
Leibwäsche wie möglich aus dem Haus geschafft, und

nun waren wir gerade so weit, dass wir am 16. Juli freiwillig untertauchen wollten. Durch diesen Aufruf war der Plan um zehn Tage vorverlegt, sodass wir uns mit weniger gut geordneten Räumen zufriedengeben mussten.

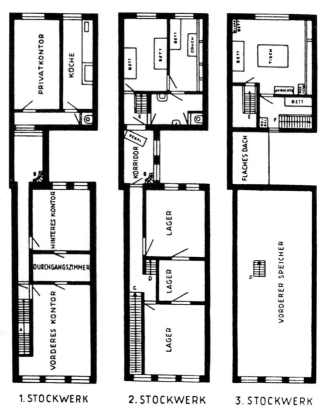

Das Versteck der Familie Frank im Bürogebäude der Firma

5 Das Versteck war in Vaters Bürogebäude. Für Außenstehende ist das ein bisschen schwer zu begreifen, darum werde ich es näher erklären. Vater hatte nicht viel Personal, Herrn Kugler, Herrn Kleiman und Miep, dann

Die Tagebuchbriefe – Eine Auswahl   **17**

noch Bep Voskuijl, die 23-jährige Stenotypistin, die alle über unser Kommen informiert waren. Im Lager waren Herr Voskuijl, Beps Vater, und zwei Arbeiter, denen hatten wir nichts gesagt.

Das Gebäude sieht so aus: Im Parterre ist ein großes Magazin, das als Lager benutzt wird und wieder unterteilt ist in verschiedene Verschläge, zum Beispiel den Mahlraum, wo Zimt, Nelken und Pfeffersurrogat vermahlen werden, und den Vorratsraum. Neben der Lagertür befindet sich die normale Haustür, die durch eine Zwischentür zu einer Treppe führt. Oben an der Treppe erreicht man eine Tür mit Halbmattglas, auf der einmal mit schwarzen Buchstaben das Wort „Kontor" stand. Das ist das große vordere Büro, sehr groß, sehr hell, sehr voll. Tagsüber arbeiten da Bep, Miep und Herr Kleiman. Durch ein Durchgangszimmer mit Tresor, Garderobe und einem großen Vorratsschrank kommt man zu dem kleinen, ziemlich muffigen, dunklen Direktorenzimmer. Dort saßen früher Herr Kugler und Herr van Daan, nun nur noch Ersterer. Man kann auch vom Flur aus in Kuglers Zimmer gehen, durch eine Glastür, die zwar von innen, aber nicht ohne Weiteres von außen zu öffnen ist. Von Kuglers Büro aus durch den langen, schmalen Flur, vorbei am Kohlenverschlag und vier Stufen hinauf, da ist das Prunkstück des ganzen Gebäudes, das Privatbüro. Vornehme, dunkle Möbel, Linoleum und Teppiche auf dem Boden, Radio, elegante Lampe, alles prima-prima. Daneben ist eine große, geräumige Küche mit Durchlauferhitzer und zwei Gaskochern. Dann noch ein Klo. Das ist der erste Stock. Vom unteren Flur führt eine normale Holztreppe nach oben. Dort ist ein kleiner Vorplatz, der Diele genannt wird. Rechts und links sind Türen, die linke führt zum Vorderhaus mit den Lagerräumen, dem Dachboden und dem Oberboden. Vom Vorderhaus aus führt auf der anderen Seite auch noch eine lange, übersteile, echt holländische Beinbrechtreppe zur zweiten Straßentür.

Rechts von der Diele liegt das „Hinterhaus". Kein Mensch würde vermuten, dass hinter der einfachen, grau gestrichenen Tür so viele Zimmer versteckt sind.

18 Anne Frank. Ein Lesebuch

Vor der Tür ist eine Schwelle, und dann ist man drinnen.
Direkt gegenüber der Eingangstür ist eine steile Treppe,
links ein kleiner Flur und ein Raum, der Wohn- und
Schlafzimmer der Familie Frank werden soll. Daneben
ist noch ein kleineres Zimmer, das Schlaf- und Arbeitszimmer der beiden jungen Damen Frank. Rechts von
der Treppe ist eine Kammer ohne Fenster mit einem
Waschbecken und einem abgeschlossenen Klo und eine
Tür in Margots und mein Zimmer. Wenn man die Treppe hinaufgeht und oben die Türe öffnet, ist man erstaunt, dass es in einem alten Grachtenhaus so einen hohen, hellen und geräumigen Raum gibt. In diesem
Raum stehen ein Herd (das haben wir der Tatsache zu
verdanken, dass hier früher Kuglers Laboratorium war)
und ein Spülstein. Das ist also die Küche und gleichzeitig auch das Schlafzimmer des Ehepaares van Daan, all-
gemeines Wohnzimmer, Esszimmer und Arbeitszimmer.
Ein sehr kleines Durchgangszimmerchen wird Peters
Appartement werden. Dann, genau wie vorn, ein Dachboden und ein Oberboden. Siehst du, so habe ich dir unser ganzes schönes Hinterhaus vorgestellt!

Deine Anne

Samstag, 11. Juli 1942

Liebe Kitty!

Vater, Mutter und Margot können sich noch immer nicht
an das Geräusch der Westerturmglocke gewöhnen, die
jede Viertelstunde angibt, wie spät es ist. Ich schon, mir
hat es sofort gefallen, und besonders nachts ist es so etwas
Vertrautes. Es wird dich vermutlich interessieren, wie es
mir als Untergetauchter gefällt. Nun, ich kann dir nur
sagen, dass ich es selbst noch nicht genau weiß. Ich glaube, ich werde mich in diesem Haus nie daheimfühlen,
aber damit will ich überhaupt nicht sagen, dass ich es hier
unangenehm finde. Ich fühle mich eher wie in einer sehr
eigenartigen Pension, in der ich Ferien mache. Eine ziemlich verrückte Auffassung von Untertauchen, aber es ist
nun mal nicht anders. Das Hinterhaus ist ein ideales
Versteck. Obwohl es feucht und ein bisschen schief ist,
wird man wohl in ganz Amsterdam, ja vielleicht in ganz

Die Tagebuchbriefe – Eine Auswahl 19

Holland kein so bequem eingerichtetes Versteck finden. Unser Zimmer war mit seinen nackten Wänden bis jetzt noch sehr kahl. Dank Vater, der meine ganze Postkarten- und Filmstarsammlung schon vorher mitgenommen hatte, habe ich mit Leimtopf und Pinsel die ganze Wand bestrichen und aus dem Zimmer ein einziges Bild gemacht. Es sieht viel fröhlicher aus. Wenn die van Daans kommen, werden wir aus dem Holz, das auf dem Dachboden liegt, ein paar Schränkchen und anderen netten Krimskrams machen.

Margot und Mutter haben sich wieder ein bisschen erholt. Gestern wollte Mutter zum ersten Mal Erbsensuppe kochen, aber als sie zum Schwätzen unten war, vergaß sie die Suppe. Die brannte so an, dass die Erbsen kohlschwarz und nicht mehr vom Topf loszukriegen waren. Gestern Abend sind wir alle vier hinunter ins Privatbüro gegangen und haben den englischen Sender angestellt. Ich hatte solche Angst, dass es jemand hören könnte, dass ich Vater buchstäblich anflehte, wieder mit nach oben zu gehen. Mutter verstand meine Angst und ging mit. Auch sonst haben wir große Angst, dass die Nachbarn uns hören oder sehen könnten. Gleich am ersten Tag haben wir Vorhänge genäht. Eigentlich darf man nicht von Vorhängen sprechen, denn es sind nur Lappen, vollkommen unterschiedlich in Form, Qualität und Muster, die Vater und ich sehr unfachmännisch schief aneinandergenäht haben. Mit Reißnägeln wurden diese Prunkstücke vor den Fenstern befestigt, um vor Ablauf unserer Untertauchzeit nie mehr herunterzukommen.

Rechts neben uns ist das Haus einer Firma aus Zaandam, links eine Möbeltischlerei. Diese Leute sind also nach der Arbeitszeit nicht in den Gebäuden, aber trotzdem könnten Geräusche durchdringen. Wir haben Margot deshalb auch verboten, nachts zu husten, obwohl sie eine schwere Erkältung erwischt hat, und geben ihr große Mengen Codein zu schlucken.

Ich freue mich sehr auf die Ankunft der van Daans, die auf Dienstag festgelegt ist. Es wird viel gemütlicher und auch weniger still sein. Diese Stille ist es nämlich, die mich abends und nachts so nervös macht, und ich würde viel darum geben, wenn jemand von unseren Beschützern hier schlafen würde.

Sonst ist es hier überhaupt nicht so schlimm, denn wir können selbst kochen und unten in Papis Büro Radio hören. Herr Kleiman, Miep und Bep haben uns sehr geholfen. Wir haben sogar schon Rhabarber, Erdbeeren und Kirschen gehabt und ich glaube nicht, dass wir uns hier vorläufig langweilen werden. Zu lesen haben wir auch und wir kaufen noch einen Haufen Spiele. Aus dem Fenster schauen oder hinausgehen dürfen wir natürlich nie. Tagsüber müssen wir auch immer sehr leise gehen und leise sprechen, denn im Lager dürfen sie uns nicht hören. Gestern hatten wir viel Arbeit, wir mussten für das Büro zwei Körbe Kirschen entkernen, Herr Kugler wollte sie einmachen. Aus den Kirschenkisten machen wir Bücherregale.

Gerade werde ich gerufen!   Deine Anne

28. September 1942 (Nachtrag)

Es beklemmt mich doch mehr, als ich sagen kann, dass wir niemals hinausdürfen, und ich habe große Angst, dass wir entdeckt und dann erschossen werden. Das ist natürlich eine weniger angenehme Aussicht.
(Nachtrag zum 11. Juli)

Samstag, 7. November 1942
Liebe Kitty!
Mutter ist schrecklich nervös, und das ist für mich immer sehr gefährlich. Sollte es Zufall sein, dass Vater und Mutter Margot nie ausschimpfen und ich immer alles abbekomme? Gestern Abend zum Beispiel: Margot las ein Buch, in dem prächtige Zeichnungen waren. Sie stand auf und legte das Buch zur Seite, um es später weiterzulesen. Ich hatte gerade nichts zu tun, nahm das Buch und betrachtete die Bilder. Margot kam zurück, sah „ihr" Buch in meiner Hand, bekam eine Falte in die Stirn und verlangte es böse zurück. Ich wollte es nur noch kurz weiterbetrachten. Margot wurde immer böser. Mutter mischte

Die Tagebuchbriefe – Eine Auswahl   21

sich mit den Worten ein: „Das Buch liest Margot, gib es ihr also."

Vater kam ins Zimmer, wusste nicht mal, um was es ging, sah, dass Margot etwas angetan wurde, und fuhr mich an: „Ich würde dich mal sehen wollen, wenn Margot in deinem Buch herumblättern würde!"

Ich gab sofort nach, legte das Buch hin und ging, ihrer Meinung nach beleidigt, aus dem Zimmer. Doch ich war weder beleidigt noch böse, wohl aber traurig.

Es war nicht richtig von Vater, dass er geurteilt hat, ohne die Streitfrage zu kennen. Ich hätte das Buch Margot von selbst zurückgegeben, und dazu noch viel schneller, wenn Vater und Mutter sich nicht eingemischt und Margot in Schutz genommen hätten, als würde ihr das größte Unrecht geschehen.

Dass Mutter sich für Margot einsetzt, versteht sich von selbst, die beiden setzen sich immer füreinander ein. Ich bin daran so gewöhnt, dass ich völlig gleichgültig gegen Mutters Standpauken und Margots gereizte Launen geworden bin. Ich liebe sie nur deshalb, weil sie nun einmal Mutter und Margot sind, als Menschen können sie mir gestohlen bleiben. Bei Vater ist das was anderes. Wenn er Margot vorzieht, alle ihre Taten gutheißt, sie lobt und mit ihr zärtlich ist, dann nagt etwas in mir. Denn Vater ist mein Alles, er ist mein großes Vorbild und ich liebe niemanden auf der Welt außer Vater. Er ist sich nicht bewusst, dass er mit Margot anders umgeht als mit mir. Margot ist nun mal die Klügste, die Liebste, die Schönste und die Beste. Aber ein bisschen Recht habe ich doch auch darauf, ernst genommen zu werden. Ich war immer der Clown und der Taugenichts der Familie, musste immer für alle Taten doppelt büßen, einmal durch die Standpauken und einmal durch meine eigene Verzweiflung. Die oberflächlichen Zärtlichkeiten befriedigen mich nicht mehr, ebenso wenig die sogenannten ernsthaften Gespräche. Ich verlange etwas von Vater, was er mir nicht geben kann. Ich bin nicht neidisch auf Margot, war es nie. Ich begehre weder ihre Klugheit noch ihre Schönheit. Ich würde nur so gerne Vaters echte Liebe fühlen, nicht nur als sein Kind, sondern als Anne-als-sie-selbst.

Ich klammere mich an Vater, weil ich jeden Tag verächtlicher auf Mutter hinunterschaue und er der Einzige ist, der in mir noch ein Restchen Familiengefühl aufrechterhält. Vater versteht nicht, dass ich mich manchmal über Mutter aussprechen muss. Er will nicht über sie reden, vermeidet alles, was sich auf Mutters Fehler bezieht.

Und doch liegt mir Mutter mit all ihren Mängeln am schwersten auf dem Herzen. Ich weiß nicht, wie ich mich beherrschen soll. Ich kann ihr nicht ihre Schlampigkeit, ihren Sarkasmus und ihre Härte unter die Nase reiben, kann jedoch auch nicht immer die Schuld bei mir finden.

Ich bin genau das Gegenteil von ihr und deshalb prallen wir natürlich aufeinander. Ich urteile nicht über Mutters Charakter, denn darüber kann ich nicht urteilen, ich betrachte sie nur als Mutter. Für mich ist sie eben keine Mutter. Ich selbst muss meine Mutter sein. Ich habe mich von ihnen abgesondert, laviere mich alleine durch und werde später schon sehen, wo ich lande. Es liegt alles daran, dass ich eine genaue Vorstellung in mir habe, wie eine Mutter und eine Frau sein soll, und nichts davon finde ich in ihr, der ich den Namen Mutter geben muss.

Ich nehme mir immer vor, nicht mehr auf Mutters falsche Beispiele zu achten, ich will nur ihre guten Seiten sehen, und was ich bei ihr nicht finde, bei mir selbst suchen. Aber das gelingt mir nicht. Besonders schlimm ist es, dass weder Vater noch Mutter erkennen, dass sie mir gegenüber ihren Verpflichtungen nicht nachkommen und dass ich sie dafür verurteile. Kann eigentlich jemand seine Kinder voll und ganz zufriedenstellen?

Manchmal glaube ich, dass Gott mich auf die Probe stellen will, jetzt und auch später. Muss ich ein guter Mensch werden, ohne Vorbilder und ohne Reden, damit ich später besonders stark werde?

Wer außer mir wird später alle diese Briefe lesen? Wer außer mir wird mich trösten? Ich habe so oft Trost nötig. Ich bin so häufig nicht stark genug und versage öfter, als dass ich den Anforderungen genüge. Ich weiß es und versuche immer wieder, jeden Tag aufs Neue, mich zu bessern.

Die Tagebuchbriefe – Eine Auswahl 23

Ich werde unterschiedlich behandelt. Den einen Tag ist
Anne so vernünftig und darf alles wissen, am nächsten
höre ich wieder, dass Anne noch ein kleines, dummes
Schaf ist, das nichts weiß und nur glaubt, Wunder was
aus Büchern gelernt zu haben! Ich bin nicht mehr das
Baby und das Hätschelkind, das immer ausgelacht werden darf. Ich habe meine eigenen Ideale, Vorstellungen
und Pläne, aber ich kann sie noch nicht in Worte fassen.
Ach, mir kommt so viel hoch, wenn ich abends allein bin,
auch tagsüber, wenn ich die Leute aushalten muss, die mir
zum Hals heraushängen oder meine Absichten immer ver-
kehrt auffassen. Letztlich komme ich deshalb immer wieder auf mein Tagebuch zurück, das ist mein Anfang und
mein Ende, denn Kitty ist immer geduldig. Ich verspreche
ihr, dass ich trotz allem durchhalten werde, mir meinen
eigenen Weg suche und meine Tränen hinunterschlucke.
Ich würde nur so gern auch mal einen Erfolg sehen und
ein einziges Mal von jemandem ermutigt werden, der
mich lieb hat. Verurteile mich nicht, sondern betrachte
mich als jemanden, dem es auch mal zu viel wird!
Deine Anne

Dienstag, 17. November 1942
Liebe Kitty!
Dussel[1] ist angekommen. Es hat alles gut geklappt. Miep
hatte zu ihm gesagt, er müsse um elf Uhr an einer
bestimmten Stelle vor dem Postamt sein, dort würde ihn
ein Herr abholen. Dussel stand an dem verabredeten

---

[1] Albert Dussel hieß in Wirklichkeit Fritz Pfeffer. Er war Zahnarzt und
häufiger Gast der Familie Frank. Ursprünglich hatte er in Frankfurt
gelebt. Nach der Reichskristallnacht 1938 war er jedoch mit seiner
Lebensgefährtin Charlotte Kaletta nach Amsterdam geflohen. Dort
hatten die beiden gehofft, heiraten zu können, was ihnen durch die
Rassengesetze in Deutschland verboten wurde, da Kaletta Christin
war. Der Einmarsch der Deutschen in den Niederlanden machte
ihre Pläne zunichte. (Siehe auch Kapitel II „Her Story – Anne im
Kontext ihrer Zeit".)
Zwischen „Dussel" und Anne entstanden heftige Spannungen im
Hinterhaus, da sich Anne das Zimmer mit dem damals Dreiundfünf-
zigjährigen teilen musste. Margot zog in das Zimmer ihrer Eltern.

Platz, pünktlich, Herr Kleiman ging auf ihn zu und sagte, dass der genannte Herr noch nicht kommen könne und ob er so lange zu Miep ins Büro kommen wolle. Kleiman stieg in die Straßenbahn und fuhr zurück
5 ins Büro und Dussel ging denselben Weg zu Fuß.

Um zehn Minuten vor halb zwölf klopfte Dussel an die Bürotür. Miep ließ ihn seinen Mantel ausziehen, sodass der Stern nicht zu sehen war, und brachte ihn ins Privatbüro. Dort kümmerte sich Kleiman um ihn, bis die
10 Putzfrau weg war. Unter dem Vorwand, dass das Privatbüro nicht länger frei sei, ging Miep mit Dussel nach oben, öffnete den Drehschrank und stieg vor den Augen des verblüfften Mannes hinein.

Wir sieben saßen oben um den Tisch und erwarteten mit
15 Kaffee und Kognak unseren Mitversteker. Miep führte ihn erst in unser Wohnzimmer. Er erkannte sofort unsere Möbel, dachte aber nicht im Entferntesten daran, dass wir uns über seinem Kopf befänden. Als Miep ihm das erzählte, fiel er fast in Ohnmacht vor Staunen. Aber zum
20 Glück ließ Miep ihm nicht lange Zeit und brachte ihn nach oben. Dussel ließ sich auf einen Stuhl fallen und starrte uns alle eine Weile sprachlos an, als wollte er die genaue Wahrheit von unseren Gesichtern ablesen. Dann stotterte er: „Aber … nein … aber sind Sie denn nicht in
25 Belgien? Ist der Offizier nicht gekommen? Das Auto? Die Flucht … ist sie nicht geglückt?"

Wir erklärten ihm die ganze Sache, dass wir das Märchen von dem Militär und dem Auto extra ausgestreut hatten, um die Leute und die Deutschen, die viel-
30 leicht nach uns suchen würden, auf die falsche Spur zu locken. Dussel war sprachlos über so viel Erfindungsgeist und konnte sich nur immer wieder erstaunt umschauen, als er unser hyperpraktisches und schönes Hinterhäuschen näher beschnüffelte. Wir aßen
35 zusammen, dann schlief er ein bisschen, trank den Tee mit uns, ordnete sein bisschen Zeug, das Miep bereits vorher gebracht hatte, und fühlte sich schon ziemlich heimisch. Vor allem, als er die folgende getippte Hinterhausordnung (Fabrikat van Daan) in die Hände
40 bekam.

PROSPEKT UND LEITFADEN VOM HINTERHAUS

Spezielle Einrichtung für die vorübergehende Unterkunft von Juden und ihresgleichen.

Während des ganzen Jahres geöffnet.

Schöne, ruhige, waldfreie Umgebung im Herzen von Amsterdam. Keine privaten Nachbarn. Zu erreichen mit den Staßenbahnlinien 13 und 17, ferner auch mit Auto oder Fahrrad. In bestimmten Fällen, in denen die Deutschen die Benutzung dieser Transportmittel nicht erlauben, auch zu Fuß. Möblierte und unmöblierte Wohnungen und Zimmer ständig verfügbar, mit oder ohne Pension.

Miete: gratis.

Diätküche fettfrei.

Fließendes Wasser im Badezimmer (leider keine Wanne) und an diversen Innen- und Außenwänden. Herrliche Feuerstellen.

Geräumige Lagerplätze für Güter aller Art. Zwei große, moderne Panzerschränke.

Eigene Radiozentrale mit direkter Verbindung nach London, New York, Tel-Aviv und vielen anderen Stationen. Dieser Apparat steht allen Bewohnern ab sechs Uhr abends zur Verfügung, wobei es <u>keine</u> verbotenen Sender gibt, unter einer Bedingung, dass nur ausnahmsweise deutsche Sender gehört werden dürfen, z. B. klassische Musik u. Ä. Es ist strengstens verboten, deutsche Nachrichten zu hören (egal, woher sie gesendet werden) und sie zu verbreiten.

Ruhezeiten: 10 Uhr abends bis 7.30 Uhr morgens, sonntags 10.15 Uhr. Unter besonderen Umständen werden auch tagsüber Ruhestunden abgehalten, je nach Anweisung der Direktion. Ruhestunden müssen im Interesse der allgemeinen Sicherheit unbedingt eingehalten werden!!!

Freizeit: Fällt bis auf Weiteres aus (sofern außer Haus).

Gebrauch der Sprache: Es wird zu allen Zeiten gefordert, leise zu sprechen. Erlaubt sind alle Kultursprachen, also kein Deutsch.

Lektüre und Entspannung: Es dürfen keine deutschen Bücher gelesen werden, ausgenommen wissenschaftliche und klassische, alle anderen sind frei.

Gymnastik: Täglich.

Gesang: Ausschließlich leise und nach 6 Uhr abends.

Film: nach Abmachung.

Unterricht: In Stenografie jede Woche eine schriftliche Lektion. In Englisch, Französisch, Mathematik und Geschichte jederzeit. Bezahlung durch Gegenunterricht, z. B. Niederländisch.

Spezielle Abteilung für kleinere Haustiere mit guter Versorgung. (Ausgenommen Ungeziefer, für das eine besondere Genehmigung erforderlich ist ...)

Mahlzeiten:

Frühstück: täglich morgens um 9 Uhr, Sonn- und Feiertage ca. 11.30 Uhr.

Mittagessen: zum Teil ausgedehnt. 1.15 Uhr bis 1.45 Uhr.

Abendessen: kalt und/oder warm, keine feste Zeit, abhängig vom Nachrichtendienst.

Verpflichtungen gegenüber der Versorgungskolonne: Bereitschaft, jederzeit bei Büroarbeiten zu helfen.

Baden: Sonntags ab 9 Uhr steht der Zuber allen Hausgenossen zur Verfügung. Gebadet wird in der Toilette, in der Küche, im Privatbüro oder im vorderen Büro, ganz nach Wunsch.

Starke Getränke: nur gegen ärztliches Attest.

Ende.   Deine Anne

                                           Freitag, 2. April 1943

Liebe Kitty!

Ach, ich habe wieder etwas Schreckliches in meinem Sündenregister stehen. Gestern Abend lag ich im Bett und wartete, dass Vater zum Beten und Gutenachtsagen kommen würde, als Mutter ins Zimmer kam, sich auf mein Bett setzte und sehr bescheiden sagte: „Anne, Papi kommt noch nicht. Sollen wir nicht mal zusammen beten?"

„Nein, Mansa", antwortete ich.

Mutter stand auf, blieb neben meinem Bett stehen, ging dann langsam zur Tür. Plötzlich drehte sie sich um und sagte mit einem verzerrten Gesicht: „Ich will nicht böse auf dich sein. Liebe lässt sich nicht erzwingen." Ein paar Tränen liefen über ihr Gesicht, als sie zur Tür hinausging.

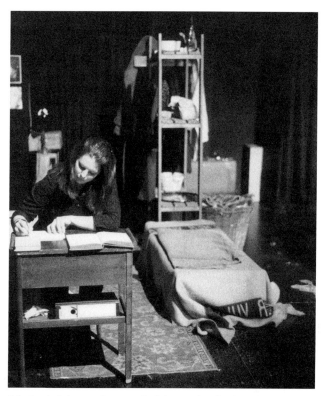

Schnürschuhtheater Bremen: Aufführung des Stücks „Das Tagebuch der Anne Frank" von Albert Hackett und Frances Goodrich. Regie: Kurt Wobbe. (1998)

Ich blieb still liegen und fand es sofort gemein von mir, dass ich sie so rüde von mir gestoßen hatte. Aber ich wusste auch, dass ich nichts anderes antworten konnte. Ich konnte nicht so heucheln und gegen meinen Willen mit ihr beten. Es ging einfach nicht. Ich hatte Mitleid mit ihr, sehr viel Mitleid. Zum ersten Mal in meinem Leben habe ich gemerkt, dass meine kühle Haltung sie nicht gleichgültig lässt. Ich habe den Kummer auf ihrem Gesicht gesehen, als sie sagte, dass Liebe sich nicht zwin-

gen lässt. Es ist hart, die Wahrheit zu sagen, und doch ist
es die Wahrheit, dass sie mich selbst von sich gestoßen
hat, dass sie mich selbst durch ihre taktlosen
Bemerkungen für jede Liebe von ihrer Seite abgestumpft
hat, durch ihre rohen Scherze über Dinge, die ich nicht
witzig finde. So wie sich in mir jedes Mal alles zusam-
menkrampft, wenn sie mir harte Worte sagt, so krampfte
sich ihr Herz zusammen, als sie merkte, dass die Liebe
zwischen uns wirklich verschwunden ist.
Sie hat die halbe Nacht geweint und die ganze Nacht
nicht gut geschlafen. Vater schaut mich nicht an, und
wenn er es doch tut, lese ich in seinen Augen die Worte:
„Wie konntest du so gemein sein, wie wagst du es,
Mutter solchen Kummer zu bereiten!"
Alle erwarten, dass ich mich entschuldige. Aber das ist
eine Sache, für die ich mich nicht entschuldigen kann, weil
ich etwas gesagt habe, was wahr ist und was Mutter
früher oder später doch wissen muss. Ich scheine und bin
gleichgültig gegenüber Mutters Tränen und Vaters
Blicken, weil sie beide zum ersten Mal fühlen, was ich
unaufhörlich merke. Ich kann nur Mitleid haben mit
Mutter, die selbst ihre Haltung wiederfinden muss. Ich für
meinen Teil schweige und bin kühl und werde auch weiterhin vor der Wahrheit nicht zurückschrecken, weil sie
umso schwerer zu ertragen ist, je länger sie verschoben
wird.   Deine Anne

                                Mittwoch, 4. August 1943
Liebe Kitty!
Du weißt nun, nachdem wir seit gut einem Jahr
Hinterhäusler sind, schon einiges über unser Leben, aber
vollständig kann ich dich doch nicht informieren. Es ist
alles so anders als in normalen Zeiten und bei normalen
Leuten. Um dir einen genaueren Einblick in unser Leben
zu ermöglichen, werde ich jetzt ab und zu einen Teil
unseres normalen Tagesablaufs beschreiben. Heute
fange ich mit dem Abend und der Nacht an.
<u>Abends um neun</u> Uhr fängt im Hinterhaus der Rummel
mit dem Ins-Bett-Gehen an und es ist tatsächlich immer

Die Tagebuchbriefe – Eine Auswahl   29

ein Rummel. Stühle werden geschoben, Betten herausgeholt, Decken aufgefaltet und nichts bleibt, wo es tagsüber zu sein hat. Ich schlafe auf der kleinen Couch, die noch nicht mal 1,50 Meter lang ist. Also müssen Stühle als Verlängerung dienen. Plumeau, Laken, Kissen, Decken – alles wird aus Dussels Bett geholt, wo es tagsüber untergebracht ist.

Von drüben hört man ein schreckliches Knarren von Margots Bett à la Harmonika. Wieder Couchdecken und Kissen, um die hölzernen Latten ein bisschen bequemer zu machen. Oben scheint es zu gewittern, es ist aber nur das Bett von Frau van Daan. Das wird nämlich ans Fenster geschoben, damit Ihre Hoheit im rosa Bettjäckchen etwas frische Luft in die kleinen Nasenlöcher bekommt.

Neun Uhr: Nach Peter betrete ich das Badezimmer, wo dann eine gründliche Wäsche folgt. Nicht selten passiert es (nur in den heißen Monaten, Wochen oder Tagen), dass ein kleiner Floh im Waschwasser treibt. Dann Zähne putzen, Haare locken, Nägel pflegen, der Wattebausch mit Wasserstoff (um schwarze Schnurrbarthaare zu bleichen), und das alles in einer knappen halben Stunde.

Halb zehn: Schnell den Bademantel angezogen. Die Seife in der einen Hand, Nachttopf, Haarnadeln, Hose, Lockenwickler und Watte in der anderen, eile ich aus dem Badezimmer, meistens noch zurückgerufen wegen der Haare, die in zierlichen, aber für den nachfolgenden Wäscher nicht angenehmen Bögen das Waschbecken verunzieren.

Zehn Uhr: Verdunklung vor, gute Nacht! Eine gute Viertelstunde lang noch das Knarren von Betten und das Seufzen der kaputten Federn, dann ist es still. Wenigstens dann, wenn die oben keinen Streit im Bett haben.

Halb zwölf: Die Zimmertür quietscht. Ein dünner Lichtstreifen fällt ins Zimmer. Das Knarren von Schuhen, ein großer Mantel, noch größer als der Mann, der in ihm steckt ... Dussel kommt von seiner nächtlichen Arbeit in Kuglers Büro zurück. Zehn Minuten lang Schlurfen auf dem Boden, das Rascheln von Papier (von den Esswaren, die er versteckt), ein Bett wird gemacht. Dann verschwindet die Gestalt wieder, und man hört nur von Zeit zu Zeit aus der Toilette ein verdächtiges Geräusch.

5 Ungefähr drei Uhr: Ich muss aufstehen, um ein kleines Geschäft in die Blechdose unter meinem Bett zu verrichten, unter die vorsichtshalber noch eine Gummimatte gelegt worden ist, falls das Ding leckt. Wenn das nötig ist, halte ich immer die Luft an, denn es plätschert in die Dose 10 wie ein Bach von einem Berg. Dann kommt die Dose wieder an ihren Platz, und die Gestalt in dem weißen Nachthemd, das Margot jeden Abend den Ausruf entlockt „Oh, dieses unsittliche Nachthemd", steigt wieder ins Bett. Eine knappe Viertelstunde liegt dann die gewisse 15 Person und horcht auf die nächtlichen Geräusche. Zuerst, ob unten vielleicht ein Dieb sein könnte, dann auf die Geräusche von den diversen Betten, oben, nebenan und im Zimmer, denen man meistens entnehmen kann, ob die verschiedenen Hausgenossen schlafen oder halb wach 20 die Nacht verbringen. Letzteres ist nicht angenehm, vor allem, wenn es um ein Familienmitglied namens Dr. D. geht. Erst höre ich ein Geräusch, als ob ein Fisch nach Luft schnappt. Das wiederholt sich ungefähr zehnmal, dann werden umständlich die Lippen befeuchtet oder man hört 25 kleine Schmatzgeräusche, gefolgt von einem lang dauernden Hin- und Herdrehen im Bett und dem Verschieben von Kissen. Fünf Minuten herrscht vollkommene Ruhe, dann wiederholt sich der Ablauf der Ereignisse mindestens noch dreimal, bis sich der Doktor wieder für eine 30 Weile in den Schlaf gelullt hat.

Es kann auch vorkommen, dass irgendwann nachts zwischen eins und vier geschossen wird. Ich bin mir dessen kaum bewusst, da stehe ich aus Gewohnheit neben meinem Bett. Manchmal bin ich auch so in Träume versun- 35 ken, dass ich an französische unregelmäßige Verben oder einen kleinen Streit oben denke und erst dann merke, dass geschossen wird und ich ruhig im Zimmer geblieben bin. Aber meistens passiert, was ich oben gesagt habe. Schnell ein Kissen und ein Taschenbuch 40 geschnappt, Bademantel und Pantoffeln angezogen und

Die Tagebuchbriefe – Eine Auswahl   31

zu Vater gerannt, genau so, wie Margot es in dem Geburtstagsgedicht beschrieben hat:
„Des Nachts, beim allerersten Krach
Steht gleich danach in unsrem Gemach
Ein kleines Mädchen, lieb und nett
Mit flehendem Blick an Vaters Bett."
Im großen Bett angelangt, ist der ärgste Schreck schon vorbei, außer wenn das Schießen sehr laut ist.
Viertel vor sieben: Rrrrrr ... Der Wecker, der zu jeder Stunde des Tages, ob man es braucht oder nicht, loslegen kann. Knack ... peng, Frau van Daan hat ihn ausgemacht. Krach ... Herr van Daan ist aufgestanden. Wasser aufstellen, dann flugs ins Badezimmer.
Viertel nach sieben: Die Tür knarrt wieder. Dussel kann ins Badezimmer gehen. Endlich allein, entferne ich die Verdunklung, und der neue Tag im Hinterhaus hat begonnen.   Deine Anne

                                       Donnerstag, 5. August 1943
Liebe Kitty!
Heute nehmen wir mal die Mittagspause dran.
Es ist halb eins. Der ganze Haufen atmet auf. Nun sind van Maaren[1], der Mann mit der dunklen Vergangenheit, und de Kok nach Hause gegangen. Oben hört man das Stampfen des Staubsaugers auf dem schönen und einzigen Teppich von Frau van Daan. Margot nimmt ein paar Bücher unter den Arm und geht zum Unterricht für „lernbehinderte Kinder", denn so wirkt Dussel. Pim setzt sich mit seinem ewigen Dickens in eine ruhige Ecke. Mutter eilt eine Etage höher, um der eifrigen Hausfrau zu helfen, und ich gehe ins Badezimmer, um dieses – gleichzeitig mit mir selbst – etwas zu verschönern.
Viertel vor eins: Nach und nach tröpfeln alle ein. Erst Herr Gies, dann Kleiman oder Kugler, Bep und manchmal für kurze Zeit auch Miep.
Ein Uhr: Alle sitzen um das kleine Radio und lauschen gespannt dem BBC, und das sind die einzigen Minuten,

---

[1] Van Maaren war als Nachfolger des an Magenkrebs erkrankten Herrn Voskuijl in der Lagerverwaltung eingestellt worden.

32 Anne Frank. Ein Lesebuch

in denen sich die Mitglieder des Hinterhauses nicht gegenseitig ins Wort fallen, denn da spricht jemand, dem sogar Herr van Daan nicht widersprechen kann.

<u>Viertel nach eins:</u> Das große Austeilen. Jeder von unten bekommt eine Tasse Suppe, und wenn es mal Nachtisch gibt, auch davon etwas. Zufrieden setzt sich Herr Gies auf die Couch oder lehnt sich an den Schreibtisch, die Zeitung und die Tasse und meistens auch die Katze neben sich. Wenn eines von den dreien fehlt, hört er nicht auf zu protestieren. Kleiman erzählt die letzten Neuigkeiten aus der Stadt, dafür ist er tatsächlich eine hervorragende Quelle. Kugler kommt holterdipolter die Treppe herauf. Ein kurzes und kräftiges Klopfen an der Tür, und er kommt händereibend herein, je nach Stimmung gut gelaunt und geschäftig oder schlecht gelaunt und still.

<u>Viertel vor zwei:</u> Die Esser erheben sich, und jeder geht wieder seiner Beschäftigung nach. Margot und Mutter machen den Abwasch, Herr und Frau van Daan legen sich auf die Couch, Peter geht auf den Dachboden, Vater auf die Couch, Dussel auch, und Anne macht sich an die Arbeit.

Nun folgt die ruhigste Stunde. Wenn alle schlafen, wird niemand gestört. Dussel träumt von leckerem Essen, das sieht man seinem Gesicht an. Aber ich betrachte es nicht lange, denn die Zeit rennt und um vier Uhr steht der pedantische Doktor schon mit der Uhr in der Hand da, weil ich eine Minute zu spät den Tisch für ihn räume.

Deine Anne

Montag, 9. August 1943

Liebe Kitty!

Diesmal die Fortsetzung des Tagesablaufs im Hinterhaus. Nach der Mittagspause ist der Mittagstisch an der Reihe.

<u>Herr van Daan:</u> Er eröffnet den Reigen. Er wird als Erster bedient, nimmt beträchtlich viel von allem, wenn es ihm schmeckt. Er redet meistens mit, gibt immer seine Meinung zum Besten, und wenn er das getan hat, gibt es nichts mehr daran zu rütteln. Wenn jemand das wagt, dann hat er es in sich. Ach, er kann einen anfauchen wie

Die Tagebuchbriefe – Eine Auswahl 33

eine Katze! Ich möchte das lieber nicht erleben. Wer es
einmal mitgemacht hat, hütet sich vor dem zweiten Mal.
Er hat die einzig richtige Meinung, er weiß über alles das
meiste. Na gut, er hat einen gescheiten Kopf, aber die
Selbstgefälligkeit dieses Herrn hat ein hohes Maß erreicht. 5
Die gnädige Frau: Eigentlich sollte ich besser schweigen.
An manchen Tagen, vor allem, wenn sie schlecht gelaunt ist, schaut man ihr Gesicht besser nicht an. Genau
genommen ist sie an allen Diskussionen schuld. Nicht
das Objekt! O nein, jeder hütet sich davor, sie anzugrei- 10
fen, aber man könnte sie die Anstifterin nennen. Hetzen,
das ist ihre liebste Beschäftigung. Hetzen gegen Frau
Frank und Anne. Gegen Margot und Herrn Frank geht
Hetzen nicht so leicht.
Aber nun zu Tisch. Frau van Daan kommt nicht zu kurz, 15
auch wenn sie das manchmal denkt. Die kleinsten
Kartoffeln, die leckersten Häppchen, das Zarteste von
allem heraussuchen, das ist Madames Parole. Die anderen
kommen schon noch an die Reihe, wenn ich erst das Beste
habe. (Genau das, was sie von Anne Frank denkt.) Das 20
andere ist Reden. Hauptsache, es hört jemand zu, ob es
denjenigen interessiert oder nicht, darauf kommt es offenbar nicht an. Sie denkt sicher, was Frau van Daan interessiert, interessiert jeden. Kokett lächeln, tun, als wüsste
man von allem etwas, jedem einen guten Rat geben und 25
jeden bemuttern, das muss doch einen guten Eindruck
machen. Aber schaut man genauer hin, geht der Lack ab.
Fleißig, eins, fröhlich, zwei, kokett, drei, und manchmal
ein hübsches Lärvchen. Das ist Petronella van Daan.
Der dritte Tischgenosse: Man hört nicht viel von ihm. 30
Der junge Herr van Daan ist meistens still und unauffällig. Was den Appetit betrifft: Ein Danaidenfass, es wird
niemals voll, und nach der kräftigsten Mahlzeit behauptet er seelenruhig, dass er bestimmt noch mal das
Doppelte essen könnte. 35
Nummer 4 ist Margot: Isst wie ein Mäuschen, redet
überhaupt nicht. Das Einzige, was bei ihr reingeht, ist
Gemüse oder Obst. „Verwöhnt" ist das Urteil von Herrn
und Frau van Daan. „Zu wenig frische Luft und Sport"
ist unsere Meinung. 40

34   Anne Frank. Ein Lesebuch

<u>Daneben Mama:</u> Appetit gut, redet eifrig. Niemand kommt bei ihr, wie bei Frau van Daan, auf den Gedanken: Das ist die Hausfrau. Worin der Unterschied liegt? Nun, Frau van Daan kocht, und Mutter spült und
5 putzt.

<u>Nummer 6 und 7:</u> Über Vater und mich werde ich nicht viel sagen. Ersterer ist der Bescheidenste am Tisch. Er schaut immer erst, ob die anderen schon haben. Er braucht nichts, die besten Sachen sind für die Kinder. Er
10 ist ein Vorbild an Güte, und neben ihm sitzt das Nervenbündel vom Hinterhaus!

<u>Dussel:</u> Nimmt, schaut nicht, isst, redet nicht. Und wenn schon geredet werden muss, dann um Himmels willen nur über Essen, das führt nicht zu Streit, nur zu
15 Aufschneiderei. Enorme Portionen passen in ihn, und „nein" sagt er nie, nicht bei den guten Sachen und auch nicht oft bei schlechten.

Die Hose bis zur Brust hochgezogen, eine rote Jacke, schwarze Lackpantoffeln und eine Hornbrille. So kann
20 man ihn am Arbeitstisch sehen, ewig arbeitend, ohne Fortschritte, nur unterbrochen vom Mittagsschläfchen, dem Essen und (seinem Lieblingsort) dem Klo. Drei-, vier-, fünfmal am Tag steht jemand ungeduldig vor der Klotür und verkneift es sich, hüpft von einem Bein aufs
25 andere und kann es kaum mehr halten. Stört er sich daran? Nicht doch! Von viertel nach sieben bis halb acht, von halb eins bis eins, von zwei bis Viertel nach zwei, von vier bis Viertel nach vier, von sechs bis Viertel nach sechs und von halb zwölf bis zwölf Uhr nachts,
30 danach kann man sich richten, das sind seine festen „Sitzungen". Davon wird nicht abgewichen und er lässt sich auch nicht durch die flehende Stimme vor der Tür stören, die vor einem schnell nahenden Unheil warnt.

35 <u>Nummer 9</u> ist kein Hinterhaus-Familienmitglied, aber doch Haus- und Tischgenossin. Bep hat einen gesunden Appetit. Sie lässt nichts stehen, ist nicht wählerisch. Mit allem kann man sie erfreuen und das gerade erfreut uns. Fröhlich und gut gelaunt, willig und gutmütig, das sind
40 ihre Kennzeichen.   Deine Anne

Die Tagebuchbriefe – Eine Auswahl

Dienstag, 10. August 1943

Liebe Kitty!

Eine neue Idee! Ich rede bei Tisch mehr mit mir selbst als mit den anderen. Das ist in zweierlei Hinsicht günstig. Erstens sind alle froh, wenn ich nicht ununterbrochen quatsche, und zweitens brauche ich mich über die Meinung anderer Leute nicht zu ärgern. Meine eigene Meinung finde ich nicht blöd, die anderen tun das aber, also kann ich sie genauso gut für mich behalten. Ebenso mache ich es, wenn ich etwas essen muss, was ich überhaupt nicht ausstehen kann. Ich stelle den Teller vor mich und bilde mir ein, es sei etwas sehr Leckeres, schaue möglichst wenig hin und ehe ich mich versehe, ist es aufgegessen. Morgens beim Aufstehen – auch etwas, was nicht angenehm ist – springe ich aus dem Bett, denke mir „du legst dich gleich wieder gemütlich rein", laufe zum Fenster, mache die Verdunkelung weg, schnüffle so lange an dem Spalt, bis ich ein bisschen frische Luft spüre, und bin hellwach. Das Bett wird so schnell wie möglich auseinandergelegt, dann ist die Verführung weg. Weißt du, wie Mutter so etwas nennt? Eine Lebenskünstlerin. Findest du das Wort nicht auch witzig?

Seit einer Woche sind wir alle ein bisschen durcheinander mit der Zeit, weil anscheinend unsere liebe und teure Westerturmglocke weggeholt worden ist, für irgendeine Fabrik, und wir wissen seither weder bei Tag noch bei Nacht genau, wie spät es ist. Ich hoffe, man wird etwas finden, was der Nachbarschaft die Glocke wenigstens ein bisschen ersetzt, ein zinnernes, kupfernes oder was weiß ich für ein Ding.

Wo ich auch bin, unten oder oben oder wo auch immer, jeder schaut mir bewundernd auf die Füße, an denen ein paar außergewöhnlich schöne Schuhe (für diese Zeit!) prangen. Miep hat sie für 27,50 Gulden ergattert. Weinrot, Peau de Suède und mit einem ziemlich hohen Blockabsatz. Ich gehe wie auf Stelzen und sehe noch größer aus, als ich ohnehin schon bin.

Gestern hatte ich einen Unglückstag. Ich stach mich mit dem hinteren Ende einer dicken Nadel in den rechten Daumen. Die Folge war, dass Margot an meiner Stelle die

Kartoffeln schälen musste (das Gute beim Schlechten) und ich krakelig schrieb. Dann rannte ich mit dem Kopf gegen die Schranktür, fiel fast rückwärts um, bekam einen Rüffel wegen des Lärms, den ich wieder gemacht hatte, durfte den Wasserhahn nicht aufdrehen, um meine Stirn zu betupfen, und laufe nun mit einer Riesenbeule über dem rechten Auge herum. Zu allem Unglück blieb ich mit meinem rechten kleinen Zeh im Stift vom Staubsauger hängen. Es blutete und tat weh, aber ich hatte so viel mit meinen anderen Leiden zu tun, dass dieses Wehwehchen dagegen ins Nichts versank. Dumm genug, denn nun laufe ich mit einem infizierten Zeh und Zugsalbe, Verbandmull und Heftpflaster herum und kann meine großartigen Schuhe nicht anziehen.

Dussel hat uns zum soundsovielten Mal in Lebensgefahr gebracht. Miep brachte wahrhaftig ein verbotenes Buch für ihn mit, eine Schmähschrift über Mussolini. Unterwegs wurde sie von einem SS-Motorrad angefahren. Sie verlor die Nerven, schrie „Elende Schufte" und fuhr weiter. Ich will lieber nicht daran denken, was passiert wäre, wenn sie mit zum Büro gemusst hätte!   Deine Anne

Die Pflicht des Tages in der Gemeinschaft: Kartoffel-schälen!
Der eine holt das Zeitungspapier, der Zweite die Messer (und behält natürlich das beste für sich selbst), der Dritte die Kartoffeln, der Vierte das Wasser.
Herr Dussel fängt an. Er schält nicht immer gut, dafür aber ohne Pause, schaut kurz nach links und rechts, ob jeder es auch ja auf die gleiche Art tut wie er. Nein!
„Anne, schau mal, ich nehme das Messer so in die Hand, schäle von oben nach unten! Nein, so nicht, sondern so!"
„Ich finde es anders bequemer, Herr Dussel", bemerke ich schüchtern.
„Aber das ist doch die beste Art, du kannst es mir glauben. Mir kann es natürlich egal sein, du musst es selbst wissen."
Wir schälen wieder weiter. Ich schaue verstohlen zu meinem Nachbarn hinüber. Der schüttelt gedankenverloren den Kopf (sicher über mich), schweigt aber.

Die Tagebuchbriefe – Eine Auswahl   37

Ich schäle weiter, schaue dann kurz zur anderen Seite,
wo Vater sitzt. Für Vater ist Kartoffelschälen nicht einfach
eine Tätigkeit, sondern eine Präzisionsarbeit. Wenn er
liest, hat er eine tiefe Falte am Hinterkopf, wenn er aber
hilft, Kartoffeln, Bohnen oder anderes Gemüse vorzubereiten, dann scheint überhaupt gar nichts zu ihm durch-
zudringen, dann hat er sein Kartoffelgesicht. Und nie
wird er eine weniger gut geschälte Kartoffel abliefern,
das gibt es einfach nicht, wenn er so ein Gesicht macht.
Ich arbeite weiter, schaue kurz auf und weiß genug. Frau
van Daan versucht, ob sie Dussels Aufmerksamkeit auf
sich ziehen kann. Erst schaut sie zu ihm hin und Dussel
tut, als ob er nichts merkt. Dann zwinkert sie ihm zu,
Dussel arbeitet weiter. Dann lacht sie, Dussel schaut nicht
hoch. Jetzt lacht Mutter auch, Dussel macht sich nichts
daraus. Frau van Daan hat nichts erreicht, nun muss sie
es also anders anfangen. Kurze Stille, dann kommt:
„Putti, nimm doch eine Schürze vor! Morgen muss ich
auch wieder die Flecken an deinem Anzug sauber
machen."
„Ich mache mich nicht schmutzig."
Wieder einen Moment Stille, dann: „Putti, warum setzt
du dich nicht hin?"
„Ich stehe gut so, ich stehe lieber."
Pause.
„Putti, schau, du spritzt schon."
„Ja, Mami, ich passe schon auf."
Frau van Daan sucht ein anderes Thema. „Sag, Putti,
warum bombardieren die Engländer jetzt nicht?"
„Weil das Wetter zu schlecht ist, Kerli."
„Aber gestern war das Wetter doch schön und sie sind
auch nicht geflogen."
„Reden wir nicht darüber."
„Warum? Darüber kann man doch reden und seine
Meinung sagen."
„Nein!"
„Warum denn nicht?"
„Sei jetzt mal still, Mamichen."
„Herr Frank gibt seiner Frau doch auch immer
Antwort."

Herr van Daan kämpft, das ist seine empfindliche Stelle, das kann er nicht aushalten, und Frau van Daan fängt wieder an: „Die Invasion kommt doch nie!"

Herr van Daan wird weiß. Als Frau van Daan das merkt, wird sie rot, fährt aber trotzdem fort: „Die Engländer leisten nichts!"

Die Bombe platzt. „Jetzt halt mal deinen Mund, zum Donnerwetter noch mal!"

Mutter kann sich das Lachen kaum verbeißen, ich schaue stur vor mich hin.

So etwas wiederholt sich fast jeden Tag, wenn sie nicht gerade einen schlimmen Streit gehabt haben. Dann halten sowohl Herr van Daan als auch seine Frau den Mund.

Ich muss noch ein paar Kartoffeln holen und gehe zum Dachboden. Dort ist Peter damit beschäftigt, die Katze zu entflöhen. Er schaut hoch, die Katze merkt es, wupp ... weg ist sie, durch das offene Fenster in die Dachrinne. Peter flucht, ich lache und verschwinde.

Die Freiheit im Hinterhaus

<u>Halb sechs:</u> Bep kommt herauf, um uns die Abendfreiheit zu schenken. Jetzt kommt sofort Schwung in den Betrieb. Ich gehe erst mit Bep nach oben, wo sie meistens unseren Nachtisch vom Abendessen im Voraus bekommt.

Bep sitzt noch nicht richtig, da fängt Frau van Daan schon an, ihre Wünsche aufzuzählen: „Ach, Bep, ich habe noch einen Wunsch ..."

Bep zwinkert mir zu. Frau van Daan lässt keine Gelegenheit aus, um jedem, der nach oben kommt, ihre Wünsche mitzuteilen. Das ist sicher einer der Gründe, dass sie alle nicht gern hinaufgehen.

<u>Viertel vor sechs:</u> Bep geht. Ich gehe zwei Stockwerke tiefer. Erst in die Küche, dann ins Privatbüro, dann in den Kohlenverschlag, um für Mouschi das Mäusetürchen aufzumachen.

Nachdem ich mich überall umgeschaut habe, lande ich in Kuglers Zimmer. Dort sucht van Daan in allen Schubladen und Mappen nach der Tagespost. Peter holt die Lagerschlüssel und Moffi, Pim schleppt die Schreibmaschinen nach oben, Margot sucht sich einen

Die Tagebuchbriefe – Eine Auswahl   **39**

ruhigen Platz für ihre Büroarbeit, Frau van Daan setzt einen Kessel Wasser auf den Gasherd und Mutter kommt mit einem Topf Kartoffeln die Treppe herunter. Jeder weiß, welche Arbeit er zu tun hat.

Schon bald kommt Peter vom Lager zurück. Die erste Frage gilt dem Brot: Es ist vergessen worden. Er macht sich so klein wie möglich, kriecht auf allen vieren durch das vordere Büro zum Stahlschrank, nimmt das Brot und verschwindet. Das heißt, er will verschwinden, denn bevor er kapiert, was geschieht, ist Mouschi über ihn hinweggesprungen und hat sich unter dem Schreibtisch verkrochen.

Peter sucht in allen Ecken. Hach, dort ist die Katze! Wieder kriecht er in das Büro hinein und zieht das Tier am Schwanz. Mouschi faucht. Peter seufzt. Was hat er erreicht? Mouschi sitzt nun direkt am Fenster und leckt sich, sehr zufrieden damit, dass sie Peter entkommen ist. Jetzt hält er als letztes Lockmittel der Katze ein Stück Brot hin. Jawohl, sie folgt ihm, und die Tür schließt sich.

Ich habe alles durch den Türspalt beobachtet.

Herr van Daan ist böse, schmeißt mit der Tür. Margot und ich schauen uns an und denken das Gleiche: Er hat sich bestimmt wieder über irgendeine Dummheit von Kugler aufgeregt und denkt jetzt nicht an unsere Nachbarn.

Da hört man wieder Schritte im Flur. Dussel kommt heran, geht in Besitzerhaltung zum Fenster, atmet tief – und hustet, niest, keucht! Er hat Pech gehabt, das war Pfeffer. Nun setzt er seinen Weg zum vorderen Büro fort. Die Vorhänge sind offen, das bedeutet, dass er sich kein Briefpapier holen kann. Mit mürrischem Gesicht verschwindet er.

Margot und ich werfen uns einen Blick zu. „Morgen bekommt seine Liebste ein Blatt weniger", sagt sie. Ich nicke zustimmend.

Auf der Treppe hört man noch Elefantengetrampel. Das ist Dussel, der auf seinem geliebten Ort Trost sucht.

Wir arbeiten weiter. Tik, tik, tik ... Dreimal klopfen, Essenszeit!

Wenn die Uhr halb neune schlägt ...

Margot und Mutter sind nervös. „Pst, Vater! Still, Otto!
Pst, Pim! Es ist halb neun. Komm jetzt her, du kannst
kein Wasser mehr laufen lassen. Geh leise!" Das sind die
diverse Ausrufe für Vater im Badezimmer. Schlag halb
neun muss er im Zimmer sein. Kein Tröpfchen Wasser,
kein Klo, nicht herumlaufen, alles still! Wenn im Büro
noch niemand ist, kann man im Lager alles hören.

Oben wird um zehn vor halb neun die Tür geöffnet und
kurz danach dreimal auf den Fußboden geklopft. Der
Brei für Anne. Ich steige hinauf und hole das
Hundeschüsselchen.

Unten angekommen, geht alles schnell-schnell. Haare
kämmen, Plätscherdose ausgießen, Bett auf seinen Platz.
Still! Die Uhr schlägt. Frau van Daan wechselt die Schuhe
und schlurft auf Badeschlappen durch das Zimmer, Herr
Charlie Chaplin auch auf Schlappen und alles ist ruhig.

Nun ist die ideale Familienszenerie vollkommen. Ich
möchte lesen oder lernen, Margot auch, ebenso Vater
und Mutter. Vater sitzt (natürlich mit Dickens und
Wörterbuch) auf dem Rand seines ausgeleierten
Quietschbettes, auf dem noch nicht mal anständige
Matratzen liegen. Zwei aufeinandergelegte Keilkissen
tun's auch. „Muss ich nicht haben, es geht auch ohne."

Einmal am Lesen schaut er nicht auf oder um, lacht ab
und zu, gibt sich schreckliche Mühe, Mutter eine
Geschichte aufzudrängen.

„Ich habe jetzt keine Zeit."

Einen Moment sieht er enttäuscht aus, dann liest er weiter. Kurz darauf, wenn wieder etwas Schönes und
Typisches kommt, versucht er es wieder: „Das musst du
lesen, Mutter!"

Mutter sitzt auf dem Klappbett, liest, näht, strickt oder
lernt, was eben an der Reihe ist. Auf einmal fällt ihr
etwas ein. Schnell sagt sie: „Anne, du weißt doch ...",
oder: „Margot, schreib mal eben auf ..."

Nach einer Weile ist wieder Ruhe eingekehrt. Plötzlich
schlägt Margot mit einem Knall ihr Buch zu. Vater zieht
die Augenbrauen zu einem witzigen Bogen, seine
Lesefalte bildet sich aufs Neue und er ist wieder vertieft.

Die Tagebuchbriefe – Eine Auswahl **41**

Mutter fängt an, mit Margot zu schwätzen, ich werde neugierig, höre auch zu. Pim wird in das Gespräch hineingezogen ...
Neun Uhr! Frühstück!

Samstag, 27. November 1943

Liebe Kitty!
Gestern vor dem Einschlafen stand mir plötzlich Hanneli[1] vor den Augen.
Ich sah sie vor mir, in Lumpen gekleidet, mit einem eingefallenen und abgemagerten Gesicht. Ihre Augen waren sehr groß und sie sah mich so traurig und vorwurfsvoll an, dass ich in ihren Augen lesen konnte: „Oh Anne, warum hast du mich verlassen? Hilf, o hilf mir, rette mich aus dieser Hölle!"
Und ich kann ihr nicht helfen. Ich kann nur zuschauen, wie andere Menschen leiden und sterben. Ich muss untätig dasitzen und kann Gott nur bitten, sie zu uns zurückzuführen. Ausgerechnet Hanneli sah ich, niemand anderen, und ich verstand es. Ich habe sie falsch beurteilt, war noch zu sehr Kind, um ihre Schwierigkeiten zu begreifen. Sie hing an ihrer Freundin und für sie sah es aus, als wollte ich sie ihr wegnehmen. Wie muss sich die Ärmste gefühlt haben! Ich weiß es, ich kenne dieses Gefühl selbst so gut!
Manchmal, wie ein Blitz, erkannte ich etwas von ihrem Leben und ging dann, egoistisch, sofort wieder in meinen eigenen Vergnügungen und Schwierigkeiten auf.
Es war gemein, wie ich mit ihr umgegangen bin, und jetzt schaute sie mich mit ihrem blassen Gesicht und ihren flehenden Augen so hilflos an. Könnte ich ihr bloß helfen! O Gott, dass ich hier alles habe, was ich mir wünschen kann, und dass sie vom Schicksal so hart angefasst worden ist! Sie war mindestens so fromm wie ich, sie wollte auch das Gute. Warum wurde ich dann auserwählt, um zu leben, und sie musste womöglich sterben?

---

[1] Hannah Goslar war eine der besten Freundinnen Annes gewesen. Sie stammte aus einem streng jüdischen Elternhaus und war mit Anne in die Montessori-Schule gegangen. (Siehe auch Kap. I. 3. und 4. „Die leeren Seiten".)

Welcher Unterschied war zwischen uns? Warum sind wir jetzt so weit voneinander entfernt?

Ehrlich gesagt, ich habe sie monatelang, ja ein Jahr, fast vergessen. Nicht ganz, aber doch nicht so, dass ich sie in all ihrem Elend vor mir sah.

Ach, Hanneli, ich hoffe, dass ich dich bei uns aufnehmen kann, wenn du das Ende des Krieges erlebst, um etwas von dem Unrecht an dir gutzumachen, das ich dir angetan habe.

Aber wenn ich imstande bin, ihr zu helfen, hat sie meine Hilfe nicht mehr so nötig wie jetzt. Ob sie manchmal an mich denkt? Und was sie dann wohl fühlt?

Lieber Gott, hilf ihr, dass sie wenigstens nicht allein ist. Wenn du ihr nur sagen könntest, dass ich mit Liebe und Mitleid an sie denke, es würde sie vielleicht in ihrem Durchhaltevermögen stärken.

Ich darf nicht weiterdenken, denn ich komme nicht davon los. Ich sehe immer wieder ihre großen Augen, die mich nicht loslassen. Hat Hanneli wirklich den Glauben in sich selbst? Hat sie ihn nicht von außen aufgedrängt bekommen? Ich weiß es nicht, nie habe ich mir die Mühe gemacht, sie danach zu fragen.

Hanneli, Hanneli, könnte ich dich bloß wegholen von dem Ort, an dem du jetzt bist, könnte ich dich an allem teilhaben lassen, was ich genieße! Es ist zu spät, ich kann nicht mehr helfen und nicht mehr gutmachen, was ich falsch gemacht habe. Aber ich werde sie niemals vergessen und immer für sie beten!   Deine Anne

Freitag, 24. Dezember 1943

Beste Kitty!

Ich habe dir schon öfters geschrieben, dass wir hier alle so unter Stimmungen leiden, und ich glaube, dass das vor allem in der letzten Zeit bei mir stark zunimmt.

„Himmelhoch jauchzend, zu Tode betrübt" ist da bestimmt zutreffend. „Himmelhoch jauchzend" bin ich, wenn ich daran denke, wie gut wir es hier noch haben im Vergleich zu all den anderen jüdischen Kindern. Und „zu Tode betrübt" überfällt mich zum Beispiel, wenn Frau Kleiman hier gewesen ist und von

Die Tagebuchbriefe – Eine Auswahl   43

Jopies[1] Hockeyclub, von Kanufahrten, Theateraufführungen und Teetrinken mit Freunden erzählt hat.

Ich glaube nicht, dass ich eifersüchtig auf Jopie bin. Aber ich bekomme dann so heftige Sehnsucht, auch mal wieder Spaß zu machen und zu lachen, bis ich Bauchweh habe. Vor allem jetzt im Winter, mit den freien Weihnachts- und Neujahrstagen, da sitzen wir hier wie Ausgestoßene. Und doch dürfte ich diese Worte nicht aufschreiben, weil ich dann undankbar erscheine. Aber ich kann nicht alles für mich behalten und führe noch einmal meine Anfangsworte an: „Papier ist geduldig."

Wenn jemand gerade von draußen hereinkommt, mit dem Wind in den Kleidern und der Kälte im Gesicht, dann würde ich am liebsten meinen Kopf unter die Decke stecken, um nicht zu denken: „Wann ist es uns wieder mal vergönnt, Luft zu riechen?" Und obwohl ich meinen Kopf nicht unter der Decke verstecken darf, mich im Gegenteil aufrecht und stark halten muss, kommen die Gedanken doch, nicht nur einmal, sondern viele Male, unzählige Male.

Glaub mir, wenn man eineinhalb Jahre eingeschlossen sitzt, kann es einem an manchen Tagen mal zu viel werden, ob es nun berechtigt oder undankbar ist. Gefühle lassen sich nicht zur Seite schieben. Radfahren, tanzen, pfeifen, die Welt sehen, mich jung fühlen, wissen, dass ich frei bin – danach sehne ich mich. Und doch darf ich es nicht zeigen. Denn stell dir vor, wenn wir alle acht anfingen, uns zu beklagen oder unzufriedene Gesichter zu machen, wohin sollte das führen?

Manchmal überlege ich mir: „Kann mich wohl irgendjemand verstehen, über die Undankbarkeit hinwegsehen, hinwegsehen über Jude oder nicht Jude, und nur den Backfisch in mir sehen, der so ein großes Bedürfnis nach ausgelassenem Vergnügen hat?" Ich weiß es nicht, und ich könnte auch nie, mit niemandem, darüber sprechen, denn ich würde bestimmt sofort anfangen zu wei-

---

[1] Anne bezieht sich hier entweder auf Kleimans Tochter Corrie, die in demselben Hockeyclub wie Annes Freundin Jacqueline van Maarsen war, oder auf Jacqueline selbst, die auch Jopie genannt wurde.

nen. Weinen kann so eine Erleichterung bringen, wenn man nur einen Menschen hat, bei dem man weinen kann. Trotz allem, trotz aller Theorien und Bemühungen, vermisse ich jeden Tag und jede Stunde die Mutter, die mich versteht. Und deshalb denke ich bei allem, was ich tue und was ich schreibe, dass ich später für mein Kind die Mutter sein will, wie ich sie mir vorstelle. Die Mams, die nicht alles so ernst nimmt, was dahingesagt wird, und doch ernst nimmt, was von mir kommt. Ich merke, ich kann es nicht beschreiben, aber das Wort „Mams" sagt schon alles. Weißt du, was ich für einen Ausweg gefunden habe, um doch so etwas wie Mams zu meiner Mutter zu sagen? Ich nenne sie oft Mansa, und davon kommt Mans. Es ist sozusagen die unvollkommene Mams, die ich so gerne noch mit einem Strich am „n" ehren möchte. Zum Glück begreift Mans das nicht, denn sie wäre sehr unglücklich darüber. Nun ist es genug, mein „zu Tode betrübt" ist beim Schreiben ein bisschen vorbeigegangen!   Deine Anne

Donnerstag, 6. Januar 1944
Liebe Kitty!
Heute muss ich dir zwei Dinge bekennen, die ziemlich viel Zeit in Anspruch nehmen werden, die ich aber unbedingt irgendjemandem erzählen <u>muss</u>. Das tue ich natürlich am besten bei dir, denn ich bin sicher, dass du immer und unter allen Umständen schweigen wirst.
Das Erste geht um Mutter. Du weißt, dass ich oft über sie geklagt habe und mir dann doch immer wieder Mühe gab, nett zu ihr zu sein. Plötzlich ist mir klar geworden, was ihr fehlt. Mutter hat uns selbst gesagt, dass sie uns mehr als Freundinnen denn als Töchter betrachtet. Das ist natürlich ganz schön, aber trotzdem kann eine Freundin nicht die Mutter ersetzen. Ich habe das Bedürfnis, mir meine Mutter als Vorbild zu nehmen und sie zu achten. Meistens ist sie auch ein Beispiel für mich, aber eben umgekehrt, wie ich es nicht machen soll. Ich habe das Gefühl, dass Margot über das alles ganz anders denkt und es nie begreifen würde. Und Vater weicht allen Gesprächen aus, bei denen es um Mutter gehen könnte.

Die Tagebuchbriefe – Eine Auswahl   45

Eine Mutter stelle ich mir als eine Frau vor, die vor allem
viel Takt an den Tag legt, besonders für Kinder in unserem Alter. Nicht wie Mansa, die mich laut auslacht,
wenn ich wegen etwas weine, nicht wegen Schmerzen,
sondern wegen anderer Dinge.
Eine Sache, sie mag vielleicht unbedeutend erscheinen,
habe ich ihr nie vergeben. Es war an einem Tag, als ich
zum Zahnarzt musste. Mutter und Margot gingen mit
und waren einverstanden, dass ich mein Fahrrad mitnahm. Als wir beim Zahnarzt fertig waren und wieder
vor der Tür standen, sagten Margot und Mutter ganz
fröhlich, sie gingen nun in die Stadt, um etwas anzu-
schauen oder zu kaufen, ich weiß es nicht mehr so
genau. Ich wollte natürlich mit, aber das durfte ich nicht,
weil ich mein Fahrrad dabeihatte. Vor Wut sprangen mir
Tränen in die Augen und Margot und Mutter fingen laut
an zu lachen. Da wurde ich so wütend, dass ich ihnen
auf der Straße die Zunge rausstreckte, als zufällig gerade
ein kleines Frauchen vorbeikam und mich ganz erschrok-
ken anschaute. Ich fuhr mit dem Fahrrad nach Hause
und habe noch lange geweint. Seltsam, dass bei den
unzähligen Wunden, die Mutter mir zugefügt hat, ausgerechnet diese immer noch anfängt zu brennen, wenn
ich daran denke, wie wütend ich damals war.
Das Zweite fällt mir sehr schwer, dir zu erzählen, denn
es geht um mich selbst. Ich bin nicht prüde, Kitty, aber
wenn die anderen so oft im Detail darüber sprechen, was
sie auf der Toilette erledigen, habe ich doch das Gefühl,
dass ich mich mit meinem ganzen Körper dagegen
wehre.
Gestern habe ich nun einen Artikel von Sis Heyster gelesen, über das Erröten. Sie spricht darin so, als meinte sie
mich persönlich. Obwohl ich nicht so schnell rot werde,
passen aber die anderen Dinge genau. Sie sagt so ungefähr, dass ein Mädchen in der Zeit der Pubertät still wird
und anfängt, über die Wunder nachzudenken, die in
ihrem Körper passieren. Auch ich habe das und deshalb
fange ich in der letzten Zeit an, mich zu genieren. Vor
Margot, Mutter und Vater. Margot hingegen, die sonst
viel schüchterner ist als ich, geniert sich überhaupt nicht.

Ich finde es sonderbar, was da mit mir passiert, und nicht nur das, was äußerlich an meinem Körper zu sehen ist, sondern das, was sich innen vollzieht. Gerade weil ich über mich und vor allem über so etwas nie mit anderen spreche, spreche ich mit mir selbst darüber. Immer, wenn ich meine Periode habe (das war erst dreimal), habe ich das Gefühl, dass ich trotz der Schmerzen, des Unangenehmen und Ekligen ein süßes Geheimnis in mir trage. Deshalb, auch wenn es mir nur Schwierigkeiten macht, freue ich mich in gewisser Hinsicht immer wieder auf diese Zeit, in der ich es wieder fühle.

Sis Heyster schreibt auch noch, dass junge Mädchen in diesen Jahren nicht sehr selbstsicher sind und erst entdecken, dass sie selbst ein Mensch mit Ideen, Gedanken und Gewohnheiten sind. Ich habe, da ich schon mit kaum dreizehn Jahren hierher gekommen bin, früher damit angefangen, über mich nachzudenken, und früher gewusst, dass ich ein eigenständiger Mensch bin. Manchmal bekomme ich abends im Bett das heftige Bedürfnis, meine Brüste zu betasten und zu hören, wie ruhig und sicher mein Herz schlägt.

Unbewusst habe ich solche Gefühle schon gehabt, bevor ich hierher kam. Ich weiß, dass ich einmal, als ich abends bei Jacque schlief, mich nicht mehr halten konnte, so neugierig war ich auf ihren Körper, den sie immer vor mir versteckt gehalten und den ich nie gesehen hatte. Ich fragte sie, ob wir als Beweis unserer Freundschaft uns gegenseitig die Brüste befühlen sollten. Jacque lehnte das ab. Ich hatte auch ein schreckliches Bedürfnis, sie zu küssen, und habe das auch getan. Ich gerate jedesmal in Ekstase, wenn ich eine nackte Frauengestalt sehe, zum Beispiel in dem Buch über Kunstgeschichte eine Venus. Manchmal finde ich das so wunderbar und schön, dass ich an mich halten muss, dass ich die Tränen nicht laufen lasse.

Hätte ich nur eine Freundin!   Deine Anne

Donnerstag, 6. Januar 1944

Liebe Kitty!

Mein Verlangen, mit jemandem zu sprechen, wurde so groß, dass es mir irgendwie in den Kopf kam, Peter da-

Die Tagebuchbriefe – Eine Auswahl 47

für auszuwählen. Wenn ich manchmal in Peters Zimmerchen kam, bei Licht, fand ich es dort immer sehr gemütlich, aber weil er so bescheiden ist und nie jemanden, der lästig wird, vor die Tür setzt, traute ich mich nie, länger zu bleiben. Ich hatte Angst, dass er mich schrecklich langweilig finden könnte. Ich suchte nach einer Gelegenheit, unauffällig in seinem Zimmer zu bleiben und ihn am Reden zu halten und diese Gelegenheit ergab sich gestern. Peter hat nämlich plötzlich eine Manie für Kreuzworträtsel entwickelt und tut nichts anderes mehr, als den ganzen Tag zu raten.

Ich half ihm dabei und schon bald saßen wir uns an seinem Tisch gegenüber, er auf dem Stuhl, ich auf der Couch. Mir wurde ganz seltsam zumute, als ich in seine dunkelblauen Augen schaute und sah, wie verlegen er bei dem ungewohnten Besuch war. Ich konnte an allem sein Inneres ablesen, ich sah in seinem Gesicht noch die Hilflosigkeit und die Unsicherheit, wie er sich verhalten sollte, und gleichzeitig einen Hauch vom Bewusstsein seiner Männlichkeit. Ich sah seine Verlegenheit und wurde ganz weich von innen. Ich hätte ihn gerne gebeten: Erzähl mir was von dir. Schau doch über die verhängnisvolle Schwatzhaftigkeit hinweg! Ich merkte jedoch, dass solche Fragen leichter vorzubereiten als auszuführen sind.

Der Abend ging vorbei und nichts passierte, außer dass ich ihm von dem Erröten erzählte. Natürlich nicht das, was ich hier aufgeschrieben habe, sondern dass er mit den Jahren bestimmt sicherer werden würde.

Abends im Bett musste ich weinen, weinen, und doch durfte es niemand hören. Ich fand die Vorstellung, dass ich um Peters Gunst flehen sollte, einfach abstoßend. Man tut eine Menge, um seine Wünsche zu befriedigen, das siehst du an mir. Denn ich nahm mir vor, mich öfter zu Peter zu setzen und ihn auf irgendeine Art zum Sprechen zu bringen.

Du musst nicht meinen, dass ich in Peter verliebt bin, davon ist keine Rede. Wenn die van Daans statt eines Sohnes eine Tochter hier gehabt hätten, würde ich auch versucht haben, mit ihr Freundschaft zu schließen.

Heute Morgen wurde ich fünf vor sieben wach und
wusste gleich ganz genau, was ich geträumt hatte. Ich
saß auf einem Stuhl und mir gegenüber saß Peter ...
Schiff.[1] Wir blätterten in einem Buch mit Illustrationen
von Mary Bos. So deutlich war mein Traum, dass ich
mich teilweise noch an die Zeichnungen erinnere. Aber
das war nicht alles, der Traum ging weiter. Auf einmal
trafen Peters Augen die meinen und lange schaute ich in
diese schönen, samtbraunen Augen. Dann sagte Peter
sehr leise: „Wenn ich das gewusst hätte, wäre ich schon
längst zu dir gekommen." Brüsk drehte ich mich um,
denn die Rührung wurde mir zu stark. Und dann fühlte
ich eine weiche, oh so kühle und wohltuende Wange an
meiner, und alles war so gut, so gut ...
An dieser Stelle wachte ich auf, während ich noch seine
Wange an meiner fühlte und seine braunen Augen tief in
mein Herz schauten, so tief, dass er darin gelesen hatte,
wie sehr ich ihn geliebt habe und ihn noch liebe. Wieder
sprangen mir die Tränen in die Augen und ich war so
traurig, weil ich ihn wieder verloren hatte, aber gleichzeitig doch froh, weil ich wusste, dass Peter noch immer
mein Auserwählter ist.
Seltsam, dass ich hier oft so deutliche Traumbilder habe.
Erst sah ich Omi eines Nachts so klar, dass mir ihre Haut
wie aus dickem, weichem Faltensamt vorkam. Dann
erschien mir Oma als Schutzengel, danach Hanneli, die
für mich das Symbol des Elends meiner Freunde und
aller Juden ist. Wenn ich also für sie bete, bete ich für alle
Juden und alle armen Menschen.
Und nun Peter, mein lieber Peter. Noch nie habe ich ihn
so deutlich gesehen. Ich brauche kein Foto von ihm, ich
sehe ihn so gut, so gut.   Deine Anne

Mittwoch, 23. Februar 1944

Liebste Kitty!
Seit gestern ist draußen herrliches Wetter und ich bin
vollkommen aufgekratzt. Meine Schreibarbeit, das
Schönste, was ich habe, geht gut voran. Ich gehe fast

---

[1] Peter Schiff war ein Junge, in den sich Anne als Zwölfjährige verliebte.

Peter Pels und Anne Frank (Filmszene)

jeden Morgen zum Dachboden, um mir die dumpfe Stubenluft aus den Lungen wehen zu lassen. Heute Morgen, als ich wieder zum Dachboden ging, war Peter am Aufräumen. Bald war er fertig, und während ich mich auf meinen Lieblingsplatz auf den Boden setzte, kam er auch. Wir betrachteten den blauen Himmel, den kahlen Kastanienbaum, an dessen Zweigen kleine Tropfen glitzerten, die Möwen und die anderen Vögel, die im Tiefflug wie aus Silber aussahen. Das alles rührte und packte uns beide so, dass wir nicht mehr sprechen konnten. Er stand mit dem Kopf an einen dicken Balken gelehnt, ich saß. Wir atmeten die Luft ein, schauten hinaus und fühlten, dass dies nicht mit Worten unterbrochen werden durfte. Wir schauten sehr lange hinaus, und als er anfangen musste, Holz zu hacken, wusste ich, dass er ein feiner Kerl ist. Er kletterte die Treppe zum Oberboden hinauf und ich folgte ihm. Während der Viertelstunde, die er Holz hackte, sprachen wir wieder kein Wort. Ich schaute ihm von meinem Stehplatz aus zu, wie er sichtlich sein Bestes tat, gut zu hacken und mir seine Kraft zu zeigen. Aber ich schaute auch aus dem offenen Fenster über ein großes Stück Amsterdam, über alle Dächer, bis an den Horizont, der so hellblau war, dass man ihn kaum mehr sehen konnte.

„Solange es das noch gibt", dachte ich, „und ich es erleben darf, diesen Sonnenschein, diesen Himmel, an dem keine Wolke ist, solange kann ich nicht traurig sein."

Für jeden, der Angst hat, einsam oder unglücklich ist, ist es bestimmt das beste Mittel, hinauszugehen, irgendwohin, wo er ganz allein ist, allein mit dem Himmel, der Natur und Gott. Dann erst, nur dann, fühlt man, dass alles so ist, wie es sein soll, und dass Gott die Menschen in der einfachen und schönen Natur glücklich sehen will. Solange es das noch gibt, und das wird es wohl immer, weiß ich, dass es unter allen Umständen auch einen Trost für jeden Kummer gibt. Und ich glaube fest, dass die Natur viel Schlimmes vertreiben kann.

Wer weiß, vielleicht dauert es nicht mehr lange, bis ich dieses überwältigende Glücksgefühl mit jemandem teilen kann, der es genauso empfindet wie ich.

Deine Anne

P.S. Gedanken: An Peter.

Wir vermissen hier viel, sehr viel, und auch schon lange. Ich vermisse es auch, genau wie du. Du musst nicht denken, dass ich von äußerlichen Dingen spreche, damit sind wir hier hervorragend versorgt. Nein, ich meine die inneren Dinge. Ich sehne mich, genauso wie du, nach Freiheit und Luft, aber ich glaube, dass wir für diese Entbehrungen reichlich Entschädigung bekommen haben. Ich meine innere Entschädigung. Als ich heute Morgen vor dem Fenster saß und Gott und die Natur genau und gut betrachtete, war ich glücklich, nichts anderes als glücklich. Und, Peter, solange es dieses innere Glück gibt, das Glück über Natur, Gesundheit und noch sehr viel mehr, solange man das in sich trägt, wird man immer wieder glücklich werden.

Reichtum, Ansehen, alles kann man verlieren, aber das Glück im eigenen Herzen kann nur verschleiert werden und wird dich, solange du lebst, immer wieder glücklich machen.

Wenn du allein und unglücklich bist, dann versuche mal, bei schönem Wetter vom Oberboden aus in den Himmel zu schauen. Solange du furchtlos den Himmel anschauen kannst, so lange weißt du, dass du innerlich rein bist und dass du wieder glücklich werden wirst.

Donnerstag, 2. März 1944

Liebe Kitty!

Margot und ich waren heute zusammen auf dem Dachboden. Aber mit ihr kann ich es nicht so genießen, wie ich es mir mit Peter vorstelle (oder mit einem anderen), obwohl ich weiß, dass sie die meisten Dinge genauso empfindet wie ich!

Beim Abwaschen fing Bep an, mit Mutter und Frau van Daan über ihre Niedergeschlagenheit zu sprechen. Was helfen ihr die beiden? Vor allem unsere taktlose Mutter verhilft einem Menschen nur noch tiefer in die Pfütze. Weißt du, was sie Bep für einen Rat gab? Sie sollte mal an all die Menschen denken, die in dieser Welt zugrunde gehen! Wem hilft der Gedanke an Elend, wenn er sich selbst schon elend fühlt? Das sagte ich auch. Die Antwort war natürlich, dass ich bei solchen Dingen nicht mitreden kann!

Was sind die Erwachsenen doch idiotisch und blöd! Als ob Peter, Margot, Bep und ich nicht alle dasselbe fühlten! Und dagegen hilft nur Mutterliebe oder die Liebe von sehr, sehr guten Freunden. Aber die beiden Mütter hier verstehen nicht das geringste Bisschen von uns! Frau van Daan vielleicht noch mehr als Mutter. Oh, ich hätte der armen Bep gern was gesagt, etwas, von dem ich aus Erfahrung weiß, dass es hilft. Aber Vater kam dazwischen und schob mich sehr grob beiseite. Wie blöd sind sie doch alle!

Ich habe auch noch mit Margot über Vater und Mutter gesprochen. Wie nett könnten wir es hier haben, wenn die nicht so schrecklich langweilig wären. Wir könnten Abende organisieren, an denen jeder der Reihe nach über ein Thema spricht. Aber da sind wir schon beim springenden Punkt. Ich kann hier nicht sprechen. Herr van Daan greift immer an, Mutter wird scharf und kann über gar <u>nichts</u> normal reden, Vater hat keine Lust zu so etwas, ebenso wenig wie Herr Dussel, und Frau van Daan wird immer angegriffen, sodass sie mit rotem Kopf dasitzt und sich kaum mehr wehren kann. Und wir? Wir dürfen kein Urteil haben! Ja, sie sind so schrecklich modern! Kein Urteil haben! Man kann jemandem sagen, er soll den Mund halten. Aber kein Urteil haben, das gibt es nicht. Niemand kann einem anderen sein Urteil verbieten, auch wenn der andere noch so jung ist! Bep, Margot, Peter und mir hilft nur eine große, hingebungsvolle Liebe, die wir hier nicht bekommen. Und niemand hier kann uns verstehen, vor allem diese idiotischen Besserwisser nicht. Denn wir sind empfindsamer und viel weiter in unseren Gedanken, als einer von ihnen es wohl auch nur im Entferntesten vermuten würde.

<u>Liebe, was ist Liebe? Ich glaube, dass Liebe etwas ist, was sich eigentlich nicht in Worte fassen lässt. Liebe ist, jemanden zu verstehen, ihn gernzuhaben. Glück und Unglück mit ihm zu teilen. Und dazu gehört auf die Dauer auch die körperliche Liebe. Du hast etwas geteilt, etwas hergegeben und etwas empfangen. Und ob du dann verheiratet oder unverheiratet bist, ob du ein Kind kriegst oder nicht, ob die Ehre weg ist, auf das alles kommt es nicht an, wenn du nur weißt, dass für dein ganzes weiteres Leben jemand neben dir steht, der dich versteht und den du mit niemandem zu teilen brauchst!</u>

Zurzeit mault Mutter wieder. Sie ist sichtbar eifersüchtig, weil ich mehr mit Frau van Daan rede als mit ihr. Das ist mir egal!

Heute Nachmittag habe ich Peter erwischt, wir haben uns mindestens eine Dreiviertelstunde lang unterhalten. Es fiel ihm schwer, etwas von sich zu sagen, aber es kam dann doch ganz langsam. Ich wusste wirklich nicht, ob ich besser daran täte, hinunterzugehen oder oben zu bleiben. Aber ich wollte ihm so gern helfen. Ich erzählte ihm von Bep und dass die beiden Mütter so taktlos sind. Er erzählte, dass seine Eltern immer streiten, über Politik und Zigaretten und alles Mögliche. Wie schon gesagt, Peter war sehr schüchtern, aber dann ließ er doch

Die Tagebuchbriefe – Eine Auswahl   53

heraus, dass er seine Eltern gerne mal zwei Jahre lang nicht sehen möchte. „Mein Vater ist wirklich nicht so toll, wie er aussieht", sagte er, „und in der Zigarettenfrage hat Mutter absolut recht!"

Ich erzählte ihm auch von meiner Mutter. Doch Vater verteidigte er, er findet ihn einen „Mordskerl."

Heute Abend, als ich nach dem Spülen meine Schürze aufhängte, rief er mich und bat mich, unten nichts davon zu sagen, dass sie wieder Streit hatten und nicht miteinander reden. Ich versprach es ihm, obwohl ich es Margot schon erzählt hatte. Aber ich bin überzeugt, dass sie ihren Mund hält.

„Nein, Peter", sagte ich, „du brauchst vor mir keine Angst zu haben. Ich habe es mir abgewöhnt, alles weiterzusagen. Ich sage nie etwas, was du mir erzählst."

Das fand er toll. Ich erzählte ihm auch von den schrecklichen Tratschereien bei uns und sagte: „Da hat Margot natürlich sehr recht, wenn sie meint, dass ich nicht ehrlich bin. Denn obwohl ich nicht mehr tratschen will, über Herrn Dussel tue ich es noch viel zu gern."

„Das ist schön von dir", sagte er. Er war rot geworden und ich wurde bei diesem aufrichtigen Kompliment auch fast verlegen.

Dann sprachen wir noch über die oben und uns. Peter war wirklich ein bisschen erstaunt, dass wir seine Eltern noch immer nicht mögen. „Peter", sagte ich, „du weißt, dass ich ehrlich bin. Warum sollte ich es dir nicht sagen? Wir kennen ihre Fehler doch auch."

Ich sagte auch noch: „Peter, ich würde dir so gern helfen, geht das nicht? Du stehst hier so dazwischen und ich weiß, auch wenn du es nicht sagst, dass dir das was ausmacht."

„Ich werde deine Hilfe immer gern annehmen."

„Vielleicht gehst du lieber zu Vater. Der sagt auch nie etwas weiter, dem kannst du ruhig alles erzählen."

„Ja, er ist ein echter Kamerad."

„Du hast ihn sehr gern, nicht wahr?"

Peter nickte, und ich fuhr fort: „Nun, er dich auch!"

Er wurde rot. Es war wirklich rührend, wie froh er über diese paar Worte war. „Glaubst du?", fragte er.

54 Anne Frank. Ein Lesebuch

„Ja", sagte ich. „Das merkt man doch an dem, was er ab und zu von sich gibt."
Dann kam Herr van Daan zum Diktieren. Peter ist sicher auch ein „Mordskerl", genau wie Vater.

Deine Anne M. Frank

Dienstag, 7. März 1944

Liebe Kitty!
Wenn ich so über mein Leben von 1942 nachdenke, kommt es mir so unwirklich vor. Dieses Götterleben erlebte eine ganz andere Anne Frank als die, die hier jetzt vernünftig geworden ist. Ein Götterleben, das war es. An jedem Finger fünf Verehrer, ungefähr zwanzig Freundinnen und Bekannte, der Liebling der meisten Lehrer, verwöhnt von Vater und Mutter, viele Süßigkeiten, genug Geld – was will man mehr?
Du wirst mich natürlich fragen, wie ich denn all die Leute so um den Finger gewickelt habe. Peter sagt „Anziehungskraft", aber das stimmt nicht ganz. Die Lehrer fanden meine schlauen Antworten, mein lachendes Gesicht und meinen kritischen Blick nett, amüsant und witzig. Mehr war ich auch nicht, nur kokett und amüsant. Ein paar Vorteile hatte ich, durch die ich ziemlich in der Gunst blieb, nämlich Fleiß, Ehrlichkeit und Großzügigkeit. Nie hätte ich mich geweigert, jemanden, egal wen, abschauen zu lassen, Süßigkeiten verteilte ich mit offenen Händen und ich war nicht eingebildet.
Ob ich bei all der Bewunderung nicht übermütig geworden wäre? Es ist ein Glück, dass ich mittendrin, auf dem Höhepunkt des Festes sozusagen, plötzlich in der Wirklichkeit landete und es hat gut ein Jahr gedauert, bevor ich mich daran gewöhnt hatte, dass von keiner Seite mehr Bewunderung kam.
Wie sahen sie mich in der Schule? Die Anführerin von Späßen und Späßchen, immer vorne dran und niemals schlecht gelaunt oder weinerlich. War es ein Wunder, dass jeder gern mit mir mitradelte oder mir eine Aufmerksamkeit erwies?
Ich betrachte diese Anne Frank jetzt als ein nettes, witziges, aber oberflächliches Mädchen, das nichts mehr mit

mir zu tun hat. Was sagte Peter über mich? „Wenn ich dich sah, warst du immer umringt von zwei oder mehr Jungen und einem Haufen Mädchen. Immer hast du gelacht und warst der Mittelpunkt!" Er hat recht.
Was ist von dieser Anne Frank übrig geblieben? Oh, sicher, ich habe mein Lachen und meine Antworten nicht verlernt, ich kann noch genauso gut oder besser die Menschen kritisieren, ich kann noch genauso flirten und amüsant sein, wenn ich will ...
Das ist der Punkt. Ich möchte gerne noch mal für einen Abend, für ein paar Tage, für eine Woche so leben, scheinbar unbekümmert und fröhlich. Am Ende der Woche wäre ich dann todmüde und würde bestimmt dem Erstbesten, der vernünftig mit mir redet, sehr dankbar sein. Ich will keine Anbeter, sondern Freunde, keine Bewunderung für ein schmeichelndes Lächeln, sondern für mein Auftreten und meinen Charakter. Ich weiß sehr gut, dass dann der Kreis um mich viel kleiner würde. Aber was macht das, wenn ich nur ein paar Menschen, aufrechte Menschen übrig behalte.
Trotz allem war ich 1942 auch nicht ungeteilt glücklich. Ich fühlte mich oft verlassen, aber weil ich von morgens bis abends beschäftigt war, dachte ich nicht nach und machte Spaß. Bewusst oder unbewusst versuchte ich, die Leere mit Witzchen zu vertreiben.
Nun betrachte ich mein Leben und merke, dass eine Zeitspanne schon unwiderruflich abgeschlossen ist. Die sorglose, unbekümmerte Schulzeit kommt niemals zurück. Ich sehne mich noch nicht mal danach, ich bin darüber hinausgewachsen. Ich kann nicht mehr nur Unsinn machen, ein Teil von mir bewahrt immer seinen Ernst.
Ich betrachte mein Leben bis Neujahr 1944 wie unter einer scharfen Lupe. Daheim das Leben mit viel Sonne, dann 1942 hierher, der plötzliche Übergang, die Streitereien, die Anschuldigungen. Ich konnte es nicht fassen, ich war überrumpelt und habe meine Haltung nur durch Frechheit bewahren können.
Dann die erste Hälfte von 1943: Meine Heulanfälle, die Einsamkeit, das langsame Einsehen der Fehler und Mängel, die groß sind und doppelt so groß schienen. Ich

redete tagsüber über alles hinweg und versuchte, Pim auf meine Seite zu ziehen. Das gelang mir nicht. Ich stand allein vor der schwierigen Aufgabe, mich so zu verändern, dass ich keine Tadel mehr hören musste, denn die drückten mich nieder bis zur schrecklichen Mutlosigkeit. In der zweiten Hälfte des Jahres wurde es etwas besser. Ich wurde ein Backfisch, galt als erwachsener. Ich fing an, nachzudenken, Geschichten zu schreiben, und kam zu dem Schluss, dass die anderen nichts mehr mit mir zu tun hatten. Sie hatten kein Recht, mich hin und her zu zerren. Ich wollte mich selbst umformen, nach meinem eigenen Willen. Ich verstand, dass ich auf Mutter verzichten kann, ganz und vollständig. Das tat weh. Aber eines traf mich noch mehr, nämlich die Einsicht, dass Vater nie mein Vertrauter werden würde. Ich vertraute niemandem mehr, nur noch mir selbst.

Nach Neujahr dann die zweite große Veränderung, mein Traum ... Durch ihn entdeckte ich meine Sehnsucht nach einem Jungen. Nicht nach einer Mädchenfreundschaft, sondern nach einem Jungenfreund. Entdeckte auch das Glück in mir selbst und meinen Panzer aus Oberflächlichkeit und Fröhlichkeit. Aber dann und wann wurde ich ruhig. Nun lebe ich nur noch von Peter, denn von ihm wird sehr viel davon abhängen, was weiter mit mir passieren wird.

Abends, wenn ich im Bett liege und mein Gebet mit den Worten beende: „Ich danke dir für all das Gute und Liebe und Schöne", dann jubelt es in mir. Dann denke ich an „das Gute": das Verstecken, meine Gesundheit, mein ganzes Selbst. „Das Liebe" von Peter, das, was noch klein und empfindlich ist und das wir beide noch nicht zu benennen wagen, die Liebe, die Zukunft, das Glück. „Das Schöne", das die Welt meint, die Welt, die Natur und die weite Schönheit von allem, allem Schönen zusammen.

Dann denke ich nicht an das Elend, sondern an das Schöne, das noch immer übrig bleibt. Hier liegt zu einem großen Teil der Unterschied zwischen Mutter und mir. Ihr Rat bei Schwermut ist: „Denke an all das Elend in der Welt und sei froh, dass du das nicht erlebst." Mein Rat ist: „Geh hinaus in die Felder, die Natur und die Sonne.

Die Tagebuchbriefe – Eine Auswahl 57

Geh hinaus und versuche, das Glück in dir selbst
zurückzufinden. Denke an all das Schöne, das noch in
dir und um dich ist, und sei glücklich!"
Meiner Meinung nach kann Mutters Satz nicht stimmen,
denn was tust du dann, wenn du das Elend noch erlebst? 5
Dann bist du verloren. Ich hingegen finde, dass noch bei
jedem Kummer etwas Schönes übrig bleibt. Wenn man
das betrachtet, entdeckt man immer mehr Freude, und
man wird wieder ausgeglichen. Und wer glücklich ist,
wird auch andere glücklich machen. Wer Mut und 10
Vertrauen hat, wird im Unglück nicht untergehen!
                                        Deine Anne M. Frank

                                Mittwoch, 29. März 1944
Liebe Kitty!
Gestern Abend sprach Minister Bolkestein im Sender 15
Oranje darüber, dass nach dem Krieg eine Sammlung
von Tagebüchern und Briefen aus dieser Zeit heraus-
kommen soll. Natürlich stürmten alle gleich auf mein
Tagebuch los. Stell dir vor, wie interessant es wäre, wenn
ich einen Roman vom Hinterhaus herausgeben würde. 20
Nach dem Titel allein würden die Leute denken, dass es
ein Detektivroman wäre.
Aber im Ernst, es muss ungefähr zehn Jahre nach dem
Krieg schon seltsam erscheinen, wenn erzählt wird, wie
wir Juden hier gelebt, gegessen und gesprochen haben. 25
Auch wenn ich dir viel von uns erzähle, weißt du trotzdem nur ein kleines bisschen von unserem Leben. Wie
viel Angst die Damen haben, wenn bombardiert wird,
wie zum Beispiel am Sonntag, als 350 englische Maschinen
eine halbe Million Kilo Bomben auf Ijmuiden abgeworfen 30
haben, wie die Häuser dann zittern wie Grashalme im
Wind, wie viele Epidemien hier herrschen ...
Von all diesen Dingen weißt du nichts und ich müsste
den ganzen Tag schreiben, wenn ich dir alles bis in die
Einzelheiten erzählen sollte. Die Leute stehen Schlange 35
für Gemüse und alle möglichen anderen Dinge. Die
Ärzte kommen nicht zu ihren Kranken, weil ihnen alle
naselang ihr Fahrzeug gestohlen wird. Einbrüche und
Diebstähle gibt es jede Menge, sodass man anfängt, sich

zu fragen, ob etwas in die Niederländer gefahren ist, weil sie plötzlich so diebisch geworden sind. Kleine Kinder von acht bis elf Jahren schlagen die Scheiben von Wohnungen ein und stehlen, was nicht niet- und nagel-
5 fest ist. Niemand wagt, seine Wohnung auch nur für fünf Minuten zu verlassen, denn kaum ist man weg, ist der Kram auch weg. Jeden Tag stehen Anzeigen in der Zeitung, die eine Belohnung für das Wiederbringen von gestohlenen Schreibmaschinen, Persertteppichen, elektri-
10 schen Uhren, Stoffen usw. versprechen. Elektrische Straßenuhren werden abmontiert, die Telefone in den Zellen bis auf den letzten Draht auseinandergenommen. Die Stimmung unter der Bevölkerung kann nicht gut sein, jeder hat Hunger. Mit der Wochenration kann man
15 keine zwei Tage auskommen (außer mit dem Ersatzkaffee). Die Invasion lässt auf sich warten, die Männer müssen nach Deutschland. Die Kinder sind unterernährt und werden krank und alle haben schlechte Kleidung und schlechte Schuhe. Eine Sohle kostet
20 „schwarz" 7.50 Gulden. Dabei nehmen die meisten Schuhmacher keine Kunden mehr an oder man muss vier Monate auf die Schuhe warten, die dann inzwischen oft verschwunden sind.

Ein Gutes hat die Sache, dass die Sabotage gegen die
25 Obrigkeit immer stärker wird, je schlechter die Ernährung ist und je strenger die Maßnahmen gegen das Volk werden. Die Leute von der Lebensmittelzuteilung, die Polizei, die Beamten, alle beteiligen sich entweder dabei, ihren Mitbürgern zu helfen, oder sie verraten sie und
30 bringen sie dadurch ins Gefängnis. Zum Glück steht nur ein kleiner Prozentsatz der Niederländer auf der falschen Seite. Deine Anne

Mittwoch, 5. April 1944

Liebste Kitty!
35 Eine Zeit lang wusste ich überhaupt nicht mehr, wofür ich noch arbeite. Das Ende des Krieges ist so entsetzlich weit, so unwirklich, märchenhaft und schön. Wenn der Krieg im September nicht vorbei ist, dann gehe ich nicht mehr zur Schule, denn zwei Jahre will ich nicht zurückfallen.

Die Tagebuchbriefe – Eine Auswahl   59

Die Tage bestanden aus Peter, nichts als Peter. Nur
Träume und Gedanken, bis ich am Samstagabend ganz
schlaff wurde, fürchterlich. Ich kämpfte bei Peter gegen
meine Tränen, lachte später schrecklich viel mit van
Daan beim Zitronenpunsch, war fröhlich und aufgekratzt.
Aber kaum war ich allein, wusste ich, dass ich mich
ausweinen musste. Im Nachthemd ließ ich mich auf den
Boden gleiten und betete sehr intensiv und lange, dann
weinte ich mit dem Kopf auf den Armen, die Knie angezogen, zusammengekauert auf dem kahlen Fußboden.
Bei einem lauten Schluchzer kam ich wieder zu mir und
bekämpfte meine Tränen, weil sie drüben nichts hören
durften. Dann begann ich, mir Mut zuzusprechen. Ich
sagte nur immer: „Ich muss, ich muss, ich muss ...“ Ganz
steif von der ungewohnten Haltung fiel ich gegen die
Bettkante und kämpfte weiter, bis ich kurz vor halb elf
wieder ins Bett stieg. Es war vorbei!
Und jetzt ist es völlig vorbei. Ich muss arbeiten, um nicht
dumm zu bleiben, um weiterzukommen, um Journalistin zu werden, das will ich! Ich weiß, dass ich schreiben kann. Ein paar Geschichten sind gut, meine Hinter-
hausbeschreibung humorvoll, vieles in meinem Tagebuch ist lebendig, aber ob ich wirklich Talent habe, das
steht noch dahin.
Evas Traum war mein bestes Märchen und das Seltsame
dabei ist, dass ich wirklich nicht weiß, wo es herkommt.
Viel aus Cadys Leben ist auch gut, aber insgesamt ist es
nichts.[1] Ich bin selbst meine schärfste und beste
Kritikerin hier, ich weiß genau, was gut und was nicht
gut geschrieben ist. Keiner, der nicht selbst schreibt,
weiß, wie toll Schreiben ist. Früher habe ich immer
bedauert, dass ich überhaupt nicht zeichnen kann, aber
jetzt bin ich überglücklich, dass ich wenigstens schreiben
kann.

---

[1] Beide Geschichten „Evas Traum“ und „Cadys Leben“ (unvollendeter
Roman) wurden posthum veröffentlicht in: Anne Frank: Geschichten
und Ereignisse aus dem Hinterhaus. Frankfurt am Main: Fischer Verlag, 1993. Ein Auszug aus „Cadys Leben“ findet sich in Kapitel V.

Und wenn ich nicht genug Talent habe, um Zeitungsartikel oder Bücher zu schreiben, nun, dann kann ich noch immer für mich selbst schreiben. Aber ich will weiterkommen. Ich kann mir nicht vorstellen, dass ich so leben muss wie Mutter, Frau van Daan und all die anderen Frauen, die ihre Arbeit machen und später vergessen sind. Ich muss neben Mann und Kindern etwas haben, dem ich mich ganz widmen kann! O ja, ich will nicht umsonst gelebt haben wie die meisten Menschen. Ich will den Menschen, die um mich herum leben und mich doch nicht kennen, Freude und Nutzen bringen. Ich will fortleben, auch nach meinem Tod. Und darum bin ich Gott so dankbar, dass er mir bei meiner Geburt schon eine Möglichkeit mitgegeben hat, mich zu entwickeln und zu schreiben, also alles auszudrücken, was in mir ist.

Mit Schreiben werde ich alles los. Mein Kummer verschwindet, mein Mut lebt wieder auf. Aber, und das ist die große Frage, werde ich jemals etwas Großes schreiben können, werde ich jemals Journalistin und Schriftstellerin werden?

Ich hoffe es, ich hoffe es so sehr! Mit Schreiben kann ich alles ausdrücken, meine Gedanken, meine Ideale und meine Fantasien.

An Cadys Leben habe ich lange nichts mehr getan. In meinen Gedanken weiß ich genau, wie es weitergehen soll, aber es ist nicht so richtig geflossen. Vielleicht wird es nie fertig, vielleicht landet es im Papierkorb oder im Ofen. Das ist keine angenehme Vorstellung. Aber dann denke ich wieder: „Mit vierzehn Jahren und so wenig Erfahrung kann man auch noch nichts Philosophisches schreiben."

Also weiter, mit neuem Mut. Es wird schon gelingen, denn schreiben will ich!   Deine Anne M. Frank

Dienstag, 11. April 1944
Liebste Kitty!
Ich weiß nicht, wo mir der Kopf steht, ich weiß wirklich nicht, womit ich anfangen soll. Der Donnerstag (als ich dir das letzte Mal schrieb) verlief normal. Freitag

Die Tagebuchbriefe – Eine Auswahl   **61**

(Karfreitag) spielten wir nachmittags Gesellschaftsspiele, ebenso am Samstag. Die Tage vergingen sehr schnell. Am Samstag gegen zwei fing eine Schießerei an. Schnellfeuerkanonen, haben die Herren gesagt. Sonst war alles ruhig.

Am Sonntagnachmittag kam Peter auf meine Einladung um halb fünf zu mir, etwas später gingen wir zum vorderen Dachboden, wo wir bis sechs Uhr blieben. Von sechs bis viertel nach sieben gab es im Radio ein schönes Mozart-Konzert, vor allem die „Kleine Nachtmusik" hat mir gut gefallen. Ich kann nicht gut zuhören, wenn die anderen dabei sind, weil mich schöne Musik sehr bewegt.

Am Sonntagabend gingen Peter und ich nicht baden, weil der Zuber unten in der Küche stand und mit Wäsche gefüllt war. Um acht gingen wir zusammen zum vorderen Dachboden, und um weich zu sitzen, nahm ich das einzige Sofakissen mit, das in unserem Zimmer zu finden war. Wir nahmen auf einer Kiste Platz. Kiste als auch Kissen waren sehr schmal. Wir saßen dicht nebeneinander und lehnten uns an andere Kisten. Mouschi leistete uns Gesellschaft, also waren wir nicht unbeobachtet. Plötzlich, um viertel vor neun, pfiff Herr van Daan und fragte, ob wir ein Kissen von Herrn Dussel hätten. Beide sprangen wir auf und gingen mit Kissen, Katze und van Daan nach unten. Dieses Kissen hat zu einer ganzen Tragödie geführt. Dussel war böse, weil ich sein Nachtkissen mitgenommen hatte, und fürchtete, es wären Flöhe darin. Alle hat er wegen diesem Kissen in Aufregung versetzt! Peter und ich steckten ihm aus Rache für seine Ekelhaftigkeit zwei harte Bürsten ins Bett, aber später kamen sie wieder raus. Wir haben schrecklich gelacht über dieses Intermezzo.

Aber unser Vergnügen sollte nicht lange dauern. Um halb zehn klopfte Peter leise an die Tür und fragte Vater, ob er ihm mal schnell bei einem schwierigen englischen Satz helfen würde.

„Da ist was nicht geheuer", sagte ich zu Margot. „Die Ausrede ist zu dick. Die Herren reden in einem Ton, als wäre eingebrochen worden."

Meine Vermutung stimmte, im Lager wurde gerade eingebrochen. Innerhalb kürzester Zeit waren Vater, van Daan und Peter unten. Margot, Mutter, Frau van Daan und ich warteten. Vier Frauen, die Angst haben, müssen reden. So auch wir, bis wir unten einen Schlag hörten. Danach war alles still, die Uhr schlug viertel vor zehn. Aus unseren Gesichtern war die Farbe gewichen, aber noch waren wir ruhig, wenn auch ängstlich. Wo waren die Herren geblieben? Was war das für ein Schlag? Kämpften sie vielleicht mit den Einbrechern? Weiter dachten wir nicht, wir warteten.

Zehn Uhr: Schritte auf der Treppe. Vater, blass und nervös, kam herein, gefolgt von Herrn van Daan. „Licht aus, leise nach oben, wir erwarten Polizei im Haus!"

Es blieb keine Zeit für Angst. Die Lichter gingen aus, ich nahm noch schnell eine Jacke und wir waren oben.

„Was ist passiert? Schnell, erzählt!"

Es war niemand da zum Erzählen, die Herren waren wieder unten. Erst um zehn nach zehn kamen sie alle vier herauf, zwei hielten Wache an Peters offenem Fenster. Die Tür zum Treppenabsatz war abgeschlossen, der Drehschrank zu. Über das Nachtlämpchen hängten wir einen Pullover, dann erzählten sie:

Peter hörte auf dem Treppenabsatz zwei harte Schläge, lief nach unten und sah, dass an der linken Seite der Lagertür ein großes Brett fehlte. Er rannte nach oben, verständigte den wehrhaften Teil der Familie und zu viert zogen sie hinunter. Die Einbrecher waren noch am Stehlen, als sie ins Lager kamen. Ohne zu überlegen, schrie van Daan: „Polizei!" Schnelle Schritte nach draußen, die Einbrecher waren geflohen. Um zu verhindern, dass die Polizei das Loch bemerkte, wurde das Brett wieder eingesetzt, aber ein kräftiger Tritt von draußen beförderte es noch mal auf den Boden. Die Herren waren perplex über so viel Frechheit. Van Daan und Peter fühlten Mordgelüste in sich aufsteigen. Van Daan schlug mit dem Beil kräftig auf den Boden und alles war wieder still. Erneut kam das Brett vor das Loch, erneut eine Störung. Ein Ehepaar leuchtete von draußen mit einer grellen Taschenlampe das ganze Lager ab.

Die Tagebuchbriefe – Eine Auswahl   63

„Verflixt", murmelte einer der Herren und nun änderten sich ihre Rollen, sie wurden von Polizisten zu Einbrechern. Alle vier rannten sie nach oben, Peter öffnete die Türen und Fenster von Küche und Privatbüro, warf das Telefon auf den Boden und schließlich landeten sie alle, samt Waschzuber, im Versteck. (Ende des ersten Teils.)

Aller Wahrscheinlichkeit nach hatte das Ehepaar mit der Taschenlampe die Polizei benachrichtigt. Es war Sonnabend, der Abend des ersten Ostertages. Am zweiten Feiertag kam niemand ins Büro, wir konnten uns also vor Dienstagmorgen nicht rühren. Stell dir vor, zwei Nächte und einen Tag in dieser Angst zu verbringen! Wir stellten uns nichts vor, wir saßen nur im Stockdunkeln, weil Frau van Daan aus Angst die Lampe ganz ausgedreht hatte, wir flüsterten, und bei jedem Knarren klang es: „Pst! Pst!"

Es wurde halb elf, elf Uhr, kein Geräusch. Abwechselnd kamen Vater und van Daan zu uns. Dann, um viertel nach elf, ein Geräusch von unten. Bei uns konnte man das Atmen der ganzen Familie hören, ansonsten rührten wir uns nicht. Schritte im Haus, im Privatbüro, in der Küche, dann ... auf unserer Treppe. Keine Atemzüge waren mehr zu hören, acht Herzen hämmerten. Schritte auf unserer Treppe, dann Gerüttel am Drehschrank. Dieser Moment ist unbeschreiblich.

„Jetzt sind wir verloren", sagte ich und sah uns schon alle fünfzehn noch in derselben Nacht von der Gestapo mitgenommen.

Wieder Gerüttel am Drehschrank, zweimal, dann fiel etwas herunter, die Schritte entfernten sich. Für den Moment waren wir gerettet. Ein Zittern durchlief uns alle, ich hörte Zähneklappern, aber niemand sagte ein Wort. So saßen wir bis halb zwölf.

Im Haus war nichts zu hören, aber auf dem Treppenabsatz direkt vor dem Schrank brannte Licht. War es deshalb, weil unser Schrank so geheimnisvoll war? Hatte die Polizei vielleicht das Licht vergessen? Kam noch jemand, um es auszumachen? Die Zungen lösten sich, im Haus war niemand mehr. Vielleicht noch ein Bewacher vor der Tür.

Drei Dinge taten wir nun, Vermutungen äußern, zittern vor Angst und zum Klo gehen. Die Eimer waren auf dem Dachboden, so musste Peters Blechpapierkorb herhalten. Van Daan machte den Anfang, danach Vater.
5 Mutter schämte sich zu sehr. Vater brachte das Blechgefäß ins Zimmer, wo Margot, Frau van Daan und ich es gern benutzten. Endlich entschied sich auch Mutter dazu. Die Nachfrage nach Papier war groß, ich hatte zum Glück welches in der Tasche.
10 Das Gefäß stank, alle flüsterten und wir waren müde, es zwar zwölf Uhr.

„Legt euch doch auf den Boden und schlaft!"
Margot und ich bekamen jede ein Kissen und eine Decke. Margot lag in der Nähe vom Vorratsschrank, ich
15 zwischen den Tischbeinen. Auf dem Boden stank es nicht so schlimm, aber Frau van Daan holte doch leise ein bisschen Chlor und legte ein altes Tuch über den Topf.
Gerede, Geflüster, Angst, Gestank, Winde – und dau-
20 ernd jemand auf dem Topf! Dabei soll einer schlafen! Um halb drei wurde ich jedoch zu müde und bis halb vier hörte ich nichts. Ich wurde wach, als Frau van Daan ihren Kopf auf meine Füße legte.

„Geben Sie mir bitte was zum Anziehen!", bat ich. Ich
25 bekam auch was, aber frag nicht, was! Eine wollene Hose über meinen Pyjama, den roten Pullover und den schwarzen Rock, weiße Socken und darüber kaputte Kniestrümpfe.
Frau van Daan nahm dann wieder auf dem Stuhl Platz,
30 und Herr van Daan legte sich auf meine Füße. Ich fing an nachzudenken. Ich zitterte immer noch so, dass van Daan nicht schlafen konnte. In Gedanken bereitete ich mich darauf vor, dass die Polizei zurückkommen würde. Dann müssen wir sagen, dass wir Untertaucher sind.
35 Entweder sind es gute Niederländer, dann ist alles in Ordnung, oder es sind Nazis, dann muss man sie bestechen.

„Tu doch das Radio weg!", seufzte Frau van Daan.
„Ja, in den Herd", antwortete Herr van Daan. „Wenn sie
40 uns finden, dürfen sie auch das Radio finden."

Die Tagebuchbriefe – Eine Auswahl 65

„Dann finden sie auch Annes Tagebuch", mischte sich Vater ein.

„Verbrennt es doch!", schlug die Ängstlichste von uns vor.

Das und der Moment, als die Polizei an der Schranktür rüttelte, waren meine angstvollsten Augenblicke. Mein Tagebuch nicht! Mein Tagebuch nur zusammen mit mir! Aber Vater antwortete zum Glück nicht.

Es hat überhaupt keinen Zweck, die Gespräche zu wiederholen, an die ich mich erinnere. Es wurde so viel geredet. Ich tröstete Frau van Daan in ihrer Angst. Wir sprachen über Flucht, Verhöre bei der Gestapo, über Telefonieren und über Mut.

„Nun müssen wir uns eben wie Soldaten verhalten, Frau van Daan. Wenn wir draufgehen, na gut, dann eben für Königin und Vaterland, für Freiheit, Wahrheit und Recht, genau was im Sender Oranje immer wieder gesagt wird. Das Schlimme ist nur, dass wir die anderen dann mit ins Unglück ziehen."

Herr van Daan wechselte nach einer Stunde wieder den Platz mit seiner Frau. Vater kam zu mir. Die Herren rauchten ununterbrochen. Ab und zu war ein tiefer Seufzer zu hören, dann wieder Pinkeln und dann fing alles wieder von vorn an.

Vier Uhr, fünf Uhr, halb sechs. Nun setzte ich mich zu Peter. Dicht aneinandergedrückt, so dicht, dass wir die Schauer im Körper des anderen fühlten, saßen wir da, sprachen ab und zu ein Wort und lauschten angestrengt. Im Zimmer zogen sie die Verdunklung hoch und schrieben die Punkte auf, die sie Kleiman am Telefon sagen wollten.

Um sieben Uhr wollten sie ihn nämlich anrufen, damit jemand kam. Das Risiko, dass ein möglicher Bewacher vor der Tür oder im Lager das Telefonieren hörte, war groß. Aber noch größer, dass die Polizei wieder zurückkam. Obwohl ich den Erinnerungszettel hier beilege, zur größeren Deutlichkeit noch die Abschrift der Punkte:

Eingebrochen. Polizei war im Haus, bis zum Drehschrank, weiter nicht.

Einbrecher sind offenbar gestört worden, haben Lager aufgebrochen und sind durch den Garten geflüchtet.

Haupteingang verriegelt. Kugler muss durch die zweite Tür weggegangen sein.

5 Schreibmaschine und Rechenmaschine sind sicher in der schwarzen Kiste im Privatbüro.

Wäsche von Miep oder Bep liegt in der Waschwanne in der Küche.

Schlüssel für zweite Tür haben nur Bep oder Kugler, 10 möglicherweise Schloss kaputt.

Versuchen, Jan zu benachrichtigen, Schlüssel holen und zum Büro gehen, um nachzuschauen. Katze muss gefüttert werden.

Alles verlief nach Wunsch. Kleiman wurde angerufen, die 15 Schreibmaschine in die Kiste gebracht. Danach saßen wir wieder am Tisch und warteten auf Jan oder die Polizei.

Peter war eingeschlafen, Herr van Daan und ich lagen auf dem Boden, als wir unten laute Schritte hörten. Leise stand ich auf. „Das ist Jan!"

20 „Nein, nein, das ist die Polizei!", sagten die anderen.

Es wurde geklopft. Miep pfiff. Frau van Daan wurde es zu viel. Leichenblass und schlaff hing sie in ihrem Stuhl, und wenn die Spannung noch eine Minute länger gedauert hätte, wäre sie ohnmächtig geworden.

25 Als Jan und Miep hereinkamen, bot unser Zimmer einen herrlichen Anblick. Der Tisch alleine wäre schon ein Foto wert gewesen: Ein „Cinema & Theater" aufgeschlagen, die Seite mit Tänzerinnen voll mit Marmelade und einem Mittel gegen Durchfall, zwei Marmeladengläser, 30 ein halbes und ein viertel Brötchen, Pektin, Spiegel, Kamm, Streichhölzer, Asche, Zigaretten, Tabak, Aschenbecher, Bücher, eine Unterhose, eine Taschenlampe, Toilettenpapier usw. usw.

Jan und Miep wurden natürlich mit Jauchzen und 35 Tränen begrüßt. Jan zimmerte das Loch mit Holz zu und ging schon bald mit Miep wieder weg, um der Polizei den Einbruch zu melden. Miep hatte unter der Lagertür einen Zettel von Nachtwächter Slagter gefunden, der das Loch entdeckt und der Polizei Bescheid gesagt hatte.

40 Bei ihm wollte Jan auch vorbeigehen.

Die Tagebuchbriefe – Eine Auswahl 67

Eine halbe Stunde hatten wir also, um uns zurechtzumachen, und noch nie habe ich gesehen, wie sich innerhalb von einer halben Stunde so viel verändert hat. Margot und ich legten unten die Betten aus, gingen zur Toilette, putzten die Zähne, wuschen die Hände und kämmten die Haare. Danach räumte ich das Zimmer noch ein bisschen auf und ging wieder nach oben. Dort war der Tisch schon abgeräumt. Wir holten Wasser, machten Kaffee und Tee, kochten Milch und deckten für die Kaffeestunde. Vater und Peter reinigten die Pinkeltöpfe mit warmem Wasser und Chlorkalk. Der größte war bis oben voll und so schwer, dass er kaum zu heben war. Außerdem leckte das Ding, sodass es in einem Eimer weggetragen werden musste.

Um elf Uhr saßen wir mit Jan, der zurückgekommen war, am Tisch und es wurde allmählich schon wieder gemütlich. Jan erzählte Folgendes:

Bei Slagters erzählte seine Frau (Slagter selbst schlief noch), dass er bei seiner Runde das Loch bei uns entdeckt hatte und mit einem herbeigeholten Polizisten durch das Gebäude gelaufen war. Herr Slagter ist privater Nachtwächter und radelt jeden Abend mit seinen zwei Hunden die Grachten entlang. Auf dem Polizeibüro hatten sie noch nichts von dem Einbruch gewusst, es aber sofort notiert. Sie wollten ebenfalls am Dienstag kommen und mal nachschauen.

Auf dem Rückweg ging Jan zufällig bei unserem Kartofflieferanten vorbei und erzählte ihm, dass eingebrochen worden war.

„Das weiß ich", sagte der seelenruhig. „Ich kam gestern Abend mit meiner Frau an dem Gebäude vorbei und sah ein Loch in der Tür. Meine Frau wollte schon weitergehen, aber ich schaute mit der Taschenlampe nach, und da sind die Diebe bestimmt weggelaufen. Sicherheitshalber habe ich die Polizei nicht angerufen, ich wollte das bei Ihnen nicht. Ich weiß zwar nichts, aber ich vermute viel." Jan bedankte sich und ging. Bestimmt nimmt der Mann an, dass wir hier sind, denn er bringt die Kartoffeln immer in der Mittagspause, zwischen halb eins und halb zwei. Ein prima Mann!

Nachdem Jan weggegangen war und wir abgewaschen hatten, war es ein Uhr. Alle acht gingen wir schlafen. Um viertel vor drei wurde ich wach und sah, dass Herr Dussel schon verschwunden war. Ganz zufällig begegnete ich Peter mit meinem verschlafenen Gesicht im Badezimmer. Wir verabredeten uns für unten. Ich machte mich zurecht und ging hinunter.

„Traust du dich noch, auf den vorderen Dachboden zu gehen?", fragte er. Ich war einverstanden, holte mein Kopfkissen, wickelte es in ein Tuch und wir gingen hinauf. Das Wetter war großartig und schon bald heulten dann auch die Sirenen. Wir blieben, wo wir waren. Peter legte seinen Arm um meine Schulter, ich legte meinen Arm um seine Schulter, und so blieben wir und warteten ruhig, bis Margot uns um vier Uhr zum Kaffee holte.

Wir aßen Brot, tranken Limonade und machten schon wieder Witze, auch sonst lief alles normal. Abends dankte ich Peter, weil er der Mutigste von allen war.

Keiner von uns hat sich je in solch einer Gefahr befunden wie in dieser Nacht. Gott hat uns beschützt. Stell dir vor, die Polizei an unserem Versteckschrank, das Licht davor an, und wir bleiben doch unbemerkt! Wenn die Invasion mit Bombardierungen kommt, ist jeder für sich selbst verantwortlich. Aber hier gab es auch die Angst um unsere unschuldigen und guten Helfer.

„Wir sind gerettet, rette uns weiterhin!" Das ist das Einzige, was wir sagen können.

Diese Geschichte hat viele Veränderungen mit sich gebracht. Dussel sitzt fortan abends im Badezimmer. Peter geht um halb neun und um halb zehn durch das Haus, um alles zu kontrollieren. Sein Fenster darf nachts nicht mehr offen bleiben, weil ein Arbeiter der Nachbarfirma es gesehen hat. Nach halb zehn abends darf das Wasser auf dem Klo nicht mehr gezogen werden. Herr Slagter ist als Nachtwächter engagiert worden. Heute Abend kommt ein Zimmermann und zimmert aus unseren weißen Frankfurter Betten eine Verbarrikadierung. Im Hinterhaus gibt es hier jetzt Debatten vorn und Debatten hinten. Kugler hat uns Unvorsichtigkeit vorgeworfen. Auch Jan sagte, wir dürf-

Die Tagebuchbriefe – Eine Auswahl 69

ten nie nach unten. Man muss jetzt der Sache auf den Grund gehen, ob Slagter zuverlässig ist, ob die Hunde anschlagen, wenn sie jemanden hinter der Tür hören, wie das mit der Verbarrikadierung klappt, alles Mögliche.

Wir sind sehr stark daran erinnert worden, dass wir gefesselte Juden sind, gefesselt an einen Fleck, ohne Rechte, aber mit Tausenden von Pflichten. Wir Juden dürfen nicht unseren Gefühlen folgen, müssen mutig und stark sein, müssen alle Beschwerlichkeit auf uns nehmen und nicht murren, müssen tun, was in unserer Macht liegt, und auf Gott vertrauen. Einmal wird dieser schreckliche Krieg doch vorbeigehen, einmal werden wir doch wieder Menschen und nicht nur Juden sein!

Wer hat uns das auferlegt! Wer hat uns Juden zu einer Ausnahme unter allen Völkern gemacht? Wer hat uns bis jetzt so leiden lassen? Es ist Gott, der uns so gemacht hat, aber es wird auch Gott sein, der uns aufrichtet. Wenn wir all dieses Leid ertragen und noch immer Juden übrig bleiben, werden sie einmal von Verdammten zu Vorbildern werden. Wer weiß, vielleicht wird es noch unser Glaube sein, der die Welt und damit alle Völker das Gute lehrt, und dafür, dafür allein müssen wir auch leiden. Wir können niemals nur Niederländer oder nur Engländer oder was auch immer werden, wir müssen daneben immer Juden bleiben. Aber wir wollen es auch bleiben.

Seid mutig! Wir wollen uns unserer Aufgabe bewusst bleiben und nicht murren, es wird einen Ausweg geben. Gott hat unser Volk nie im Stich gelassen, durch alle Jahrhunderte hin sind Juden am Leben geblieben, durch alle Jahrhunderte hindurch mussten Juden leiden. Aber durch alle Jahrhunderte hindurch sind sie auch stark geworden. Die Schwachen fallen, aber die Starken bleiben übrig und werden nicht untergehen!

In dieser Nacht dachte ich eigentlich, dass ich sterben müsste. Ich wartete auf die Polizei, ich war bereit, bereit wie ein Soldat auf dem Schlachtfeld. Ich wollte mich gern opfern für das Vaterland. Aber nun, da ich gerettet bin, ist es mein erster Wunsch für nach dem Krieg, dass ich

Niederländerin werde. Ich liebe die Niederländer, ich liebe unser Land, ich liebe die Sprache und will hier arbeiten. Und wenn ich an die Königin selbst schreiben muss, ich werde nicht aufgeben, bevor mein Ziel erreicht ist.

5 Ich werde immer unabhängiger von meinen Eltern. So jung ich bin, habe ich mehr Lebensmut, ein sichereres Rechtsgefühl als Mutter. Ich weiß, was ich will, habe ein Ziel, habe eine eigene Meinung, habe einen Glauben und eine Liebe. Lasst mich ich selbst sein, dann bin ich zufrie-
10 den! Ich weiß, dass ich eine Frau bin, eine Frau mit innerer Stärke und viel Mut!

Wenn Gott mich am Leben lässt, werde ich mehr erreichen, als Mutter je erreicht hat. Ich werde nicht unbedeutend bleiben, ich werde in der Welt und für die Menschen
15 arbeiten.

Und nun weiß ich, dass Mut und Fröhlichkeit das Wichtigste sind! Deine Anne M. Frank

Freitag, 28. April 1944
Liebe Kitty!

20 Meinen Traum von Peter Schiff habe ich nie vergessen. Ich fühle, wenn ich daran denke, heute noch seine Wange an meiner, mit jenem herrlichen Gefühl, das alles gutmachte. Mit Peter hier hatte ich das Gefühl auch manchmal, aber nie so stark, bis wir gestern Abend
25 zusammensaßen, wie gewöhnlich auf der Couch und einer in den Armen des anderen. Da glitt die normale Anne plötzlich weg und dafür kam die zweite Anne, die nicht übermütig und witzig ist, sondern nur lieb haben will und weich sein.

30 Ich lehnte mich fest an ihn und fühlte die Rührung in mir aufsteigen. Tränen sprangen mir in die Augen, die linke fiel auf seinen Overall, die rechte rann an meiner Nase vorbei und fiel auch auf seinen Overall. Ob er es gemerkt hat? Keine Bewegung verriet es. Ob er genauso
35 fühlt wie ich? Er sprach auch fast kein Wort. Ob er weiß, dass er zwei Annes vor sich hat? Das alles sind unbeantwortete Fragen.

Um halb neun stand ich auf und ging zum Fenster. Dort nehmen wir immer Abschied voneinander. Ich zitterte

Die Tagebuchbriefe – Eine Auswahl 71

noch, ich war noch Anne Nummer zwei. Er kam auf
mich zu, ich legte meine Arme um seinen Hals und
drückte einen Kuss auf seine linke Wange. Gerade wollte
ich auch zur rechten, als mein Mund den seinen traf.
Taumelnd drückten wir uns aneinander, noch einmal
und noch einmal, um nie mehr aufzuhören!
Peter hat so viel Bedürfnis nach Zärtlichkeit! Er hat zum
ersten Mal in seinem Leben ein Mädchen entdeckt, hat
zum ersten Mal gesehen, dass die lästigsten Mädchen
auch ein Inneres und ein Herz haben und sich verändern, sobald sie mit einem allein sind. Er hat zum ersten
Mal in seinem Leben seine Freundschaft und sich selbst
gegeben, er hat noch nie zuvor einen Freund oder eine
Freundin gehabt. Nun haben wir uns gefunden. Ich
kannte ihn auch nicht, hatte auch nie einen Vertrauten,
und nun ist es doch so weit gekommen.
Wieder die Frage, die mich nicht loslässt: „Ist es richtig?"
Ist es richtig, dass ich so schnell nachgebe, dass ich so
heftig bin, genauso heftig und verlangend wie Peter?
Darf ich, ein Mädchen, mich so gehen lassen?
Es gibt nur eine Antwort darauf: „Ich sehne mich so …
schon so lange. Ich bin so einsam und habe nun einen
Trost gefunden."
Morgens sind wir normal, nachmittags auch noch ziem-
lich, aber abends kommt die Sehnsucht des ganzen
Tages hoch, das Glück und die Wonne von all den vor-
herigen Malen und wir denken nur aneinander. Jeden
Abend, nach dem letzten Kuss, möchte ich am liebsten
wegrennen, ihm nicht mehr in die Augen sehen, nur
weg, weg in die Dunkelheit und allein sein.
Aber was erwartet mich, wenn ich die vierzehn Stufen
hinuntergegangen bin? Volles Licht, Fragen hier und
Lachen dort. Ich muss reagieren und darf mir nichts
anmerken lassen.
Mein Herz ist noch zu weich, um so einen Schock wie
gestern Abend einfach zur Seite zu schieben. Die weiche
Anne kommt zu selten und lässt sich darum auch nicht
sofort wieder zur Tür hinausjagen. Peter hat mich berührt,
tiefer, als ich je in meinem Leben berührt wurde, außer in
meinem Traum! Peter hat mich angefasst, hat mein Inneres

nach außen gekehrt. Ist es dann nicht für jeden Menschen selbstverständlich, dass er danach seine Ruhe braucht, um sich innerlich wieder zu erholen? O Peter, was hast du mit mir gemacht? Was willst du von mir?

Wohin soll das führen? Jetzt begreife ich Bep, nun, wo ich das erlebe. Nun verstehe ich ihre Zweifel. Wenn ich älter wäre und er würde mich heiraten wollen, was würde ich dann antworten? Anne, sei ehrlich! Du würdest ihn nicht heiraten können, aber loslassen ist auch so schwer. Peter hat noch zu wenig Charakter, zu wenig Willenskraft, zu wenig Mut und Kraft. Er ist noch ein Kind, innerlich nicht älter als ich. Er will nur Ruhe und Glück.

Bin ich wirklich erst vierzehn? Bin ich wirklich noch ein dummes Schulmädchen? Bin ich wirklich noch so unerfahren in allem? Ich habe mehr Erfahrung als die anderen, ich habe etwas erlebt, was fast niemand in meinem Alter kennt.

Ich habe Angst vor mir selbst, habe Angst, dass ich mich in meinem Verlangen zu schnell wegschenke. Wie kann das dann später mit anderen Jungen gutgehen? Ach, es ist so schwierig, immer gibt es das Herz und den Verstand, und jedes muss zu seiner Zeit sprechen. Aber weiß ich sicher, dass ich die Zeit richtig gewählt habe?

Deine Anne M. Frank

Montag, 22. Mai 1944

Liebe Kitty!

Vater hat am 20. Mai fünf Flaschen Joghurt bei einer Wette an Frau van Daan verloren. Die Invasion ist noch nicht gekommen. Ich kann ruhig sagen, dass ganz Amsterdam, die ganzen Niederlande, ja die ganze Westküste Europas bis Spanien hinunter Tag und Nacht über die Invasion spricht, debattiert, darüber Wetten abschließt und darauf hofft.

Die Spannung steigt und steigt. Längst nicht alle, die wir zu den „guten" Niederländern rechnen, haben das Vertrauen in die Engländer bewahrt, längst nicht alle finden den englischen Bluff ein Meisterstück. O nein, die Menschen wollen nun endlich mal Taten sehen, große und heldenhafte Taten!

Niemand denkt weiter, als seine Nase lang ist, niemand denkt daran, dass die Engländer für sich selbst und ihr Land kämpfen. Jeder meint nur, dass sie verpflichtet sind, die Niederlande so schnell wie möglich zu retten. Welche Verpflichtungen haben die Engländer denn? Womit haben die Holländer die edelmütige Hilfe verdient, die sie so fest erwarten? Dass die Niederländer sich nur nicht irren! Die Engländer haben sich trotz ihres Bluffs bestimmt nicht mehr blamiert als all die anderen Länder und Ländchen, die nun besetzt sind. Die Engländer werden sicher nicht um Entschuldigung bitten. Sie haben geschlafen, während Deutschland sich bewaffnete, aber all die anderen Länder, die Länder, die an Deutschland grenzen, haben auch geschlafen. Mit Vogel-Strauß-Politik kommt man nicht weiter. Das hat England und das hat die ganze Welt gesehen, und alle, nicht zuletzt England, müssen schwer dafür büßen.
Kein Land wird seine Männer umsonst opfern, auch England nicht. Die Invasion, die Befreiung und die Freiheit werden einmal kommen. Doch England kann den Zeitpunkt bestimmen, nicht die besetzten Gebiete.
Zu unserem Leidwesen und zu unserem großen Entsetzen haben wir gehört, dass die Stimmung uns Juden gegenüber bei vielen Leuten umgeschlagen ist. Wir haben gehört, dass Antisemitismus jetzt auch in Kreisen aufkommt, die früher nie daran gedacht hätten. Das hat uns tief, tief getroffen. Die Ursache von diesem Judenhass ist verständlich, manchmal sogar menschlich, aber trotzdem nicht richtig. Die Christen werfen den Juden vor, dass sie sich bei den Deutschen verplappern, dass sie ihre Helfer verraten, dass viele Christen durch die Schuld von Juden das schreckliche Los und die schreckliche Strafe von so vielen erleiden müssen. Das ist wahr. Aber sie müssen (wie bei allen Dingen) auch die Kehrseite der Medaille betrachten. Würden die Christen an unserer Stelle anders handeln? Kann ein Mensch, egal ob Jude oder Christ, bei den deutschen Methoden schweigen? Jeder weiß, dass dies fast unmöglich ist. Warum verlangt man das Unmögliche dann von den Juden?

In Kreisen des Untergrunds wird darüber gemunkelt, dass deutsche Juden, die in die Niederlande emigriert waren und jetzt in Polen sind, nicht mehr in die Niederlande zurückkommen dürfen. Sie hatten hier Asylrecht, müssen aber, wenn Hitler weg ist, wieder nach Deutschland zurück.

Wenn man das hört, fragt man sich dann nicht unwillkürlich, warum dieser lange und schwere Krieg geführt wird? Wir hören doch immer, dass wir alle zusammen für Freiheit, Wahrheit und Recht kämpfen! Fängt jetzt noch während des Kampfes schon wieder die Zwietracht an? Ist ein Jude doch wieder weniger als die anderen? Oh, es ist traurig, sehr traurig, dass wieder, zum soundsovielten Mal, der alte Spruch bestätigt wird: Was ein Christ tut, muss er selbst verantworten, was ein Jude tut, fällt auf alle Juden zurück.

Ehrlich gesagt, ich kann es nicht begreifen, dass Niederländer, Angehörige eines so guten, ehrlichen und rechtschaffenen Volkes, so über uns urteilen, über das vielleicht am meisten unterdrückte, unglücklichste und bedauernswerteste Volk der Welt.

Ich hoffe nur, dass dieser Judenhass vorübergehender Art ist, dass die Niederländer doch noch zeigen werden, wer sie sind, dass sie jetzt und nie in ihrem Rechtsgefühl wanken werden. Denn das ist ungerecht! Und wenn das Schreckliche tatsächlich Wahrheit werden sollte, dann wird das armselige Restchen Juden die Niederlande verlassen. Wir auch. Wir werden mit unserem Bündelchen weiterziehen, weg aus diesem schönen Land, das uns so herzlich Unterschlupf angeboten hat und uns nun den Rücken kehrt.

Ich liebe die Niederlande. Ich habe einmal gehofft, dass es mir, der Vaterlandslosen, ein Vaterland werden wird. Ich hoffe es noch! Deine Anne M. Frank

Freitag, 26. Mai 1944

Liebste Kitty!

Endlich, endlich bin ich so weit, dass ich ruhig an meinem Tischchen vor dem spaltbreit offenen Fenster sitzen und dir alles schreiben kann.

Die Tagebuchbriefe – Eine Auswahl 75

Ich fühle mich so elend wie seit Monaten nicht, sogar nach dem Einbruch war ich innerlich und äußerlich nicht so kaputt. Einerseits: der Gemüsemann[1], die Judenfrage, die im ganzen Haus ausführlich besprochen wird, die ausbleibende Invasion, das schlechte Essen, die Spannung, die miserable Stimmung, die Enttäuschung wegen Peter, und andererseits: Beps Verlobung, Pfingstempfänge, Blumen, Kuglers Geburtstag, Torten und Geschichten von Kabaretts, Filmen und Konzerten. Diesen Unterschied, diesen großen Unterschied gibt es immer. An einem Tag lachen wir über das Komische an unserer Untertauchsituation, aber am nächsten Tag, an viel mehr Tagen, haben wir Angst, und man kann die Spannung und die Verzweiflung auf unseren Gesichtern lesen. Miep und Kugler spüren am stärksten die Last, die wir ihnen machen, Miep durch ihre Arbeit und Kugler durch die kolossale Verantwortung für uns acht, eine Verantwortung, die ihm manchmal zu groß wird. Dann kann er fast nicht mehr sprechen vor unterdrückter Nervosität und Aufregung. Kleiman und Bep sorgen auch gut für uns, sehr gut sogar, aber sie können das Hinterhaus manchmal vergessen, auch wenn es nur für ein paar Stunden oder einen Tag oder zwei ist. Sie haben ihre eigenen Sorgen, Kleiman wegen seiner Gesundheit, Bep wegen ihrer Verlobung, die gar nicht so rosig aussieht. Und neben diesen Sorgen haben sie auch ihre Abwechslung, Ausgehen, Besuche, das Leben von normalen Menschen. Bei ihnen weicht die Spannung manchmal, auch wenn es nur für kurze Zeit ist. Bei uns weicht sie niemals, zwei Jahre lang nicht. Und wie lange wird sie uns noch drücken?

Die Kanalisation ist wieder verstopft. Es darf kein Wasser ablaufen, wenn, dann nur tropfenweise. Wir dürfen nicht zum Klo oder müssen eine Bürste mitnehmen. Das schmutzige Wasser bewahren wir in einem großen Steinguttopf auf. Für heute können wir uns behelfen,

---

[1] Einen Tag zuvor war der Gemüsehändler verhaftet worden, der den Helfern, ohne Fragen zu stellen, große Portionen Gemüse verkauft hatte. Er hatte selbst zwei Juden bei sich im Haus versteckt, die entdeckt worden waren.

aber was ist, wenn der Klempner es nicht allein schafft? Die von der Stadt kommen nicht vor Dienstag.

Miep hat uns ein Rosinenbrot mit der Aufschrift „Fröhliche Pfingsten" geschickt. Das klingt fast wie Spott, unsere Stimmung und unsere Angst sind wirklich nicht „fröhlich".

Wir sind ängstlicher geworden nach der Angelegenheit mit dem Gemüsehändler. Von allen Seiten hört man wieder „pst", alles geschieht leiser. Die Polizei hat dort die Tür aufgebrochen, davor sind wir also auch nicht sicher. Wenn auch wir einmal ... Nein, das darf ich nicht schreiben, aber die Frage lässt sich heute nicht wegschieben, im Gegenteil. All die einmal durchgemachte Angst steht wieder mit ihrem ganzen Schrecken vor mir.

Heute Abend um acht Uhr musste ich alleine nach unten, zum Klo. Niemand war unten, alle saßen am Radio. Ich wollte mutig sein, aber es war schwer. Ich fühle mich hier oben noch immer sicherer als allein in dem großen, stillen Haus. Allein mit diesen Poltergeräuschen von oben und dem Tuten der Autohupen auf der Straße. Ich fange an zu zittern, wenn ich mich nicht beeile und auch nur einen Moment über die Situation nachdenke.

Miep ist nach dem Gespräch mit Vater viel netter und herzlicher zu uns geworden. Aber das habe ich dir noch gar nicht erzählt. Miep kam eines Nachmittags mit feuerrotem Kopf zu Vater und fragte ihn geradeaus, ob wir annähmen, dass sie auch vom Antisemitismus angesteckt wären. Vater erschrak gewaltig und redete ihr den Verdacht aus. Aber etwas ist hängen geblieben. Sie kaufen mehr für uns ein, interessieren sich mehr für unsere Schwierigkeiten, obwohl wir ihnen damit sicher nicht zur Last fallen dürfen. Es sind doch so herzensgute Menschen!

Ich frage mich immer wieder, ob es nicht besser für uns alle gewesen wäre, wenn wir nicht untergetaucht wären, wenn wir nun tot wären und dieses Elend nicht mitmachen müssten und es vor allem den anderen ersparten. Aber auch davor scheuen wir zurück. Wir lieben das Leben noch, wir haben die Stimme der Natur noch nicht vergessen, wir hoffen noch, hoffen auf alles.

Die Tagebuchbriefe – Eine Auswahl   77

Lass nur schnell was passieren, notfalls auch Schießereien.
Das kann uns auch nicht mehr zermürben als diese
Unruhe! Lass das Ende kommen, auch wenn es hart ist,
dann wissen wir wenigstens, ob wir letztlich siegen werden oder untergehen.   Deine Anne M. Frank [5]

Dienstag, 13. Juni 1944

Liebe Kitty!
Der Geburtstag ist wieder vorbei, jetzt bin ich also 15. Ich
habe ziemlich viel bekommen: Die fünf Bände Springers
Kunstgeschichte, eine Garnitur Unterwäsche, zwei Gürtel, [10]
ein Taschentuch, zwei Joghurts, ein Glas Marmelade, 2
Honigkuchen (klein), ein Pflanzenkundebuch von Vater
und Mutter, ein Doubléarmband von Margot, ein Buch
von den van Daans, Biomalz und Gartenwicken Dussel,
Süßigkeiten Miep, Süßigkeiten und Hefte Bep, und als [15]
Höhepunkt das Buch „Maria Theresia" und drei Scheiben
vollfetten Käse von Kugler. Von Peter einen schönen
Strauß Pfingstrosen. Der arme Junge hat sich so viel Mühe
gegeben, etwas zu finden, aber nichts hat geklappt.
Mit der Invasion geht es immer noch hervorragend, [20]
trotz des miserablen Wetters, der zahllosen Stürme, der
Regengüsse und der stürmischen See.
Churchill, Smuts, Eisenhower und Arnold waren
gestern in den französischen Dörfern, die von den
Engländern erobert und befreit worden sind. Churchill [25]
war auf einem Torpedoboot, das die Küste beschoss. Der
Mann scheint, wie so viele Männer, keine Angst zu kennen. Beneidenswert!
Die Stimmung in den Niederlanden ist von unserer Hin-
terburg aus nicht einzuschätzen. Zweifellos sind die [30]
Menschen froh, dass das nichtstuende (!) England nun
endlich auch mal die Ärmel hochkrempelt. Wie ungerecht sie argumentieren, erkennen die Leute nicht, wenn
sie immer wieder sagen, dass sie hier keine englische
Besatzung haben wollen. Alles in allem läuft das darauf [35]
hinaus: England muss kämpfen, streiten und seine Söh-
ne für die Niederlande und andere besetzte Gebiete auf-
opfern. Die Engländer dürfen aber nicht in den Niederlanden bleiben, müssen allen besetzten Staaten ihren

untertänigsten Dank anbieten, müssen Niederländisch-
Indien dem ursprünglichen Eigentümer zurückgeben
und dürfen dann, geschwächt und arm, nach England
zurückkehren. Ein armer Tölpel, der sich das so vor-
stellt, und doch müssen viele Niederländer zu diesen
Tölpeln gerechnet werden. Was, frage ich, wäre aus den
Niederlanden und den benachbarten Ländern geworden, wenn England den so oft möglichen Frieden mit
Deutschland unterzeichnet hätte? Die Niederlande wären deutsch geworden, und damit basta!
Alle Niederländer, die nun noch auf die Engländer hi-
nunterschauen, England und die Alte-Herren-Regierung
beschimpfen, die Engländer feige nennen, aber doch die
Deutschen hassen, müssten mal aufgeschüttelt werden,
wie man ein Kissen aufschüttelt. Vielleicht legen sich die
verwirrten Gehirne dann in etwas richtigere Falten!
Viele Wünsche, viele Gedanken, viele Beschuldigungen
und viele Vorwürfe spuken in meinem Kopf herum. Ich
bin wirklich nicht so eingebildet, wie viele Leute meinen. Ich kenne meine zahllosen Fehler und Mängel besser als jeder andere, nur mit dem Unterschied, dass ich
auch weiß, dass ich mich bessern will, mich bessern
werde und mich schon sehr gebessert habe.
Wie kommt es nur, frage ich mich oft, dass jeder mich
noch immer so schrecklich vorlaut und unbescheiden
findet? Bin ich so vorlaut? Bin <u>ich</u> es wirklich, oder sind
es nicht vielleicht auch die anderen? Das klingt verrückt,
ich merke es, aber ich streiche den letzten Satz nicht
durch, weil er wirklich nicht so verrückt ist. Frau van
Daan und Dussel, meine hauptsächlichen Ankläger, sind
beide bekannt als unintelligent und, spreche ich es ruhig
mal aus, dumm! Dumme Menschen können es meist
nicht ertragen, wenn andere etwas besser machen als sie
selbst. Das beste Beispiel sind in der Tat die beiden
Dummen, Frau van Daan und Dussel.
Frau van Daan findet mich dumm, weil ich nicht so
schrecklich an diesem Übel leide wie sie, sie findet mich
unbescheiden, weil sie noch unbescheidener ist, sie findet meine Kleider zu kurz, weil die ihren noch kürzer
sind, und darum findet sie mich auch vorlaut, weil sie

Die Tagebuchbriefe – Eine Auswahl   79

selbst doppelt so viel bei Themen mitredet, von denen
sie überhaupt nichts versteht. Dasselbe gilt für Dussel.
Aber einer meiner Lieblingssprüche ist: „An jedem Vorwurf ist auch etwas Wahres", und so gebe ich auch
prompt zu, dass ich vorlaut bin. Nun ist das Lästige an 5
meiner Natur, dass ich von niemandem so viele Standpauken bekomme und so viel ausgeschimpft werde wie
von mir selbst. Wenn Mutter dann noch ihre Portion
Ratschläge dazugibt, wird der Stapel Predigten so un-
überwindlich hoch, dass ich vor lauter Verzweiflung, je 10
herauszukommen, frech werde und widerspreche, und
dann ist das bekannte und schon so alte Anne-Wort wieder da: „Niemand versteht mich!"
Dieses Wort ist in mir, und so unwahr es auch scheinen
mag, auch darin ist ein Zipfelchen Wahrheit. Meine 15
Selbstbeschuldigungen nehmen oft so einen Umfang an,
dass ich nach einer tröstenden Stimme lechze, die alles
wieder zurechtrückt und sich auch etwas aus meinem
Innenleben macht. Aber da kann ich leider lange suchen,
gefunden ist derjenige noch nicht. 20
Ich weiß, dass du jetzt an Peter denkst, nicht wahr,
Kitty? Es ist wahr, Peter hat mich gern, nicht als
Verliebter, sondern als Freund. Seine Zuneigung steigt
mit jedem Tag. Aber was das Geheimnisvolle ist, das uns
beide zurückhält, verstehe ich selbst nicht. 25
Manchmal denke ich, dass mein schreckliches Verlangen
nach ihm übertrieben war. Aber es ist nicht so. Wenn ich
mal zwei Tage nicht oben war, sehne ich mich wieder
genauso heftig nach ihm wie zuvor. Peter ist lieb und
gut, trotzdem, ich darf es nicht leugnen, enttäuscht mich 30
vieles. Vor allem seine Abkehr von der Religion, seine
Gespräche über Essen und noch andere so widersprüchliche Dinge gefallen mir nicht. Trotzdem bin ich fest davon überzeugt, dass wir nach unserer ehrlichen Abmachung nie Streit bekommen werden. Peter ist 35
friedliebend, verträglich und sehr nachgiebig. Er lässt
sich von mir viel mehr sagen, als er seiner Mutter zuge-
steht. Er versucht mit viel Hartnäckigkeit, die Tinten-
flecke aus seinen Büchern zu entfernen und Ordnung in
seinen Sachen zu halten. Aber warum bleibt sein Inneres 40

dann innen, und ich darf nie daran rühren? Er ist viel verschlossener als ich, das ist wahr. Aber ich weiß nun wirklich aus der Praxis, dass sogar die verschlossenen Naturen zu gegebener Zeit genauso stark oder noch stärker nach einem Vertrauten verlangen.

Peter und ich haben beide unsere Denk-Jahre im Hinterhaus verbracht. Wir reden oft über Zukunft, Vergangenheit und Gegenwart, aber, wie gesagt, ich vermisse das Echte und weiß doch sicher, dass es da ist!

Liegt es daran, dass ich meine Nase so lange nicht in die frische Luft stecken konnte, dass ich so versessen auf alles bin, was Natur ist? Ich weiß noch sehr gut, dass ein strahlend blauer Himmel, zwitschernde Vögel, Mondschein und blühende Blumen früher meine Aufmerksamkeit lange nicht so gefesselt haben. Hier ist das anders geworden. Ich habe z. B. an Pfingsten, als es so warm war, abends mit Gewalt die Augen offen gehalten, um gegen halb zwölf am offenen Fenster den Mond mal richtig und allein betrachten zu können. Leider führte dieses Opfer zu nichts, denn der Mond war zu hell, ich durfte kein offenes Fenster riskieren. Ein andermal, es ist schon ein paar Monate her, war ich zufällig abends oben, als das Fenster offen war. Ich ging nicht eher zurück, bis das Lüften vorbei war. Der dunkle, regnerische Abend, der Sturm, die jagenden Wolken hielten mich gefangen. Nach anderthalb Jahren hatte ich zum ersten Mal wieder die Nacht von Angesicht zu Angesicht gesehen. Nach diesem Abend war meine Sehnsucht, das noch mal zu sehen, größer als meine Angst vor Dieben und dem dunklen Rattenhaus oder Überfällen. Ich ging ganz allein hinunter und schaute aus dem Fenster vom Privatbüro und von der Küche.

Viele Menschen finden die Natur schön, viele schlafen mal unter freiem Himmel, viele ersehnen in Gefängnissen oder Krankenhäusern den Tag, an dem sie wieder frei die Natur genießen können, aber wenige sind mit ihrer Sehnsucht so abgeschlossen und isoliert von dem, was für Arme und Reiche dasselbe ist.

Es ist keine Einbildung, dass die Betrachtung des Himmels, der Wolken, des Mondes und der Sterne mich

Die Tagebuchbriefe – Eine Auswahl 81

ruhig und abwartend macht. Dieses Mittel ist besser als
Baldrian und Brom. Die Natur macht mich demütig und
bereit, alle Schläge mutig zu ertragen.
Es hat so sein müssen, dass ich die Natur nur ausnahms-
weise durch dick verstaubte und mit schmutzigen
Vorhängen versehene Fenster sehen darf. Und da durch-
zuschauen, ist kein Vergnügen mehr. Die Natur ist das
Einzige, das wirklich kein Surrogat vertragen kann!
Eine der vielen Fragen, die mich nicht in Ruhe lassen, ist,
warum früher und auch jetzt noch oft die Frauen bei den
Völkern einen so viel geringeren Platz einnehmen als der
Mann. Jeder kann sagen, dass das ungerecht ist, aber
damit bin ich nicht zufrieden. Ich würde so gern die
Ursache dieses großen Unrechts wissen.
Es ist anzunehmen, dass der Mann von Anfang an durch
seine größere Körperkraft die Herrschaft über die Frau
ausgeübt hat. Der Mann, der verdient, der Mann, der die
Kinder zeugt, der Mann, der alles darf … All die Frauen
waren dumm genug, dass sie das bis vor einiger Zeit still
haben geschehen lassen, denn je mehr Jahrhunderte
diese Regel lebt, umso fester fasst sie Fuß. Zum Glück
sind den Frauen durch Schule, Arbeit und Bildung die
Augen geöffnet worden. In vielen Ländern haben
Frauen gleiche Rechte bekommen. Viele Menschen,
Frauen vor allem, aber auch Männer, sehen nun ein, wie
falsch diese Einteilung der Welt so lange Zeit war. Die
modernen Frauen wollen das Recht zur völligen
Unabhängigkeit.
Aber das ist es nicht allein: Die Würdigung der Frau
muss kommen! Überall wird der Mann hoch geschätzt,
warum darf die Frau nicht zuallererst daran teilhaben?
Soldaten und Kriegshelden werden geehrt und gefeiert,
Entdecker erlangen unsterblichen Ruhm, Märtyrer wer-
den angebetet. Aber wer betrachtet die Frau auch als
Kämpferin?
In dem Buch „Streiter für das Leben" steht etwas, das
mich sehr berührt hat, ungefähr so: Frauen machen im
Allgemeinen allein mit dem Kinderkriegen mehr
Schmerzen durch, mehr Krankheiten und mehr Elend,
als welcher Kriegsheld auch immer. Und was bekommt

sie dafür, wenn sie all die Schmerzen durchgestanden hat? Sie wird in eine Ecke geschoben, wenn sie durch die Geburt entstellt ist, ihre Kinder gehören schon bald nicht mehr ihr, ihre Schönheit ist weg. Frauen sind viel tapferere, mutigere Soldaten, die mehr kämpfen und für den Fortbestand der Menschheit mehr Schmerzen ertragen als die vielen Freiheitshelden mit ihrem großen Mund! Ich will damit überhaupt nicht sagen, dass Frauen sich gegen Kinderkriegen auflehnen sollen, im Gegenteil. So ist die Natur eingerichtet, und so wird es gut sein. Ich verurteile nur die Männer und die ganze Ordnung der Welt, die sich noch nie Rechenschaft darüber abgeben wollten, welchen großen, schweren, aber zeitweilig auch schönen Anteil die Frauen in der Gesellschaft tragen.

Paul de Kruif, der Autor des Buches, hat völlig recht, wenn er sagt, dass die Männer lernen müssen, dass in den Teilen der Welt, die kultiviert genannt werden, eine Geburt aufgehört hat, etwas Natürliches und Normales zu sein. Die Männer haben leicht reden, sie haben die Unannehmlichkeiten der Frauen nie ertragen müssen und werden es auch nie tun müssen.

Die Ansicht, dass es die Pflicht der Frauen ist, Kinder zu bekommen, wird sich, glaube ich, im Lauf des nächsten Jahrhunderts verändern. Sie wird einer Würdigung und Bewunderung für diejenige Platz machen, die ohne Murren und große Worte die Lasten auf ihre Schultern nimmt! Deine Anne M. Frank

Freitag, 21. Juli 1944

Liebe Kitty!

Nun werde ich hoffnungsvoll, nun endlich geht es ja gut. Ja, wirklich, es geht gut! Tolle Berichte! Ein Mordanschlag auf Hitler ist ausgeübt worden, und nun mal nicht durch jüdische Kommunisten oder englische Kapitalisten, sondern durch einen hochgermanischen deutschen General, der Graf und außerdem noch jung ist. Die „göttliche Vorsehung" hat dem Führer das Leben gerettet und er ist leider, leider mit ein paar Schrammen und einigen Brandwunden davongekommen. Ein paar Offiziere und Generäle aus seiner nächsten Umgebung

Die Tagebuchbriefe – Eine Auswahl 83

sind getötet oder verwundet worden. Der Haupttäter
wurde standrechtlich erschossen.
Der beste Beweis doch wohl, dass es viele Offiziere und
Generäle gibt, die den Krieg satthaben und Hitler gern in
die tiefsten Tiefen versenken würden, um dann eine
Militärdiktatur zu errichten, mit deren Hilfe Frieden mit
den Alliierten zu schließen, erneut zu rüsten und nach
zwanzig Jahren wieder einen Krieg zu beginnen. Vielleicht
hat die Vorsehung mit Absicht noch ein bisschen gezögert,
ihn aus dem Weg zu räumen. Denn für die Alliierten ist es
viel bequemer und auch vorteilhafter, wenn die fleckenlo-
sen Germanen sich gegenseitig totschlagen. Umso weniger Arbeit bleibt den Russen und Engländern und umso
schneller können sie wieder mit dem Aufbau ihrer eigenen
Städte beginnen. Aber so weit sind wir noch nicht und ich
will nichts weniger als den glorreichen Tatsachen vorgrei-
fen. Trotzdem merkst du wohl, dass das, was ich sage, die
Wahrheit ist, nichts als die Wahrheit. Ausnahmsweise
fasele ich nun mal nicht über höhere Ideale.
Hitler ist ferner noch so freundlich gewesen, seinem
treuen und anhänglichen Volk mitzuteilen, dass alle
Militärs von heute an der Gestapo zu gehorchen haben
und dass jeder Soldat, der weiß, dass sein Kommandant
an diesem feigen und gemeinen Attentat teilgenommen
hat, ihn abknallen darf.
Eine schöne Geschichte wird das werden. Der kleine
Michel hat schmerzende Füße vom langen Laufen, sein
Herr, der Offizier, staucht ihn zusammen. Der kleine
Michel nimmt sein Gewehr, ruft: „Du wolltest den
Führer ermorden, da ist dein Lohn!" Ein Knall, und der
hochmütige Chef, der es wagte, Michel Standpauken zu
halten, ist ins ewige Leben (oder ist es der ewige Tod?)
eingegangen. Zuletzt wird es so sein, dass die Herren
Offiziere sich die Hosen vollmachen vor Angst, wenn sie
einen Soldaten treffen oder irgendwo die Führung übernehmen sollen, weil die Soldaten mehr zu sagen und zu
tun haben als sie selbst.
Verstehst du's ein bisschen, oder bin ich wieder vom
Hundertsten ins Tausendste gekommen? Ich kann's
nicht ändern. Ich bin viel zu fröhlich, um logisch zu sein

84 Anne Frank. Ein Lesebuch

bei der Aussicht, dass ich im Oktober wohl wieder auf der Schulbank sitzen kann! O lala, habe ich nicht gerade noch gesagt, dass ich nicht voreilig sein will? Vergib mir, ich habe nicht umsonst den Ruf, dass ich ein Bündelchen
5 Widerspruch bin!   Deine Anne M. Frank

Dienstag, 1. August 1944
Liebe Kitty!
„Ein Bündelchen Widerspruch!" Das ist der letzte Satz meines vorigen Briefes und der erste von meinem heuti-
10 gen. „Ein Bündelchen Widerspruch", kannst du mir genau erklären, was das ist? Was bedeutet Widerspruch? Wie so viele Worte hat es zwei Bedeutungen, Widerspruch von außen und Widerspruch von innen. Das erste ist das normale „sich nicht zufriedengeben mit der
15 Meinung anderer Leute, es selbst besser zu wissen, das letzte Wort zu behalten", kurzum, alles unangenehme Eigenschaften, für die ich bekannt bin. Das zweite, und dafür bin ich nicht bekannt, ist mein Geheimnis.
Ich habe dir schon öfters erzählt, dass meine Seele sozusa-
20 gen zweigeteilt ist. Die eine Seite beherbergt meine ausgelassene Fröhlichkeit, die Spöttereien über alles, Lebenslustigkeit und vor allem meine Art, alles von der leichten Seite zu nehmen. Darunter verstehe ich, an einem Flirt nichts zu finden, einem Kuss, einer Umarmung,
25 einem unanständigen Witz. Diese Seite sitzt meistens auf der Lauer und verdrängt die andere, die viel schöner, reiner und tiefer ist. Nicht wahr, die schöne Seite von Anne, die kennt niemand, und darum können mich auch so wenige Menschen leiden. Sicher, ich bin ein amüsanter Clown
30 für einen Nachmittag, dann hat jeder wieder für einen Monat genug von mir. Eigentlich genau dasselbe, was ein Liebesfilm für ernsthafte Menschen ist, einfach eine Ablenkung, eine Zerstreuung für einmal, etwas, das man schnell vergisst, nicht schlecht, aber noch weniger gut. Es
35 ist mir unangenehm, dir das zu erzählen, aber warum sollte ich es nicht tun, wenn ich doch weiß, dass es die Wahrheit ist? Meine leichtere, oberflächliche Seite wird der tieferen immer zuvorkommen und darum immer gewinnen. Du kannst dir nicht vorstellen, wie oft ich nicht schon

Die Tagebuchbriefe – Eine Auswahl 85

versucht habe, diese Anne, die nur die Hälfte der ganzen
Anne ist, wegzuschieben, umzukrempeln und zu verbergen. Es geht nicht und ich weiß auch, warum es nicht geht.
Ich habe große Angst, dass alle, die mich kennen, wie ich
immer bin, entdecken würden, dass ich eine andere Seite
habe, eine schönere und bessere. Ich habe Angst, dass sie
mich verspotten, mich lächerlich und sentimental finden, mich nicht ernst nehmen. Ich bin daran gewöhnt,
nicht ernst genommen zu werden, aber nur die „leichte"
Anne ist daran gewöhnt und kann es aushalten. Die
„schwerere" ist dafür zu schwach. Wenn ich wirklich
einmal mit Gewalt für eine Viertelstunde die gute Anne
ins Rampenlicht gestellt habe, zieht sie sich wie ein
Blümchen-rühr-mich-nicht-an zurück, sobald sie sprechen soll, lässt Anne Nr. 1 ans Wort und ist, bevor ich es
weiß, verschwunden.
In Gesellschaft ist die liebe Anne also noch nie, noch
nicht ein einziges Mal, zum Vorschein gekommen, aber
beim Alleinsein führt sie fast immer das Wort. Ich weiß
genau, wie ich gern sein würde, wie ich auch bin ... von
innen, aber leider bin ich das nur für mich selbst. Und
das ist vielleicht, nein, ganz sicher, der Grund, warum
ich mich selbst eine glückliche Innennatur nenne und
andere Menschen mich für eine glückliche Außennatur
halten. Innerlich weist die reine Anne mir den Weg,
äußerlich bin ich nichts als ein vor Ausgelassenheit sich
losreißendes Geißlein.
Wie schon gesagt, ich fühle alles anders, als ich es aus-
spreche. Dadurch habe ich den Ruf eines Mädchens
bekommen, das Jungen nachläuft, flirtet, alles besser
weiß und Unterhaltungsromane liest. Die fröhliche
Anne lacht darüber, gibt eine freche Antwort, zieht
gleichgültig die Schultern hoch, tut, als ob es ihr nichts
ausmacht. Aber genau umgekehrt reagiert die stille
Anne. Wenn ich ganz ehrlich bin, muss ich dir bekennen,
dass es mich trifft, dass ich mir unsagbar viel Mühe
gebe, anders zu werden, aber dass ich immer wieder
gegen stärkere Mächte kämpfe.
Es schluchzt in mir: Siehst du, das ist aus dir geworden:
schlechte Meinungen, spöttische und verstörte

Gesichter, Menschen, die dich unsympathisch finden,
und das alles, weil du nicht auf den Rat deiner guten
Hälfte hörst. Ach, ich würde gern darauf hören, aber es
geht nicht. Wenn ich still oder ernst bin, denken alle,
dass das eine neue Komödie ist, und dann muss ich mich
mit einem Witz retten. Ganz zu schweigen von meiner
eigenen Familie, die bestimmt glaubt, dass ich krank bin,
mir Kopfwehpillen und Beruhigungstabletten zu schluk-
ken gibt, mir an Hals und Stirn fühlt, ob ich Fieber habe,
mich nach meinem Stuhlgang fragt und meine schlechte
Laune kritisiert. Das halte ich nicht aus, wenn so auf
mich aufgepasst wird, dann werde ich erst schnippisch,
dann traurig und schließlich drehe ich mein Herz wieder
um, drehe das Schlechte nach außen, das Gute nach
innen und suche dauernd nach einem Mittel, um so zu
werden, wie ich gern sein würde und wie ich sein könnte, wenn ... wenn keine anderen Menschen auf der Welt
leben würden.   Deine Anne M. Frank

Hier endet Annes Tagebuch.

B
Texte über Anne und die Zeit, in der sie lebte

Im folgenden Teil soll durch die Verwendung verschiedener Schrifttypen verdeutlicht werden, wer jeweils zu Wort kommt.

Texte in dieser Schrifttype stammen von Anne Frank selbst.

Texte in dieser Schrifttype sind früheren Publikationen über Anne Frank entnommen; es sind Texte von Augenzeug/inn/en und Biograf/inn/en von Anne Frank.

Diese Schrifttype wird verwendet für Texte, die Dorothea Waldherr und Ute Hiddemann verfasst haben.

I. Die leeren Seiten

Der letzte Satz klingt lapidar. „Hier endet Annes Tagebuch." Gestorben ist sie sieben Monate später, Anfang März 1945, wenige Wochen vor Befreiung des Lagers Bergen-Belsen durch die Briten. Was hat Anne in diesen sieben Monaten erlebt? Welche Beobachtungen, Gedanken, Gefühle hätte sie notiert, wenn sie ihr Tagebuch hätte fortführen können? Ob sie sich noch an ihr „Rezept zum Glücklichsein" erinnert hat, das sich unter dem Eintrag vom 7.3.1944 findet? „Denk an all das Schöne, das noch in dir und um dich ist, und sei glücklich." Ob sie noch Kraft zu hoffen hatte oder zermürbt auf das Ende wartete (vgl. 25. Mai 1944)?

1. Der Verrat

Am 4. August wurde Anne zusammen mit den anderen sieben Untergetauchten abgeholt. Sie wurden verraten, das weiß man. [...] Wer die acht Menschen im Hinterhaus verraten hat, ist bis heute unbekannt. Gegen einen Lagerarbeiter aus der Firma wurde nach dem Krieg zweimal ermittelt, aber die Ergebnisse reichten für eine Anklageerhebung nicht aus. Bekannt hingegen ist der Name des SS Oberscharführers Karl Silberbauer, der die Verhaftung der Juden vornahm. Silberbauer war 1939 der SS beigetreten und diente bis zu seiner Versetzung zur Außenstelle IV B 4 (dem sogenannten „Judenreferat") als Polizist in seiner Heimatstadt Wien, wo er nach dem Krieg wieder seinen Dienst aufnahm. Auch gegen ihn wurde später ermittelt. Eine Aussage Otto Franks, Silberbauer habe erkennbar im Auftrag gehandelt und sich bei der Verhaftung korrekt verhalten, soll entscheidend dazu beigetragen

Die leeren Seiten **89**

haben, dass Silberbauer in seine alte Stellung zurückkehren konnte.[1]

Seine Verhaftung schildert Otto Frank, der als Einziger der Familie überlebte, später folgendermaßen:

Nein, ich hätte mir nicht einen Augenblick lang vorgestellt, wie es sein würde, wenn sie vor uns stünden. Es war auch nicht auszudenken. Aber jetzt standen sie da ... Wo ist das Lager?, hatten sie unten gefragt, und jetzt fragten sie: Wo sind Ihre Wertsachen? Ich zeigte auf den Wandschrank, in dem meine Kassette stand. Der „Grüne Polizist" nahm sie heraus, dann sah er sich um und griff nach Annes Aktentasche. Er schüttete alles aus, über den ganzen Boden hin, und ihre Papiere und Hefte und Zettel fielen heraus und lagen verstreut auf den Brettern. Dann tat er unsere Wertsachen in die Aktentasche und verschloss sie und fragte uns, ob wir Waffen hätten, aber wir hatten ja keine, und die Zivilpolizisten hatten uns doch schon durchsucht.
Da sagte er:
Fertig machen. In fünf Minuten sind alle wieder hier ...
Van Daans gingen hinauf, um ihre Rucksäcke zu holen. Und Anne und Dussel gingen in ihr Zimmer nebenan, und ich griff nach meinem Rucksack, der an der Wand hing. Da blieb der „Grüne Polizist" plötzlich vor dem Bett meiner Frau stehen, starrte auf die Kiste, die zwischen dem Bett und dem Fenster stand, und rief:
Wie kommen Sie zu der Kiste?
Es war eine graue Kiste mit Eisenbeschlägen, wie wir sie im ersten Kriege alle gehabt hatten, und auf dem Deckel stand: „Leutnant d. Res. Otto Frank". – Ich sagte:

---

[1] Mirjam Pressler: Ich sehne mich so. Die Lebensgeschichte der Anne Frank. Weinheim und Basel: Beltz & Gelberg, 1992, 1999, S. 197f.; in der Folge: Pressler, S. ...

Es ist meine Kiste.
Wieso?
Ich bin Offizier gewesen.
Das verwirrte den Mann unglaublich. Er stierte mich an und
5 *sagte:*
Warum haben Sie sich dann nicht gemeldet?
Ich biss mir auf die Lippen.
Aber man hätte Sie doch geschont, Mann. Sie wären doch
nach Theresienstadt gekommen.
10 *Ich schwieg. Er hielt Theresienstadt anscheinend für ein*
Ferienlager und ich sagte nichts. Ich sah ihn nur an. Aber er
wich plötzlich meinem Blick aus und mit einem Male schoss
es mir durch den Kopf: In seinem Inneren steht er jetzt
stramm, dieser Polizeifeldwebel. Und wenn er dürfte, würde
15 *er jetzt vielleicht die Hand an die Mütze nehmen ...*
Da drehte er sich plötzlich auf dem Absatz um und raste die
Treppe hinauf und gleich darauf kam er auch schon wieder
herunter und rannte wieder hinauf, immer hinauf und herun-
ter, und er rief: Nehmen Sie sich Zeit ...[1]
20 *Sie ließen uns mehr Zeit, als wir brauchten. Jeder wusste ja,*
was er mitzunehmen hatte. Es war doch dasselbe Gepäck, wie
wir es besprochen hatten für den Fall, dass es brenne ...
Einmal kam Anne zu mir und ich sagte: Nein, das nimmst du
nicht mit, aber das kannst du mitnehmen ... Und sie gehorchte,
25 *denn sie war ganz still und gefasst. Sie war nur so niederge-*
schlagen wie wir alle. Vielleicht war ihre Niedergeschlagenheit
daran schuld, dass sie nicht auf den Gedanken kam, eines von
ihren Heften einzupacken, die verstreut auf dem Boden lagen.
Vielleicht hat sie aber auch geahnt, dass jetzt alles verloren war,
30 *alles, und so ging sie hin und her und warf nicht einmal einen*
Blick auf ihr Tagebuch. Geweint hat niemand. Wir waren nur
alle furchtbar niedergeschlagen. Es hat keiner mehr als das
Nötigste gesagt. Es war ja auch so, dass sich diese Polizisten auf
die Zimmer verteilt hatten und uns beim Packen beobachteten.
35 *Der „Grüne" war immer noch auf der Treppe zu hören. Und*
endlich kamen die van Daans herunter. Wir waren auch so weit

---

[1] Ernst Schnabel: Anne Frank. Spur eines Kindes. Ein Bericht. Überarbei-
tete Neuausgabe. Frankfurt am Main: Fischer Verlag, 1997, S. 109 f.

Die leeren Seiten

und so gingen wir, einer hinter dem anderen, durch die Tür, die offen stand. Wir verließen unser Versteck und wir gingen über den Korridor und die Treppe hinunter. Im Privatbüro mussten wir noch einmal warten. Herr Kraler war schon dort, als wir kamen, und auch Herr Koophuis kam jetzt herein und einer von den Agenten stellte sich zwischen sie. Der „Grüne Polizist" wollte sie verhören, aber sie sagten beide, sie hätten ihm nichts zu sagen. Da rief er: Schön, dann kommen Sie auch mit.[1]

Johannes Kleiman, von Anne in ihrem Tagebuch Koophuis genannt, wurde sieben Wochen nach seiner Verhaftung auf Betreiben des Roten Kreuzes aufgrund seines Magenleidens entlassen. Victor Kugler, alias Hary Kraler, schickte man in verschiedene holländische Arbeitslager – nach Amersfoort, Zwolle und Wageningen. Im März 1945 gelang ihm während eines Deportationsmarsches in ein Arbeitslager in Deutschland die Flucht zu seinem Heimatort Hilversum. Die beiden Frauen Bep und Miep Gies wurden verschont.
Die acht Untergetauchten wurden zum Hauptquartier des Sicherheitsdienstes und von dort – einen Tag später – in das frühere Internierungslager Westerbork gebracht.

2. Westerbork

So zynisch es rückblickend auch klingen mag: Anne war in Westerbork alles andere als unglücklich. Sie hatte die langwierige Registration über sich ergehen lassen, ebenso wie die menschenverachtende Untersuchungsprozedur: nackt ausziehen, in der Reihe anstellen, Kopf nach Läusen, Körper nach Krankheiten absuchen lassen. Wie alle „Strafjuden" hatte sie ihre Kleider und Schuhe abgeben und stattdessen einen dunkelblauen Strafoverall mit roten Einsätzen anziehen und ihre bloßen Füße in

---
[1] ebd. S. 113 f.

raue Holzschuhe stecken müssen, ob diese passten, war
Zufall, meist waren sie zu klein oder zu groß, und wahr-
scheinlich war das beabsichtigt, denn so wurden die
Zählappelle, die die Häftlinge zu stundenlangem Stehen in
5 *Fünferreihen zwangen, zur besonders aufreibenden Folter.*
„Straffälle" wie die Franks wurden nach Geschlechtern
getrennt untergebracht, sie durften nicht in die Familien-
unterkünfte. So wurde Anne gemeinsam mit Edith und
Margot ein Platz in der übergroßen Strafbaracke zugeteilt,
10 *300 Frauen mussten in einem Saal schlafen – an Privatsphäre*
war nicht zu denken. Otto hingegen musste in die
Männerbaracke, doch wenigstens konnte er die Familie spät-
nachmittags und abends treffen. Dann hatte Anne auch
Gelegenheit, mit Peter van Pels zu sprechen.
15 *Frühmorgens um fünf begann der Arbeitstag. [...] Anne,*
Margot und Edith mussten zum Batterienzerlegen antreten –
Zwangsarbeit im Dienst der deutschen Kriegsindustrie. Erst
mussten sie die Batterie aufbrechen, mit einem kleinen Meißel
oder einem Schraubenzieher. Dann lösten sie den Metalldeckel
20 *ab, fischten den kleinen Kohlestift aus der Mitte der Batterie,*
kratzten die teerähnliche Ammoniumchlorid-haltige Paste aus
der Batterieschale und warfen jeden Bestandteil in eine jeweils
separate Kiste. Eine schmutzige Arbeit; der braune Dreck der
Batterien wanderte von den Händen ins Gesicht, ins Haar, auf
25 *den Overall – und das bei akutem Mangel an Seife und*
Wasserhähnen. Eine gesundheitsschädliche Arbeit war es
zudem, denn Ammoniumchlorid ist leicht giftig, seine Dämpfe
reizen die Bronchien. Die Frauen husteten und husteten, doch
sie packten kräftig an. „Mach dich unentbehrlich", klang
30 *ihnen in den Ohren, dann wirst du vielleicht nicht wegge-*
bracht. Und so unangenehm die Arbeit in der Batterienabteilung
auch war, so froh waren sie, gemeinsam an den langen Tischen
sitzen und miteinander reden zu können.[1]

Am 3. September 1944, als die Alliierten schon die
35 Südgrenze der Niederlande erreicht hatten, kam es zu
einem letzten Transport nach Auschwitz, auf dem sich auch
die Familien Frank und van Pels sowie Fritz Pfeffer befanden.

---

[1] Melissa Müller: Das Mädchen Anne Frank. Eine Biographie. München:
Claassen Verlag, 1998, S. 315 f.

3. Auschwitz

Fassungslos registrierten die Häftlinge, dass sie nicht in einem Zug für Menschen verschickt werden sollten, sondern in Waggons, in denen man sonst Pferde oder Rinder transportierte. Keine Fenster, nur zwei geradezu höhnisch kleine, vergitterte Luftluken. Um durchschauen zu können, musste man groß genug sein oder zufällig im richtigen Winkel dazu stehen. Keine Sitzbänke, nur ein kalter, mit Strohresten bedeckter Boden, durch dessen Spalten die Bahntrasse durchblitzte. In einer Ecke des Waggons ein leerer Eimer. Daneben ein zweiter, der mit Wasser gefüllt war. [...]
Kaum, dass ein Waggon voll war, schoben die Aufseher die eiserne Schubtür zu und verriegelten sie von außen mit einer schweren Stange. Drinnen war es dann finster, daran änderten auch die paar Lichtstrahlen nichts, die sich durch die kleinen Luken ins Wageninnere verirrten. Und schon nach wenigen Minuten war die Luft zum Ersticken knapp.[1]

Nach drei Tagen erreichte der Transport Auschwitz. Direkt nach der Ankunft fand die Selektion statt, der über die Hälfte der Neuangekommenen zum Opfer fiel, darunter alle Kinder unter 15 Jahren. Die Übrigen wurden nach Männern und Frauen getrennt. Sie mussten sich nackt ausziehen, alle Körperhaare wurden abrasiert, auf dem linken Arm tätowierte man eine Nummer ein. Dann mussten sie duschen, d.h., sie wurden in einem Raum zusammengepfercht, kaltes Wasser fiel auf sie herab, und ohne sich abtrocknen zu können, mussten sie die ihnen zugeworfene unzureichende Kleidung überziehen. Wer Glück hatte, ergatterte ein Paar einigermaßen passende Schuhe. Damit begann die „Normalität des Anormalen".

Und das hieß, seine bisherigen moralischen Werte aufzugeben, über Sterbende und Tote hinwegzusehen, Diebstahl als Selbsterhaltungstechnik zu praktizieren, immun zu werden gegen Verletzungen und Demütigungen – gegen seelische mehr noch als gegen körperliche. Wer überleben wollte, musste lernen, seinen Körper als Maschine zu betrachten und in Gang zu hal-

---
[1] ebd. S. 324 f.

ten, Hunger und Durst zu einer Nebensache zu erklären, sich einer Gruppe Häftlinge anzuschließen, die gegen den Terror zusammenhielt, statt sich aufhetzen zu lassen, und seinen Essnapf wie einen Goldschatz zu bewachen, denn ohne ihn konnte man nicht einmal das bisschen Suppe essen, das einem zustand. Und er musste vor allem lernen, ständig auf der Hut zu sein: Die Notdurft zur falschen Zeit zu verrichten, Kartoffelschalen hinter dem Küchenblock aufzusammeln und zu essen, zu langsam zu arbeiten oder auch nur in die vermeintlich falsche Richtung zu schauen – alles gab Grund zur Bestrafung und die Härte der Strafe hing von der Laune des Aufsehers ab.

Die Bahnlinie führte bis in das Vernichtungslager hinein: Ankunft eines Transports im KZ Auschwitz-Birkenau, Sommer 1944. Im Hintergrund sind die Krematorien zu erkennen.

Die leeren Seiten **95**

Wie es Anne im KZ Auschwitz-Birkenau erging, darüber wissen wir wenig. Sie hätte still und in sich gekehrt gewirkt, erinnerten sich Frauen, die ihr begegneten, hätte Schwierigkeiten gehabt, die Bilder des Grauens zu verarbeiten, und beim Anblick von Kindern, die zu den Gaskammern geführt wur- [5] *den, geweint. Sie wäre mutig und stark gewesen und hätte es mit ihrer aufmunternden, freundlich selbstbewussten Art sogar geschafft, sich, ihrer Mutter und Margot Extrarationen Brot zu besorgen, sagten andere. Das eine schließt das andere nicht aus. Jedenfalls seien Anne, Edith und Margot, die nach* [10] *der Quarantäne in den Frauenblock 29 verlegt wurden, ein unzertrennbares Trio gewesen. Von Unstimmigkeiten, die es früher vielleicht zwischen ihnen gegeben hatte, hätte man nichts bemerkt. Edith, die in den Monaten vor Auschwitz so niedergeschlagen war, hätte hellwach gewirkt, eine Mutter, auf* [15] *der Welt, um das Leben ihrer Kinder zu retten.*[1]

Lenie der Jong van Naarden, die mit den Frauen der Familie Frank in Auschwitz war, berichtet:

Ich erinnere mich, dass Anne Frank mit Ausschlag in den Krätzeblock kam. Margot hat sich freiwillig zu ihr gelegt, die [20] *beiden Schwestern sind beieinandergeblieben und die Mutter war völlig verzweifelt. Das Stück Brot, das sie bekam, aß sie nicht auf. Mit ihr habe ich ein Loch unter der Holzwand der Baracke gegraben, in der die Kinder lagen. Der Boden war ziemlich weich und deshalb war es, wenn man die Kraft hatte,* [25] *einfach.*
Frau Frank stand neben mir und fragte nur: „Geht es?"
„Ja", antwortete ich.
Ich grub dicht unter dem Holz. Durch das Loch konnten wir dann mit den Mädchen sprechen. Margot hat das Stück Brot, [30] *das ich daruntergeschoben habe, genommen, und sie haben es sich geteilt.*[2]

---

[1] Müller, S. 334 f.
[2] Willy Lindwer: Anne Frank. Die letzten sieben Monate. Augenzeuginnen berichten. Frankfurt am Main: S. Fischer Verlag, 1993, S. 193

4. Bergen-Belsen

Während Edith Frank in Auschwitz blieb, wo sie am 6. Januar 1945 an Hunger und Erschöpfung starb, wurden Anne und Margot nach sechs oder sieben Wochen in das Konzentrationslager Bergen-Belsen in der Lüneburger Heide gebracht. Bergen-Belsen war kein Vernichtungslager wie Auschwitz, sondern ursprünglich ein sogenanntes „Aufenthaltslager". Hier sollten Juden gesammelt und zum eventuellen Austausch gegen Deutsche, die sich im Gewahrsam der Alliierten befanden, ausgetauscht werden.

Stacheldraht und Wachturm, Zeichnung von Louis Asscher. Aus Bergen-Belsen sind keine Fotos aus der Zeit vor der Befreiung überliefert. Der niederländische Jude Louis Asscher hat 1944/45 im Lager einige Zeichnungen angefertigt, die gerettet werden konnten. Unter Gefahr, von der SS entdeckt zu werden, übte er bei der Motivwahl Zurückhaltung (Privatbesitz).

Die leeren Seiten 97

Deswegen waren die Häftlinge auch nicht den sonst üblichen Brutalitäten der SS ausgesetzt. Im Falle ihres Austausches sollten sie nichts über etwaige Gräueltaten berichten können. Die relativ guten Zustände in Bergen-Belsen änderten sich jedoch, als Ende Oktober und Anfang November 3.695 „kranke, aber potenziell wiederherstellungsfähige Frauen" aus Auschwitz-Birkenau ankamen. Die Baracken reichten für so viele Neuankömmlinge nicht aus, sodass sie in Zelten übernachten mussten. Nach einer Woche fegte ein heftiger Herbststurm mehrere Zelte weg. Durch die Überfüllung des Lagers und unzureichende sanitäre Einrichtungen brachen bald Krankheiten aus. Allein 50.000 der 125.000 in Bergen-Belsen inhaftierten Juden fielen der Anfang 1945 einsetzenden Typhusepidemie zum Opfer. Die SS konnte keine Ordnung mehr aufrechterhalten und beschränkte sich nur noch auf die Bewachung des Lagers.
Hanneli Goslar, die Anne bereits tot geglaubt hatte (vgl. Brief vom 27.11.1943), lebt heute mit ihrer Familie in Israel. Auch sie war in Bergen-Belsen und erzählt, wie sie Anne dort wiedergetroffen hat. Das Lager, in dem die Neuangekommenen lebten, war durch einen bewachten Stacheldrahtzaun von dem alten Lager, in dem Hanneli war, getrennt. Eines Tages hatte ihr jemand erzählt, dass Holländer in dem neuen Lager waren. Als sie sich nachts trotz der Suchscheinwerfer an den Zaun wagte, traf sie dort Frau van Pels, die Anne holte.

Hannah betete, es möge jetzt kein Wachmann vorbeikommen. Ihr Herz klopfte wild. Wie war das möglich? Sie wartete, aufgeregt und verängstigt zugleich. Dann hörte sie eine Stimme. „Hanneli? Bist du das wirklich?" Es war Annes Stimme, wahrhaftig.
„Ich bin's. Ich bin hier."
Beide begannen zu weinen.
„Was machst du hier? Du solltest doch in der Schweiz sein!", sagte Hannah. Mit kurzen Worten erzählte Anne, dass die Sache mit der Schweiz eine falsche Fährte gewesen war, ein Gerücht, das sie ausgestreut hatten, um die Nazis glauben zu machen, sie wären tatsächlich in die Schweiz geflohen. Doch

in Wirklichkeit war die Familie untergetaucht. [...] Und dann erzählte Anne von den Gaskammern in Auschwitz, in denen Tag und Nacht Tausende von Menschen vergast und anschließend verbrannt wurden. Fassungslos hörte Hannah zu. Das konnte sie einfach nicht glauben. So etwas konnte doch kein Mensch tun. Aber Anne hatte es mit eigenen Augen gesehen. [...]

„Du hast Glück, dass du deine Familie hast", sagte Anne traurig. „Ich habe keine Eltern mehr, Hanneli. Ich habe niemanden. Margot ist auch sehr krank." Wieder begannen sie beide zu weinen. „Sie haben mir den Kopf kahl geschoren", sagte Anne. [...] Der Suchscheinwerfer vom Wachtturm glitt durch die dunkle Nacht. Anne ist nicht mehr derselbe Mensch, dachte Hannah, während sie ihm mit den Blicken folgte. Auch ich nicht. Wir sind gebrochen worden. Verzweifelt berichtete Anne, dass sie und Margot überhaupt nichts mehr zu essen hätten. Außerdem hätten sie auch nichts mehr zum Anziehen, ihre Sachen seien völlig verlaust.

Vielleicht kann ich ja was für Anne organisieren, dachte Hannah. Ein bisschen was haben wir ja schließlich noch![1]

Als Hannah ein Rot-Kreuz-Päckchen bekommt, macht sie mithilfe einiger Freundinnen ein kleines Paket für Anne und wirft es beim nächsten Treffen mit Anne über den Zaun. Aber sie haben Pech. Eine andere Frau hebt das für Anne bestimmte Päckchen auf und verschwindet damit. Einige Tage später versuchen die beiden Freundinnen es noch einmal. Diesmal kann Anne das Päckchen auffangen. Es ist das letzte Mal, dass sie sich sehen.

Rachel van Amerongen-Frankfoorder, die in derselben Baracke wie Anne und Margot untergebracht war, berichtet über das Ende der Mädchen:

Die Mädchen Frank waren schon stark abgemagert und sahen schrecklich aus. Sie zankten sich oft wegen ihrer Krankheit, denn dass sie Typhus hatten, war deutlich, das sah man, auch

---

[1] Alison Leslie Gold: Erinnerungen an Anne Frank. Nachdenken über eine Kinderfreundschaft. Ravensburg: Ravensburger Buchverlag, 1998, S. 80 – 83

Die leeren Seiten 99

wenn man früher nie etwas damit zu tun gehabt hatte. Typhus war das Kennzeichen von Bergen-Belsen. Sie bekamen diese ausgehöhlten Gesichter, Haut über den Knochen. Sie froren schrecklich, weil sie die ungünstigsten Plätze in der Baracke hatten, unten an der Tür, die ständig auf- und zuging. Man hörte sie dauernd schreien: „Tür zu, Tür zu", und diese Rufe wurden jeden Tag etwas schwächer.

Man sah sie wirklich sterben, beide, zusammen mit anderen. Aber das Traurige war natürlich, dass diese Kinder noch so jung waren. Ich fand es immer schrecklich, wenn Kinder noch überhaupt nichts vom Leben gehabt hatten. Sie waren die Jüngsten bei uns, wir anderen waren alle etwas älter.

Die Erscheinungen von Typhus zeigten sich deutlich bei ihnen: das langsame Wegebben, eine Art Apathie, vermischt mit Aufleben, bis auch sie so krank wurden, dass es keine Hoffnung mehr gab. Ihr Ende kam. Ich weiß nicht, wer eher hinausgetragen wurde, Anne oder Margot. Ich sah sie plötzlich nicht mehr, sodass ich annehmen musste, dass sie gestorben waren [...], besondere Aufmerksamkeit habe ich ihnen nicht geschenkt, weil so viele andere da waren, die auch starben. Als ich sie nicht mehr sah, habe ich angenommen, dass sie gestorben sind, dort unten auf dem Bett. Eines schönen Tages waren sie nicht mehr da, eines schlechten Tages eigentlich.[1]

Anne und Margot sind an unbekannter Stelle in einem der Massengräber auf dem Gelände der heutigen Gedenkstätte Bergen-Belsen begraben.

---

[1] Lindwer, S. 134 f.

Orte, an denen Anne Frank sich aufgehalten hat

Frankfurt am Main
Anne wird am 12. Juni 1929 in Frankfurt am Main geboren. Sie wohnt dort bis zum Sommer 1933.

Aachen
Vom Sommer 1933 bis Anfang 1934 wohnt Anne mit ihrer Mutter in Aachen. Dort lebt Annes Oma. Annes Vater, Otto, ist zu diesem Zeitpunkt schon in Amsterdam, um eine Wohnung zu suchen.

Amsterdam
Anne zieht Anfang 1934 nach Amsterdam. Im Juli 1942 taucht die Familie Frank im Hinterhaus an der Prinsengracht unter. Im August 1944 wird die Familie von den Deutschen verhaftet.

Westerbork
Im August 1944 wird Anne wie die meisten anderen niederländischen Juden in das Lager Westerbork gebracht. Sie bleibt dort bis September 1944.

Auschwitz-Birkenau
Anne und ihre Familie werden Anfang September 1944 mit dem Zug ins Konzentrationslager Auschwitz-Birkenau gebracht.

Bergen-Belsen
Ende Oktober 1944 werden Anne und ihre Schwester ins Konzentrationslager Bergen-Belsen gebracht. Beide kommen in diesem Lager im März 1945 um.

▲ Konzentrationslager

┼┼┼┼┼ Eisenbahnlinie

▨ Hauptstadt

Orte, an denen Anne Frank sich aufgehalten hat

● andere Orte

DÄNEMARK

SCH

Kopenha

NIEDERLANDE

Amsterdam

WESTERBORK

▲ BERGEN-BELSEN

Osnabrück

Berlin

DEUTSCHLAND

▨ Brüssel

Aachen

BELGIEN

● Frankfurt am Main

LUXEMBURG

Luxemburg

FRANKREICH

● Basel

▨ Bern

SCHWEIZ

ITALIEN

Die leeren Seiten

SOWJETUNION

Andere Orte

Basel
1932 zieht Alice Frank-Stern, Annes Oma väterlicherseits, von Frankfurt am Main nach Basel. Auch Annes Vater wird nach dem Krieg in dieser Stadt wohnen.

Osnabrück
Die Familie van Pels, die gemeinsam mit der Familie Frank im Hinterhaus untertaucht, stammt aus Osnabrück. 1937 flieht die Familie van Pels nach Amsterdam.

Die Länder auf dieser Karte haben die Grenzen von 1939. Nach dem Zweiten Weltkrieg wurden die Grenzen einiger Länder geändert.

5. Das Schicksal Fritz Pfeffers und der Familie van Pels

Hermann van Pels (van Daan) ist laut den (nachträglichen) Feststellungen des niederländischen Roten Kreuzes noch am Tag der Ankunft, am 6. September 1944, in Auschwitz vergast worden. Nach Aussagen von Otto Frank wurde er jedoch erst einige Wochen später, also im Oktober oder November 1944, kurz vor dem Ende der Vergasungen, umgebracht. Auguste van Pels wurde von Auschwitz nach Bergen-Belsen und Buchenwald, am 9. April 1945 nach Theresienstadt und von dort offensichtlich noch weiter verschleppt. Ihr Todesdatum ist unbekannt. Peter van Pels (van Daan) wurde am 16. Januar 1945 in einem der Evakuierungsmärsche von Auschwitz nach Mauthausen (Österreich) verschleppt, wo er am 5. Mai 1945, nur drei Tage vor der Befreiung, starb.

Fritz Pfeffer (Dussel) starb am 20. Dezember 1944 im KZ Neuengamme; dorthin war er über das KZ Buchenwald oder das KZ Sachsenhausen gekommen.[1]

---

[1] Nachwort Tagebuch der Anne Frank, S. 315 f.

II. „Her Story" – Anne Frank im Kontext ihrer Zeit

1. Frankfurt am Main und die Familie Frank

Am Haus Ganghoferstr. 24 findet sich eine Plakette mit folgender Inschrift: „In diesem Haus lebte Anne Frank. Sie wurde am 12. Juni 1929 in Frankfurt am Main geboren. Sie starb 1945 im KZ Bergen-Belsen als Opfer der nationalsozialistischen Verfolgung. Ihr Leben, ihr Tod – unsere Verantwortung. Die Jugend von Frankfurt."

Geburtshaus der Anne Frank

Frankfurt war die Stadt Deutschlands, die den im Vergleich zur Bevölkerung höchsten Anteil jüdischer Bürger hatte, zuweilen 10 %. In einer historischen Broschüre der Stadt über Anne Frank kann man lesen, dass sich um 1900 weit-
5 aus mehr jüdische als christliche Familien auf Frankfurter Vorfahren berufen konnten. Auch im Stammbaum der Familie Frank finden sich Frankfurter Namen. Abraham Süßkind Stern, ein Vorfahre Otto Franks, hatte in der Judengasse gewohnt – einer halbmondförmigen Straße, die
10 durch hohe Mauern und drei schwere, von Soldaten bewachte Tore von der Stadt abgetrennt war. Hier lebte die größte jüdische Gemeinde Deutschlands. 1614 vertrieb ein Pogrom die Frankfurter Juden. Die, die später zurück-kehrten, mussten einen gelben kreisförmigen Flecken auf
15 ihrer Kleidung tragen, der sie als Juden kennzeichnete. Die Ausübung handwerklicher Berufe war ihnen untersagt, sodass viele von ihnen in Handels- und Geldgeschäfte ein-stiegen. Als sich Michael Frank, Annes Großvater, 1879 in Frankfurt als Bankkaufmann niederließ, hatten sich die
20 Gesetze bereits gelockert. Zu Beginn des Jahrhunderts waren den Juden die gleichen Rechte wie den christlichen Mitbürgern zugestanden worden. Jetzt stand ihnen jeder Beruf offen und das verhasste Judengetto war abgerissen worden.
25 Otto Heinrich Frank, Annes Vater, wurde am 12.05.1899 als zweiter Sohn des Ehepaares Michael und Alice Frank gebo-ren. Die Familie war religiös liberal. Weder Otto noch seine drei Geschwister besuchten die jüdische Schule. Otto ging zum Lessing-Gymnasium und lernte dort Latein
30 und Griechisch, aber kein Hebräisch. Für ihn und seine Brüder hatte es auch keine Bar-Mizwa-Feier[1] gegeben.
1914 brach der Erste Weltkrieg aus, in dem Otto Frank an der Westfront kämpfte. Er wurde mit dem Eisernen Kreuz

---

[1] Der Begriff Bar Mizwa stammt aus dem Hebräischen und heißt übersetzt „Sohn der Pflicht". Die Bar-Mizwa-Feier ist mit der Kon-firmation zu vergleichen. Der jüdische Junge, der das 13. Lebensjahr vollendet hat, liest zum ersten Mal in einem feierlichen Gottesdienst aus der Tora vor. Er ist von nun an religionsmündig. In liberalen jüdi-schen Gemeinden gibt es heute auch eine ähnliche, wenn auch nicht ebenbürtige Feier für Mädchen, die Bat Mizwa.

„Her Story" – Anne Frank im Kontext ihrer Zeit 105

der Ersten Klasse ausgezeichnet und als Offizier der
Reserve entlassen. Nach dem Krieg arbeitete er in dem
Bankgeschäft seines Vaters, der 1908 gestorben war. Im
Herbst 1923 gründete er in Amsterdam eine Filiale der
Bank, die jedoch ein Jahr später wieder aufgegeben werden
musste.
1925 heiratete Otto die 25-jährige Edith Holländer,
Tochter eines alteingesessenen Metallgroßhändlers in
Aachen. Die Holländers waren strenggläubige Juden. Sie
gingen regelmäßig in die Synagoge und beachteten die jüdischen Speisegesetze. Edith selbst kochte nicht koscher,
brachte aber beim Besuch ihrer Eltern Fleisch und Milch
nicht zusammen auf den Tisch. Das Ehepaar lebte in Otto
Franks Elternhaus am Beethovenplatz in Frankfurt. Am
16.02.1926 wurde Margot geboren. Die Familie zog mit ihr
in den Marbachweg 307, wo Annelies Marie, genannt Anne,
am 12.06.1929 geboren wurde.
Schon vier Monate später, am 25.10.1929, dem sogenannten Schwarzen Freitag, begann mit dem Börsensturz in
New York die Weltwirtschaftskrise. Die fallenden Aktien
bedeuteten auch Verluste für das Bankgeschäft Michael
Franks. Die Familie sah sich gezwungen, in eine kleinere
Wohnung im „Dichterviertel" in die Ganghoferstraße
zu ziehen. Vier Jahre später zog sie wieder in die
Beethovenstraße zu Otto Franks Mutter zurück.
1932 waren fast 6 Millionen Deutsche arbeitslos. Große
Armut und hohe Kriminalität waren die Folge. Sowohl die
Kommunisten als auch die Nationalsozialisten versprachen
ein Ende der Not. Schließlich gewann die NSDAP an Einfluss,
versprach die Partei doch neben dem wirtschaftlichen
Aufschwung die Lösung vom Versailler Vertrag und die
Einstellung der hohen Reparationszahlungen. Grundlage ihrer
Ideologie war eine Erstarkung des nationalen Bewusstseins
und damit verbunden ein verhängnisvolles Selbstverständnis
als „Herrenmenschen", das in der Unterscheidung zwischen
„Ariern" und „Nichtariern" seinen Ausdruck fand.
Am 30. Januar 1933 kam Hitler an die Macht. Die ersten
Opfer der folgenden Unterdrückung waren die Sozialisten
und Kommunisten. Gleichzeitig verstärkte sich der Druck
auf die „Nichtarier", die Juden.

Am 1. April 1933 wurde zum ersten zentralen Boykott jüdischer Geschäfte, Arzt- und Rechtsanwaltspraxen aufgerufen. SA-Posten hinderten die Kunden am Eingang von Geschäften und Büros am Eintritt. Am 7. April 1933 folgte das Gesetz „zur Wiederherstellung des Berufsbeamtentums". Alle Beamte, die mindestens ein jüdisches Großelternteil hatten, wurden aus dem Staatsdienst entlassen. Jüdische Lehrer oder Lehrer mit einer nicht gemäßen politischen Gesinnung konnten fristlos entlassen werden.

Wenig später, am 10. Mai 1933, fand die Vernichtung „undeutschen Schrifttums" statt. Bücher jüdischer oder nicht nationalsozialistisch gesinnter Schriftsteller wurden öffentlich verbrannt.

Spätestens jetzt mussten Otto und Edith Frank erkennen, dass ihre und die Zukunft ihrer Kinder nicht mehr gesichert war. Sie bereiteten ihre Emigration nach Amsterdam vor. Durch die Vermittlung und die finanzielle Unterstützung seines Schwagers Erich Holländer gelang es Otto Frank, ein eigenes Unternehmen in Amsterdam zu gründen – die Niederländische Opekta Aktiengesellschaft, die den Handel mit dem zur Herstellung von Marmelade notwendigen Geliermittel Pektin zum Ziel hatte. Am Merwedeplein 37 fand die Familie ein neues Zuhause.

2. Die Juden in den Niederlanden

Ungefähr 30.000 Juden emigrierten zwischen 1933 und 1938 in die Niederlande. Grund dafür war ihre zunehmende Diskriminierung in Deutschland und dem annektierten Österreich. Die am 15. September 1935 verabschiedeten Nürnberger Rassengesetze „zum Schutz des deutschen Blutes und der deutschen Ehre" verboten u. a. die „Eheschließung zwischen Juden und Staatsangehörigen deutschen oder artverwandten Blutes" und erklärten die zur Umgehung des Gesetzes im Ausland geschlossenen Ehen für nichtig. In der Nacht vom 9. zum 10. November 1938, die später unter dem beschönigenden Begriff „Reichskristallnacht" in die Geschichte einging, wurden zahlreiche Synagogen niedergebrannt und jüdische Geschäfte zerstört und geplündert.

Die holländische Bevölkerung stand den vielen Fremden mit gemischten Gefühlen gegenüber. Das Verständnis für ihre Sorgen, der Wille zur Hilfsbereitschaft war – mit der wachsenden Zahl der Einwanderer – zunehmend von Angst vor Überfremdung begleitet. [...] In den Trambahnlinien, die Amsterdam Zuid mit dem Zentrum verbanden, sei nur noch deutsch zu hören, hieß es. Vom „Orient Express" war die Rede, sogar die Schaffner würden nur noch deutsch sprechen. Und das fanden die Holländer gar nicht komisch. Nicht wenige stellten sich schließlich stur: Moffe bleibt Moffe. Deutscher bleibt Deutscher – egal ob deutscher „Arier" oder deutscher Jude.*[1]

Deshalb ist es nicht verwunderlich, dass Otto Frank seine Familie dazu anhielt, auf der Straße holländisch zu sprechen. Die Holländer fühlten sich eher durch die deutsche Sprache als durch die jüdische Religion provoziert. Die Besetzung in Form eines von der Bevölkerung begrüßten „friedlichen Einmarsches" wie bei dem „Anschluss" Österreichs wäre Hitler nie gelungen. Dafür war die Ablehnung der Holländer gegenüber den Deutschen zu groß.

Am 01.09.1939 begann der deutsche Angriff auf Polen. Ein erst von England, später auch von Frankreich aufgestelltes Ultimatum, bis zu dem die deutschen Truppen zurückgezogen werden sollten, wurde nicht eingehalten. Am 03.09.1939 erklärten England und Frankreich Deutschland den Krieg.

Die Holländer verfolgten mit Sorge, wie Polen in einem „Blitzkrieg" niedergeworfen wurde. Sie hofften, wie auch im Ersten Weltkrieg neutral bleiben zu können. Am Morgen des 10. Mai 1940 landeten jedoch – für die Holländer völlig überraschend – deutsche Fallschirmspringer in der Nähe von Gouda und Edam. Die Invasion hatte begonnen. Nach heftigen Kämpfen bei Arnheim und der Zerstörung Rotterdams, bei der 900 Menschen umkamen und mehr als 24 000 Häuser zerstört wurden, kapitulierte das Land. Am 15. Mai 1940 waren die Niederlande deutsches Besatzungsgebiet. Zwei Tage zuvor war die

---

[1] Müller, S. 85 f.

holländische Königin Wilhelmine auf einem englischen Zerstörer aus Holland geflohen.

Kapitulation der holländischen Armee am 14. Mai 1940

Der „Reichskommissar der besetzten Niederlande", Arthur Seyß-Inquart, schlug in seiner Antrittsrede
zunächst versöhnliche Töne an. „Weder sind wir Deutsche gekommen, um dieses Land und sein Volk zu unterwerfen, noch wollen wir ihm unsere politische Überzeugung aufzwingen", sagte er. Bald aber erließ er Verordnungen, die sich zunächst gegen alle Holländer, dann in erster Linie
gegen die jüdische Bevölkerung richteten.
So wurde es am 4.7.1940 verboten, BBC und Radio Oranje zu hören, den Sender, über den die Königin mehrmals wöchentlich aus dem Londoner Exil Mitteilungen an ihr Volk richtete.
Am 16.7.1940 wurde das Gesetz zur „Vermeidung von grausamen Praktiken beim Schlachten" erlassen, das die strenggläubigen Juden betraf, die nur Fleisch von rituell geschächteten Tieren aßen. Im August 1940 mussten sich alle nach

dem 1.1.1933 eingewanderten Juden beim Amt für Ausländer melden. Am 22.10.1940 sollten alle Unternehmen, die zu 25 oder mehr Prozent in jüdischem Besitz waren, bei einer „Wirtschaftsprüfstelle" gemeldet werden.

Weitere Verordnungen aus dem „Höllenkalender": [5]
23.11.1940: Entlassung der Juden aus allen staatlichen und öffentlichen Ämtern
09.01.1941: Der Niederländische Kinobesitzerverband ist angewiesen, Juden jeden Besuch von Licht- spielhäusern zu verwehren. [10]
10.01.1941: Alle Personen jüdischen Glaubens oder ganz oder teilweise jüdischen Blutes sind „zu melden". Verstöße gegen die Meldepflicht „sind Verbrechen".
12.02.1941: Verbot der Neuimmatrikulation von jüdischen Studenten. Bereits Studierende bedürfen zur [15] *Fortsetzung ihres Studiums einer besonderen Genehmigung.*[1]

Nach mehreren Zusammenstößen zwischen der „WA", der Wehrabteilung der holländischen Nationalsozialisten, und Bewohnern des jüdischen Viertels, bei denen ein [20] Mitglied der WA tödlich verletzt worden war, kam es am 22. und 23. Februar 1941 zur ersten Judenrazzia in Amsterdam. Ausgelöst worden war die Razzia durch die sogenannte „Koco-Affäre". „Koco" war ein Eissalon im Süden Amsterdams, der zwei jüdischen Emigranten [25] namens Cahn und Kohn gehörte. Die Stammgäste, zum großen Teil ebenfalls jüdische Einwanderer, hatten aus Ärger über den häufigen ungebetenen Besuch der hollän- dischen WA-Leute eine mit Ammoniak gefüllte Metallflasche neben dem Eingang platziert und spritzten [30] beim Eintritt der Polizisten die übel riechende Flüssigkeit aus der Flasche. Im Februar nun hatte man nicht hollän- dische Nazis erwischt, sondern deutsche Polizisten, die hef- tig auf den Zwischenfall reagierten. Ernst Cahn wurde hin- gerichtet und in einer Racheaktion stürmten am [35] 22.02.1941 die deutschen und holländischen Nazis den Jonas-Daniel-Meijer-Platz, attackierten wahllos alle jüdi-

---

[1] Schnabel, S. 52 f.

schen Männer, die ihnen in die Hände fielen, und verhafteten 427 von ihnen.

Daraufhin kam es am 25.02.1941 zu dem in Europa einzigartigen Generalstreik der Arbeiter in Amsterdam, Hilversum und Zaandam, zu dem mit folgendem Flugblatt aufgerufen worden war:

„Streikt. Streikt. Streikt. Protestiert gegen die abscheuliche Judenverfolgung. Die Nazis haben Samstag und Sonntag Hunderte von Juden von der Straße weg in Gefängniswagen an unbekannte Orte verschickt ... Werktätiges Volk von Amsterdam, kannst du das dulden? Nein, dutzendmal nein!!! Organisiert in allen Betrieben den Proteststreik!! Kämpft einheitlich gegen den Terror [...]. Seid solidarisch mit den schwer getroffenen Juden, Teil des werktätigen Volkes. [...]. Seid euch der gewaltigen Kraft eurer Einheit bewusst. [...][1]

Tatsächlich legten Hunderttausende im Land die Arbeit nieder. Sie hatten jedoch die Brutalität der Nationalsozialisten unterschätzt. Die Streiks wurden z. T. mit Handgranaten aufgelöst. Die bei der Razzia verhafteten jüdischen Männer wurden nach Buchenwald und später nach Mauthausen deportiert. Nur zwei von ihnen kehrten lebend zurück.

Der antijüdische Terror ging weiter mit der 1941 vorgenommenen:

„Arisierung jüdischer Geschäfte und Firmen", auch „Entjudung der Wirtschaft" genannt, die ein Jahr später mit der völligen Enteignung der Juden endete. Wie in Deutschland wurden die Juden unter Sonderrecht gestellt und aus dem öffentlichen Dienst entlassen. Dann folgte eine Verordnung der anderen. Alle niederländischen Juden müssen ihre Radioapparate abliefern. Jüdische Kinder müssen in jüdische Schulen gehen. Juden dürfen keine öffentlichen Bibliotheken mehr besuchen, sie dürfen nicht mehr in Parks, in Schwimmbäder usw. Überall erschienen Schilder „Für Juden verboten". Juden dürfen nicht mehr umziehen, nicht ohne Erlaubnis verreisen. Juden dürfen keine nichtjüdischen Hausangestellte haben. Sie dürfen nicht mehr mit dem Auto

---

[1] Zitiert nach Müller, S. 166

fahren. Alle Juden über sechs Jahre müssen deutlich sichtbar den sogenannten Judenstern auf ihrer Kleidung tragen. Juden dürfen nicht mehr mit dem Zug fahren, auch nicht mit der Erlaubnis der Deutschen. Juden dürfen nicht mehr in nichtjüdischen Geschäften kaufen, sie dürfen in der Öffentlichkeit keinen Sport treiben. Juden dürfen zwischen acht Uhr abends und sechs Uhr morgens das Haus nicht verlassen.[1]

Die „arischen" Holländer reagierten unterschiedlich auf diese Maßnahmen. Als der Judenstern Pflicht wurde, steckten sich viele, vor allem Studenten, selbst gelbe Sterne an ihre Kleidung. „Juden und Nichtjuden sind gleich", ließ die illegale Zeitung *De Vonk* auf Flugblätter drucken. Wer allerdings als Nichtjude mit dem Stern an der Brust erwischt wurde, wanderte bis zu sechs Wochen ins Konzentrationslager Amersfoort.

---
[1] Pressler, S. 65 f.

Viele haben Juden versteckt. Die Zahlen sind ungenau. Aber an die 16.000 Juden haben auf diese Weise überlebt. Dies war nur möglich durch die Solidarität vieler Menschen, auf die man im täglichen Leben angewiesen war, wie z. B. den Bäcker oder den Gemüsemann, die auch den Bewohnern des Hauses in der Prinsengracht mehr Lebensmittel lieferten, als ihnen offiziell zustanden. Nicht immer war reine Menschenfreundlichkeit das Hauptmotiv für die Hilfe. Manche Holländer ließen sich ihre Unterstützung von reichen Juden gut bezahlen, für andere war der Hass gegen die Deutschen der Hauptgrund.

Natürlich gab es auch zahlreiche Holländer, die mit den Deutschen kollaborierten, denn auch in Holland waren, wie in den anderen europäischen Ländern auch, faschistische Tendenzen festzustellen. Die von Anton Mussert gegründete „Nationaal-Socialistische Beweging" (NSB) hatte sich aber nie wie in Deutschland zu einer Massenpartei entwickeln können.

3. Die Familie Frank am Merwedeplein in Amsterdam

Die Familie Frank hatte sich am Merwedeplein 37 schnell eingewöhnt, lebten doch viele jüdische Einwanderer in ihrer Nachbarschaft. Ein besonders intensiver Kontakt entwickelte sich zu den Familien Goslar und Ledermann, die beide aus Berlin emigriert waren. Hans Goslar war dort der Leiter der Pressestelle des Preußischen Staatsministeriums gewesen, Franz Ledermann war Wirtschaftsanwalt und Notar. Anne, Sanne (Susanne Ledermann) und Hanne (Hannah Elisabeth Goslar) bildeten bald ein unzertrennliches Trio. Sie gingen gemeinsam in den Montessori-Kindergarten und später in die Montessori-Schule. Die Freundschaft zu Hanneli, wie Anne die Freundin in ihrem Tagebuch nennt, wurde nur dadurch getrübt, dass die Goslars strenggläubige Juden waren, die Amsterdam als Durchgangsstation vor ihrem Endziel Palästina sahen. Ihre Kinder gingen am Sabbath nicht zur Schule und lernten am eigentlich schulfreien Mittwochnachmittag Hebräisch. Für Frau Frank war der Kontakt zu Goslars schon deshalb wichtig, weil sie den Sabbath so feierten, wie sie es aus ihrem Elternhaus in Aachen kannte. In Frankfurt hatte sie diese religiösen Rituale nicht vermisst, aber im Exil waren sie ihr wieder wichtig geworden.

Ihr bedeutete es viel, wenn Hans Goslar vor dem Schabbathmahl 5 *den Segen über dem mit Wein gefüllten Kidduschbecher sprach, sich dann seine Hände im Keli, jener Schüssel, die nur an diesem Abend benutzt wurde, wusch und schließlich die beiden zu Zöpfen geflochtenen Schabbathbrote, die mit einem kleinen bestickten Tuch zugedeckt waren, segnete, bevor sich* 10 *jeder ein Stück davon abbrechen durfte.[1]*

Finanziell gestaltete sich der Neuanfang in den Niederlanden schwierig, weil die Einnahmen aus dem Vertrieb des Geliermittels Opekta zunächst gering waren. 1938 gelang es Otto Frank, neben dem Opektageschäft ein kleineres Handelsunternehmen – die Pectaconwerke – zu eröffnen. Hier 15 wurden Gewürzmischungen hergestellt und verkauft, die man zur Produktion verschiedener Wurstsorten benötigte. Unterstützt wurde Otto Frank in seinem Geschäft hauptsächlich von Victor Kugler, Johannes Kleiman, Miep Gies, geborene Santrouschitz, und Elisabeth Voskuijl. Johannes Klei- 20 man hatte schon vor zehn Jahren als Prokurist für Otto Frank gearbeitet, als dieser eine Filiale des Bankgeschäftes in Amsterdam eröffnet hatte. Jetzt übernahm er die Buchführung für Pectacon und Opekta. Victor Kugler hatte vor- 25 her bei dem Lebensmittelhersteller Pomosin in Utrecht gearbeitet. Jetzt wurde er stellvertretender Direktor. Miep Gies war eigentlich Sekretärin und darüber hinaus die „gute Seele" des Büros. Sie beantwortete Briefe, stellte Rechnungen aus, gab den Hausfrauen telefonischen Rat, in welchem 30 Verhältnis Gelierzucker und Früchte gemischt werden mussten, und kochte Kaffee. Elisabeth Voskuijl, genannt Bep, arbeitete als Bürokraft. Später kam noch Hermann van Pels hinzu, der in Osnabrück ein Unternehmen für „Fleschereibedarfsartikel" geführt und mit Gewürzen gehandelt hatte, 35 die zur Wurstherstellung notwendig waren. Seine Kenntnisse über Gewürze waren für die Firma von großem Wert.

---

[1] Müller, S. 90

Man kann sagen, dass die Franks bis 1940 ein relativ unbeschwertes Leben führten. Sie hatten sich einen neuen Bekannten- und Freundeskreis aufgebaut, zu dem Nichtjuden wie die Kleimans, Kuglers oder das Ehepaar Gies ebenso gehörten wie die jüdischen Familien van Pels, Ledermann und Goslar. Man lud sich gegenseitig ein und pflegte gerade durch die Kinder einen intensiven Kontakt miteinander.

Auch Reisen wurden unternommen. 1935 besuchten die Franks Ottos Mutter in der Schweiz. Anne fuhr mit ihr nach Sils Maria im Engadin, wo sie herrliche Ferien verbrachte. 1937 erholte sich die Familie im belgischen Seebad Middelkerke und ein Jahr später schipperte sie in einem Hausboot auf den holländischen Grachten umher.

Aber auch die Franks beobachteten die Okkupation Hollands mit großer Sorge. Seit einem Jahr lebte Oma Holländer, Ediths Mutter, bei ihnen. Sie war aus Aachen geflohen, weil die Situation für Juden in Deutschland unerträglich geworden war. Nun wartete man ab, ob sich die Lage in Holland ähnlich entwickeln würde. Zunächst ging das Leben normal weiter, nur die Schulbücher jüdischer Autoren wurden eingezogen.

Otto Frank hatte jedoch in Deutschland miterlebt, wie die Familie seiner Frau, die Holländers, durch die 1937 verordnete „Zwangsarisierung" ihren gesamten Besitz verlor. Um dem vorzubeugen, gründeten Victor Kugler und Jan Gies auf seinen Vorschlag eine neue Firma, die „La Synthese AG", ein Unternehmen, das die für die Herstellung von Lebensmitteln notwendigen chemischen und pharmazeutischen Produkte fabrizierte und vertrieb. Kugler wurde als Direktor eingetragen, Jan Gies als Aufsichtsrat. Beide brachten das notwendige Startkapital ein, das ihnen zuvor von Otto Frank gegeben worden war. Auf dem Papier hatte die Firma damit einen neuen Namen und neue „Besitzer". So konnte die Auflösung des Betriebes vermieden werden. Die Büroräume lagen in der Prinsengracht 263 in der Nähe der berühmten Westerkerk.

Für Anne und Margot wurde die deutsche Okkupation zum ersten Mal deutlich spürbar, als sie 1941 auf das

„Her Story" – Anne Frank im Kontext ihrer Zeit 115

Anne 1940 auf dem Flachdach des Hauses am Merwedeplein

Jüdische Lyzeum wechseln mussten. Auch dort fühlten sie sich zunächst wohl, zumal die Lehrer besonders bemüht um ihre Schützlinge waren, teilten sie doch mit ihnen das Schicksal, Juden zu sein. Härter trafen Anne die 1942 erlassenen Verbote, die sie in ihrem Tagebucheintrag vom 20.

Juni beschreibt. Ihr, die leidenschaftlich gerne Filme ansah und Fotos von berühmten Stars sammelte, war der Besuch der Lichtspielhäuser untersagt. Dazu kam die Ausgangssperre. Juden durften das Haus zwischen 20.00 Uhr und 6.00 Uhr nicht verlassen, sie durften nicht ins Schwimmbad, mussten ihre Fahrräder abgeben, wurden systematisch vom öffentlichen Leben ausgeschlossen. Die jüdischen Familien versuchten, ihren Kindern trotzdem ein einigermaßen „normales" Leben zu bieten. Man lieh Filme und Vorführgeräte aus und veranstaltete private „Kinobesuche", für die die Kinder Eintrittskarten anfertigten. Anne war bei ihren Mitschülerinnen und -schülern sehr beliebt. Sie hatte zahlreiche Verehrer, die sie nachmittags besuchten, und sie konnte noch immer in die jüdischen Eisdielen gehen. Der Kontakt zu den nichtjüdischen Freundinnen brach jedoch ab und bald wurden auch die gegenseitigen Einladungen der jüdischen Familien aufgrund der Ausgangssperre seltener. Dann tauchten Gerüchte von der Deportation holländischer Juden auf, die einen Aufruf zum „Arbeitseinsatz" in Deutschland erhalten hatten. Er betraf zunächst die „staatenlosen" Juden, also diejenigen, die wie die Franks aus Deutschland oder später aus Österreich nach Holland eingewandert waren. Der Judenrat, der auf Betreiben der Nationalsozialisten gegründet werden musste, organisierte den Transport der Juden in ein Sammellager, von denen Westerbork das größte war. Ihm wurde eine Transportquote vorgeschrieben, die er auf alle Fälle zu erfüllen hatte.

Spätestens jetzt war Otto Frank klar, in welcher Gefahr seine Familie und er lebten. Noch 1940 hätte er die Möglichkeit gehabt, seine Töchter nach England zu schikken. Aber es war ihm unvorstellbar gewesen, die Familie auseinanderzureißen.

Schon lange vorher hatte er seinen Versteckplan mit seinen Mitarbeitern und Freunden Kleiman, Kugler, Miep Gies und Bep besprochen und sie gefragt, ob sie ihn und seine Familie unterstützen würden, wenn sie „untertauchten". Das Hinterhaus in der Prinsengracht bot dafür eine ideale Möglichkeit. Nach und nach wurden Möbel und lebensnot-

„Her Story" – Anne Frank im Kontext ihrer Zeit   117

wendige Dinge in das Hinterhaus geschafft. Den Kindern
wurde nichts von dem Plan erzählt. Als Margot nun den
Aufruf bekam, sich bei der jüdischen Sammelstelle für den
Transport nach Westerbork zu melden, wusste Otto Frank,
dass jetzt keine Zeit zu verlieren war. Einen Tag, nachdem
Margot den Aufruf bekommen hatte, bezogen die Franks,
wie es Anne in ihrem Tagebucheintrag vom 8. Juli 1942
beschreibt, ihr Versteck in der Prinsengracht. Zu Hause
zurück blieb ein Zettel mit einer Schweizer Adresse, die
den Eindruck erwecken sollte, sie seien dorthin geflohen
– und Moortje, Annes kleine Katze. Oma Holländer erlebte diese dramatische Veränderung im Leben der Franks
nicht mehr mit. Sie war Ende Januar 1942 gestorben.

III. Das Haus

Das Haus 119

1. Stimmen und Stimmungen

Nicht auszuhalten, diese Hitze. Die Butter schmilzt, es gibt kein kühles Fleckchen im Haus, das Brot wird trocken, die Milch verdirbt, kein Fenster darf geöffnet werden. Wir armen Ausgestoßenen sitzen hier und ersticken, während die anderen Leute Pfingstferien haben. (31.5.1944)

Wofür, oh wofür nutzt dieser Krieg? Warum können die Menschen nicht friedlich miteinander leben? Warum muss alles verwüstet werden? (3.5.1944)

Und jetzt halt endlich mal dein großes Maul ... Ich kann das Gezeter nicht mehr hören. (16.5.1944)

Das Hinterhaus ist in Aufruhr. Sollte nun wirklich die lang ersehnte Befreiung nahen [...] (6.6.1944)

Die Stimmung hier ist noch sehr gespannt. Pim ist auf dem Siedepunkt. (14.4.1944)

Ich kann ihr dummes Geschwätz nicht mehr hören. (5.2.1943)

Hier ist alles all right. Die Stimmung steigt. Unsere Hyperoptimisten triumphieren, die van Daans zaubern mit dem Zucker, Bep hat ihre Frisur geändert und Miep hat eine Woche frei. (30.6.1944)

2. Miep Gies: Eine Nacht im Hinterhaus

Immer wieder hatten Anne und die anderen uns aufgefordert, einmal bei ihnen zu übernachten. Es klang jedes Mal fast flehentlich, sodass ich eines Tages ein paar Sachen von zu Hause mitnahm, Nachtzeug für Henk und mich.

5 *Als ich Anne und Frau Frank mitteilte, dass wir endlich über Nacht bleiben würden, kannte die Begeisterung keine Grenzen. Man hätte meinen können, Königin Wilhelmina höchstpersönlich habe ihren Besuch angekündigt. Anne rieb sich voller Aufregung die Hände, sauste zu den anderen und rief: „Miep* 10 *und Henk übernachten heute bei uns!"*

Ich versuchte, etwas zu dämpfen, und bat Frau Frank: „Wir möchten keinesfalls, dass Sie sich irgendwelche Umstände machen."

Lächelnd legte sie mir die Hand auf die Schulter und drückte 15 *sie. Beim Weggehen wiederholte ich zu Otto Frank, der ebenfalls nach unten wollte: „Bloß keine Umstände, bitte."*

Er schüttelte lächelnd den Kopf: „Nein, nein, natürlich nicht." Im Laufe des Tages erzählte ich Jo Koophuis von unserer Absicht. Nach Büroschluss kam Henk, und als um 17 Uhr 30 20 *Feierabend gemacht wurde und der letzte Arbeiter nach Hause gegangen war, wünschte Koophuis[1] uns gute Nacht. Er schloss die Haustür hinter sich ab. In den leeren Büroräumen herrschte jetzt tiefe Stille. Wir vergewisserten uns, ob überall das Licht ausgeschaltet war, gingen dann die Stufen hinauf, drehten das* 25 *Regal zur Seite und traten ein. Ich machte den Haken zu.*

Oben wurden wir freudig willkommen geheißen. „Der letzte Arbeiter ist weg", verkündete ich. Sofort ging es geräuschvoll zu – Stimmengewirr, Schritte, Wasserspülung, Türenklappen. Es war wieder Leben eingekehrt dort oben.

30 *Anne dirigierte uns zu dem Zimmer, das sie mit Margot teilte. Auf ihr Drängen sollten Henk und ich dort schlafen, während sie und Margot bei den Eltern kampieren würden. Anne zerrte mich zu ihrem frisch bezogenen Bett und bat mich, meine Sachen hier hinzulegen. Belustigt antwortete ich,*

---

[1] Miep Gies sowie Ernst Schnabel benutzen die von Anne ursprünglich vorgesehenen Pseudonyme: „Henk" als Namen für Mieps Ehemann Jan, „Jo Koophuis" für Johannes Kleiman.

es sei mir eine Ehre, und deponierte mein Nachtzeug auf ihrem und Henks auf Margots Bett.

Bald wurde es Zeit für die Rundfunknachrichten; die ganze Gesellschaft machte sich nach unten auf, zog sich in Franks Privatkontor Stühle heran und versammelte sich um den Philips-Apparat auf dem Tisch. Der ganze Raum vibrierte vor Erregung, als die nahe und doch so ferne Stimme ertönte: „Hier spricht Radio Oranje. Der heutige Tag ist gut verlaufen. Die Engländer ..." Unsere einzige wirkliche Verbindung zur noch freien Welt draußen ließ uns Hoffnung und Information zuteil werden.

Als es Zeit wurde, sich zu Tisch zu setzen, bekamen Henk und ich wieder die Ehrenplätze, genau wie bei dem Galadiner zu unserem Hochzeitstag. Wir zwängten uns alle neun um die Tafel.

Diesmal hatten Frau Frank und Margot die Regie übernommen und eine schmackhafte, sättigende Mahlzeit zubereitet.

Die verdunkelten Fenster, das elektrische Licht und die beim Kochen entwickelte Hitze machten es mollig warm und gemütlich. Wir saßen lange bei Kaffee und Dessert und unterhielten uns. Unsere Freunde kosteten den ausgedehnten Besuch bis zur Neige aus. Anscheinend konnten sie gar nicht genug bekommen von diesem ungewohnten Genuss.

Als ich dasaß, wurde mir bewusst, was es bedeutete, in diesen kleinen Räumen eingesperrt zu sein. Ich bekam ein Gespür für die ohnmächtige Angst, der diese Menschen Tag und Nacht ausgeliefert waren. Sicher, es war Krieg, das galt für uns alle; aber Henk und ich konnten uns frei bewegen, nach Belieben kommen und gehen, zu Hause bleiben oder ausgehen. Diese Menschen dagegen befanden sich in einem Gefängnis, einem Kerker, dessen Türen von innen zu verschließen waren.

Zögernd sagten wir gute Nacht, denn solange wir da waren, konnten die van Daans sich ja nicht hinlegen. Henk, ich und die Franks gingen hintereinander die steile Treppe hinunter. Dort verabschiedeten wir uns nochmals; dann machten Henk und ich uns für die Nacht in dem kleinen Zimmer fertig, umgeben von Annes Stargalerie an den Wänden.

Ich stieg in Annes kleines Bett, in dem sich eine Decke über der anderen türmte. Sie verbreiteten eine solche Wärme, dass es mir unvorstellbar erschien, wie Anne jemals eine Erkältung

122 Anne Frank. Ein Lesebuch

bekommen konnte. Im Zimmer hingegen war es kühl, und als ich mich möglichst behaglich zurechtkuschelte, hörte ich jedes Geräusch aus den übrigen Räumen: van Daans Husten, knarrende Sprungfedern, einen zu Boden fallenden Hausschuh, die
5 Wasserspülung, den Kater Mouschi, der irgendwo über mir nach einem Sprung auf seinen Samtpfoten gelandet war.

Die Westerturmuhr schlug jede Viertelstunde. Ich hatte das nie so laut gehört; es hallte in den Räumen wider und ebbte erst allmählich wieder ab. Die Westerkerk lag unmittelbar
10 rechts von dem Gärtchen hinter der Rückfront des Gebäudes, was sich vorn, in unseren Büros, offenbar schalldämmend auswirkte. Tagsüber klang die Turmglocke schwach, gedämpft – ein fernes, besänftigendes Geräusch.

Die ganze Nacht konnte ich kein Auge zumachen. Ich hörte
15 jeden Schlag der Westerturmuhr. Ich hörte, wie es zu regnen anfing, wie Wind aufkam. Die Stille hier drinnen war erdrückend. Ich spürte es körperlich, wie die Furcht der hier zusammengedrängten Menschen sich auf mich legte, immer schwerer lastete. Wie eine Schlinge um den Hals, die sich von
20 Minute zu Minute fester zuzog. Es war so schrecklich, dass ich nicht schlafen konnte.

Erst jetzt begriff ich ganz, was es bedeutete, untergetaucht zu sein.[1]

3. Das Lebensmittelmarkenproblem

[Das Lebensmittelmarkenproblem] der Franks und van Pels'
25 hatte Jan Gies gelöst. Dabei halfen ihm seine Verbindungen zum Widerstand. Als Mitkämpfer musste er – durch Vorlage entsprechend vieler, mit dem schwarzen „J" gebrandmarkter, Personalausweise – nachweisen, wie viele versteckte Juden er zu verpflegen hatte. Die Organisation teilte ihm dann regelmäßig
30 zusätzliche Lebensmittelmarken zu, mit denen sich Miep Gies Tag für Tag auf Einkaufstour begab. [...] Doch obwohl Miep nun ausreichend Marken hatte, um neben den Lebensmitteln für sich und ihren Mann auch die für ihre Schützlinge aufzutreiben, war

---

[1] Miep Gies: Meine Zeit mit Anne Frank. München: Scherz Verlag. Zitiert wird nach der Lizenzausgabe des Heyne-Verlags 1990; hier S. 126 – 129

es eine zugleich zeitraubende und gefährliche Aufgabe. Was,
wenn jemand Verdacht schöpfte, für wen sie so viel Gemüse oder
Fleisch einkaufte? Was, wenn sie jemand anschwärzte? Im
Notfall würde sie natürlich aussagen, dass sie für die Angestellten
von „Opekta" und „Pectacon" einkaufte und kochte. Aber 5
würde man ihr auch glauben?
Miep hatte schnell herausgefunden, in welchen Geschäften sie
ohne Gefahr einkaufen konnte. Hermann van Pels hatte kurz
vor dem Untertauchen ein stilles Einverständnis mit einem
befreundeten Metzger getroffen. Wenn Miep kam und ihm ohne 10
viele Worte die Wunschliste der Untergetauchten überreichte,
packte er wie selbstverständlich ein, was er dahatte. Auch der
Gemüsehändler, bei dem Miep an frischem Obst und Gemüse
erstand, was sie bekommen konnte, hatte schnell begriffen –
ohne jemals eine Frage zu stellen; was er übrig hatte, legte er 15
für Miep zur Seite. Und die schweren Kartoffelsäcke lieferte er
sogar selbst in die Prinsengracht 263, mittags zwischen Viertel
vor eins und Viertel vor zwei. Miep versteckte sie in einem
Schrank, aus dem Peter van Pels sie am Abend abholen konnte.
Die Milch schmuggelte Bep Voskuijl ins Hinterhaus. Der 20
Milchmann brachte, wie es in Holland üblich war, jeden
Morgen die bestellte Menge an die Bürotür. Bep hatte dafür zu
sorgen, dass sie mittags zu den Versteckten gelangte, ohne
dass ein Lagerarbeiter sie dabei erwischte. Und um das Brot
im Hinterhaus kümmerte sich Johannes Kleiman. Einer seiner 25
Freunde besaß eine Bäckereikette und hatte ihm gesagt, dass
regelmäßig genug frisches Brot für sieben Menschen ins Büro
zugestellt würde – deutlich mehr, als ihnen für die offiziellen
Brotmarken zustand. Die zusätzliche Menge würden sie, so
war es vereinbart, nach dem Krieg bezahlen. [...][1] 30
Als Koophuis später aus dem Gefängnis entlassen wurde und
den Bäcker aufsuchte, um mit ihm über seine Schulden zu
sprechen, stellte sich heraus, dass sie sich auf vierhundert
Brotmarken beliefen. Eine Brotmarke kostete damals auf dem
schwarzen Markt vierzig Gulden. Herr Koophuis sagte, so viel 35
Geld habe er nicht. Da strich der Bäcker ohne ein Wort das
Schuldenkonto aus.[2]

---

[1] Müller, S. 242 f.
[2] Schnabel, S. 74

Solange es in den Geschäften also noch genug Lebensmittel gab, so lange klappte auch die Versorgung der Franks. Anne legte sogar an Gewicht zu. „Ich habe in den drei Monaten die ich hier bin, 17 Pfund zugenommen, enorm, gell", *stellte Anne am 18. Oktober 1942 fest. Molliger wurde sie deshalb aber nicht. Die nun Dreizehneinhalbjährige war in diesen Monaten so hoch geschossen, dass sich ihr gewonnenes Gewicht auf das Mehr an Zentimetern verteilte.*

Je länger sich der Krieg allerdings hinzog, umso schwieriger wurde die Versorgung. „... die ganze Erdkugel führt Krieg", *schrieb Anne am 13. Januar 1943,* „und obwohl es mit den Alliierten besser geht, ein Ende ist noch nicht abzusehen." *Während die deutschen Besatzer jedem Lebensmittelkartenbesitzer zu Weihnachten 1942 noch eine Extraration echter Butter zugestanden hatten, war das Angebot im Frühjahr 1943 schon mager. Anne nahm es mit Humor:* „Unser Essen ist miserabel. Frühstück mit trockenem Brot, Kaffee-Ersatz. Diner schon 14 Tage lang: Spinat oder Salat. Kartoffeln von 20 cm Länge, schmecken süß und faul. Wer abmagern will, logiere im Hinterhaus!" *Obst war unerschwinglich teuer geworden, Fett eine Rarität. Gemüse kam in minderer Qualität in die Geschäfte.* „Unglaublich, wie Grünkohl, der wahrscheinlich ein paar Jahre alt ist, stinken kann!", *konnte Anne ihren Ekel nicht verbergen.* „Es riecht nach einer Mischung aus W.C., verdorbenen Pflaumen und Konservierungsmittel + 10 verdorbenen Eiern. Bah, mir wird schon übel bei der Idee allein, dass ich dieses Zeug essen muss." *Gut, dass die Untergetauchten rechtzeitig ein beachtliches Vorratslager angelegt hatten, auf das sie zurückgreifen konnten, wenn die Lieferungen allzu spärlich ausfielen oder ganz ausblieben: Dosengemüse, Dosenkompott, Dosenfisch, Dosenmilch und Milchpulver, Reis, Haferflocken und Dauerwurst, die der gelernte Fleischer Hermann van Pels aus Schwarzmarktfleisch hergestellt hatte. Und jede Menge getrockneter Hülsenfrüchte, für die im Hinterhaus eine spezielle Behandlungstechnik entwickelt wurde:* „Bohnen reiben bedeutet hier, verschimmelte Bohnen wieder anständig herzurichten."

Die Monate vergingen und die Hoffnung auf ein rasches Kriegsende war nur noch ein flüchtiger Gast. Im April 1944

gab es frisches Grünzeug so gut wie gar nicht mehr – wenn
überhaupt, dann auf dem Schwarzmarkt, zu unerschwinglich
hohen Preisen. Doch Miep Gies tröstete ihre Schützlinge:
Nicht nur sie mussten ohne Vitamine aus frischem Gemüse
auskommen, alle anderen, in Freiheit lebenden Menschen
auch. „... wir bekommen überhaupt kein Gemüse", stellte Anne am 3. April 1944 fest, „Kartoffeln essen wir für
jede Mahlzeit, beginnend mit dem Frühstück, wegen
Mangel an Brot ..." Edith Frank, die Anne vor dem
Untertauchen mit täglichen Zwischenmahlzeiten aus dick mit
Butter bestrichenen Broten hochgepäppelt hatte, quälte sich
mit Sorgen um die Gesundheit ihrer zarten Tochter und versuchte, sie mit Traubenzucker, Lebertran, Hefetabletten und
Kalk bei Kräften zu halten. Anne hingegen – im ersten Jahr im
Versteck etwa zehn Zentimeter gewachsen – nahm das
Versorgungsproblem nicht so tragisch. „Ehrlich gesagt kann
das Essen mir nicht so viel ausmachen, wenn es sonst
nur etwas vergnüglicher hier wäre" , setzte sie klare
Prioritäten. „Hier ist der Haken, uns alle fängt das lang-
weilige Leben hier an, unleidlich zu machen."[1]

4. Alltagsepisoden

Der Zahnarzt

Mittwoch, 8. Dezember 1942
Heute hatten wir das schönste Theater, das ich hier bis-
her erlebt habe. Mutter bügelte, während Frau v. Daan
als erste Patientin dran glauben musste. Sie saß mitten
im Zimmer auf einem Stuhl, während Dussel wichtig
und umständlich seine Instrumente auspackte. Er bat
um Eau de Cologne zum Desinfizieren und Vaseline als
Wachsersatz. Dann sah er Frau v. Daan in den Mund,
klopfte und stocherte an einem Backenzahn, wobei Frau
v. Daan immer zusammenzuckte, als ob sie vor Schmerz
verginge, und unzusammenhängende Laute ausstieß.
Nach einer langen Untersuchung – so schien es wenigs-

---

[1] Müller, S. 243 – 245

tens der Patientin, in Wirklichkeit waren kaum zwei Minuten vergangen – wollte Dussel damit beginnen, einen hohlen Zahn zu behandeln. Aber daran war nicht zu denken! Frau v. Daan schlug wild mit Armen und
5 Beinen um sich, sodass Dussel den Haken, mit dem er das Bohrloch säuberte, loslassen musste und der nun im Zahn stecken blieb!

Nun war erst recht der Teufel los! Sie fuchtelte hin und her, soweit das mit dem Instrument im Mund möglich
10 war, versuchte, es herauszuziehen, mit dem Resultat, dass sie es noch tiefer in den Zahn stieß. Dussel stand ganz ruhig dabei, die Hände in die Seiten gestemmt, und sah sich das Theater an. Der Rest der Zuschauer lachte. Das war niederträchtig. Wahrscheinlich hätte ich auch
15 tüchtig geschrien.

Nach vieler Mühe, Seufzen und Stöhnen hatte Frau v. Daan das Instrument herausgeholt und Dussel arbeitete weiter, als ob nichts geschehen wäre. Er machte so schnell, dass seine Patientin keine Zeit mehr hatte, noch
20 etwas anzustellen. Aber er hatte auch so viel Hilfe, wie wahrscheinlich nie in seiner richtigen Praxis. Herr v. Daan und ich fungierten als Assistenten und das Ganze muss ausgesehen haben wie ein Bild aus dem Mittelalter: „Quacksalber bei der Arbeit".
25 Schließlich war die Geduld der Patientin zu Ende. Sie wollte jetzt auf ihre Suppe aufpassen und auf das Essen! Eins ist sicher: So schnell geht sie nicht mehr zum Zahnarzt![1]

Wursttag

Freitag, 10. Dezember 1942
30 Herr van Daan hat eine ganze Menge Fleisch. Er wollte Bratwurst und Fleischwurst heute, Mettwurst morgen machen. Es sieht komisch aus, wenn das Fleisch durch den Wolf gedreht wird, zwei- bis dreimal. Dann kommen alle Zutaten hinein, werden gut vermengt, und

---

[1] Anne Frank: Geschichten und Ereignisse aus dem Hinterhaus. Frankfurt am Main: Fischer Taschenbuch Verlag, 1993, S. 14 f.

schließlich wird die Masse durch eine Tülle in Därme gefüllt. Die Bratwurst gab es mit Sauerkohl gleich als Mittagessen! Die Fleischwurst muss gut trocknen und wurde darum mit zwei Bindfäden an der Decke an einer Stange aufgehängt. Jeder, der ins Zimmer kommt, lacht, wenn er die Würste baumeln sieht. Es ist ein drolliger Anblick.

Im Übrigen ging es im Zimmer kunterbunt zu. Herr v. Daan (mit einer Schürze von seiner Frau) war in seiner ganzen Fülle – er schien noch dicker als sonst – mit dem Fleisch beschäftigt. Mit seinen blutigen Händen, dem roten, erhitzten Gesicht und der beschmutzten Schürze sah er wie ein richtiger Metzger aus. Frau v. Daan will immer alles zugleich tun: Sie lernt Holländisch aus einem Buch, rührt in der Suppe, sieht nach dem Fleisch und stöhnt zwischendurch über ihre gequetschte Rippe. Das kommt davon, wenn eitle, ältere (!!) Damen die verrücktesten Turnübungen machen wollen, um den dicken Hintern wieder loszuwerden. Dussel hatte ein entzündetes Auge, saß am Ofen und machte Umschläge. Pim auf einem Stuhl am Fenster, von einem schmalen Sonnenstrahl beschienen, und wurde von einer Ecke in die andere geschoben. Sicher hat er wieder sein Rheuma, denn er saß ziemlich krumm und sah Herrn v. Daan mit etwas unglücklichem Gesicht bei der Arbeit zu. Peter tollte mit der Katze (namens Mouchi) im Zimmer herum. Mutter, Margot und ich schälten Kartoffeln. Wir taten es aber mehr mechanisch, weil wir auch fasziniert v. Daans Tätigkeit beobachteten.[1]

Der Floh

Mittwoch, 7. Juli 1943

Wir haben hier noch ein neues Übel, und zwar die Flöhe von Mouchi. Wir wussten nicht, dass Katzenflöhe auch an Menschen gehen; aber das ist doch so.

Gestern hatte ich einen oben von meinem Bein abgefangen, 10 Minuten später wieder einen unten und abends auf Dussels Bett lief schon wieder einer auf meinem

---

[1] ebd., S. 16 f.

Bein, aber er schlüpfte mir durch die Finger, die Viecher sind so schrecklich schnell. Heute Morgen stand ich vor dem Schrank und zog mich an, lief da doch schon wieder so ein Mirakel. Einen Floh, der läuft und springt, habe ich auch noch nie erlebt. Ich fing ihn und zerdrückte ihn fast, aber der Herr entschlüpfte mir dabei. Seufzend zog ich mich wieder aus und untersuchte so lange meinen nackten Body und meine Kleider, bis der Floh in meiner Unterhose wiedergefunden wurde. Noch keine Sekunde später war sein Kopf ab.[1]

---

[1] ebd., S. 18

IV. Die Menschen

Im folgenden Kapitel geht es um die Menschen, die Anne
Franks Schicksal teilten, als Mitleidende und Mithoffende:
die anderen „Untertaucher" und ihre Helfer. Jedes Porträt
wird eingeleitet durch Zitate aus Annes Tagebüchern. Sie
werden ergänzt und teilweise relativiert durch die
Eindrücke anderer. Wo es sinnvoll erschien, erläutern
Aussagen der Biografinnen Annes Beziehung zu der betrof-
fenen Person.
Bei der Charakterisierung Peter van Pels' wurde eine
Ausnahme gemacht. Seine Beziehung zu Anne wird in dem
Kapitel „Anne" unter dem Thema „Anne und die Liebe"
zur Sprache gebracht.

1. Die Onderduikers

Otto Frank

Otto Frank, 1936

Papa ist <u>immer</u> lieb zu mir, und er versteht mich auch viel besser [als Mutter]. (27.9.1942)

Papi verteidigt mich wenigstens, ohne ihn würde ich es hier bestimmt nicht aushalten. (27.9.1942)

Papa mault schon wieder und droht, dass er mein Tagebuch wegnehmen wird. (3.10.1942)

Ich habe meine Angst vor Schießereien und Flugzeugen nicht abgelegt und liege fast jede Nacht bei Vater im Bett, um Trost zu suchen. (10.3.1943)

Vater sitzt (natürlich mit Dickens und Wörterbuch) auf dem Rand seines ausgeleierten Quietschbettes, [...] (10.8.1943)

Ich bin ziemlich beunruhigt, Vater ist krank. (29.10.1942)

Papi hat gerade gesagt, dass er schlechte Laune hat. Er hat wieder so traurige Augen, der Ärmste! (12.3.1943)

Vater geht mit zusammengepressten Lippen herum, und wenn jemand ihn anspricht, schaut er so erschrocken hoch, als hätte er Angst, wieder eine schwierige Aufgabe lösen zu müssen. (17.10.1943)

Vater hat die falschen Mittel angewendet, er hat immer zu mir gesprochen wie zu einem Kind, das schwierige Kinderzeiten durchmachen muss. (15.7.1944)

IV. Die Menschen **131**

Der ideale Vater

Und da war vor allem Herr Frank, ein Vater, wie ihn sich alle Kinder erträumten. Seine Frau war immer da und freundlich, aber die Kinder nahmen sie kaum wahr. Das ist das Los guter Mütter: Ihre Gegenwart ist selbstverständlich. Otto Frank hingegen, mit seinen knappen ein Meter achtzig aus damali- 5 *ger, erst recht aus Kindersicht ein sehr großer Mann, war etwas Besonderes: Mit Herrn Frank [...] konnte man über alles reden, über alles scherzen. Er erfand Spiele, erzählte Geschichten, wusste immer ein tröstendes Wort und schien seiner Anne, auch wenn sie bockig war und das letzte Wort* 10 *haben wollte, alles nachzusehen. Margot und Anne himmelten ihren Vater an – auch gegenüber ihren Freundinnen.[1]*
In ihren Kinderaugen war Herr Frank ein stets gut gelaunter, gutmütiger Vater, vor dem man zwar Respekt, aber niemals Angst hatte. Ein großer, freundlicher Mann, den man alles 15 *fragen konnte, weil er sich immer Zeit für eine Antwort nahm. So einen lustigen Vater wünschte sich jedes Kind.[2]*
Wo andere männliche Familienoberhäupter in aller Regel wenig mit ihren Sprösslingen anfangen konnten, Gehorsam und gutes – also unauffälliges – Benehmen einforderten, über- 20 *raschte Ottos erzieherisches Engagement. „Pim" nannten ihn seine Kinder. Woher der Name käme, wurde er immer wieder gefragt. Otto konnte sich selbst nicht entsinnen. Vielleicht eine Abwandlung des französischen père? Eines Tages war er neben „Papa" auch „Pim".[3]* 25

Vaters Tochter

Anne war „Vaters Tochter", eindeutig. Sie empfand sich selbst so, obwohl in ihren Eintragungen auch immer wieder ihre Eifersucht gegenüber Margot durchschimmert. Sie bemühte sich äußerst intensiv um ihn, um seine Aufmerksamkeit und seine Zuneigung, und löste sich nur schwer und relativ spät 30 *von ihm. Erst durch ihre Beziehung zu Peter und die Reaktion Otto Franks darauf erkannte sie, dass in Selbstbeherrschung*

---

[1] Müller, S. 98 f.

[2] ebd., S. 141

[3] ebd., S. 41

*und Distanziertheit auch eine Art Zurückweisung liegt,
zumindest die Zurückweisung von Nähe. Sie erkannte, dass
zu wirklicher Nähe die Offenheit von einer Seite nicht aus-
reicht. (Wenn einer von zwei Partnern nichts über sich selbst
sagt, bringt er irgendwann auch den anderen, den Redewilligen,
zum Schweigen. Distanziertheit erstickt liebevolle Gefühle, die
naturgemäß auf Nähe zielen.) Doch meistens bewunderte
Anne, ebenso wie Miep, Otto Franks Geduld und seine
Selbstdisziplin, die wirklich auffallend gewesen sein müssen,
selbst wenn man in Betracht zieht, dass beide Wahrnehmungen
von Frauen stammen und es sich um Eigenschaften handelt,
die – damals – von einem Mann gefordert waren. (Ich denke,
Männer wurden früher von den meisten Frauen – egal ob
Ehefrauen, Töchter oder andere – sehr oft verklärend wahrge-
nommen. Das entsprach den Rollen, die für beide Geschlechter
vorgesehen waren.)[1]*

Der Verlässliche

*Als Beispiel für Ottos allgemeine Verlässlichkeit und Loyalität
erzählte sein Bruder Herbert gerne eine wahre Begebenheit aus
Ottos Leben: Als Anfang November 1918 Waffenstillstand
geschlossen, der Erste Weltkrieg nach mehr als vier Jahren
endlich zu Ende war, wollten alle Soldaten nur eines: auf dem
schnellsten Weg nach Hause. Außer Otto. Er hatte noch etwas
zu erledigen. Sein Regiment hatte, auf dem Weg zum Einsatz
an der Westfront, auf einem Bauernhof in Pommern zwei
Pferde beschlagnahmt – für die Dauer des Krieges. Es waren
die einzigen beiden Pferde, die jener Bauer besessen hatte, und
Otto hielt es für selbstverständlich, sich an die Abmachung zu
halten und die Tiere zurückzubringen. Als der pflichtbewusste
Reserveoffizier schließlich mit den Pferden vor dem Bauern
stand, traute dieser seinen Augen nicht – so etwas hatte er
noch nie erlebt.[2]*

---

[1] Pressler, S. 92 f.
[2] Müller, S. 286

Der ruhende Pol

*Die zentrale Gestalt bei der Organisation des Lebens von acht
Personen auf kleinstem Raum und unter äußerst schwierigen
Bedingungen war sicher Otto Frank. [...] In der Untertauchzeit,
einer Zeit höchster Belastung, entwickelte er jedoch ungeheure
seelische und geistige Kräfte. Er war es, der die Zügel in der* 5
*Hand hielt, der ausglich, beschwichtigte, sich um Verständnis
für jeden Einzelnen bemühte. Er wurde zum ruhenden Pol,
[...]. Er traf alle Entscheidungen, die die Gruppe als Ganzes
betrafen; dabei zeigte sich nicht nur seine Kompetenz in vielen
Dingen, sondern auch seine stark ausgeprägte Fähigkeit, sich* 10
*selbst zurückzunehmen. [...] Otto Frank hat ganz selbstver-
ständlich die Verantwortung übernommen, weil sonst keiner
da war, der sie hätte übernehmen können. Danach gedrängt
hat er sich wohl nicht.*[1]

Der Vorgesetzte

Ein hochgewachsener, schlanker Mann, zurückhaltend und 15
*kultiviert, stellte sich lächelnd vor, ich tat das Gleiche. Und
dann begann das übliche Einstellungsgespräch. Seine dunklen
Augen hielten meinen Blick fest; ich spürte sofort seine gütige,
sanfte Wesensart, die allerdings durch Reserviertheit und
leichte Nervosität im Auftreten eine gewisse Starre bekam.*[2] 20

*Er schied aus der Firma aus, als es an der Zeit war, er legte den
Stern an, er schwieg. Er hat nie seine Gefühle gezeigt.
Ich sehe ihn noch, wie er einmal ins Büro kam, im
Regenmantel, und wie er den Mantel aufknöpfte, sah ich
darunter den Stern auf seiner Brust. Auf dem Mantel hatte er,* 25
*glaube ich, keinen. Wir gaben uns Mühe, mit ihm zu sprechen
und zu ihm zu sein, wie wir früher zu ihm gewesen waren,
und als wäre es ganz natürlich, dass er jetzt ins Büro komme,
denn wir wussten, dass er sich vor dem Mitleid fürchtete. Es
war seine Art, alle Kämpfe mit sich allein abzumachen. Eine* 30
sehr preußische Art eigentlich.[3]

---

[1] Pressler, S. 88 f.
[2] Gies, S. 22
[3] Schnabel, S. 66

[Später im Versteck] stellte ich fest, dass Otto Frank eine neue Gelassenheit, eine neue Ruhe an den Tag legte. Früher das reine Nervenbündel, bot er jetzt das Bild eines Menschen, der sich völlig in der Gewalt hatte, er strahlte ein Gefühl von innerer Festigkeit und Sicherheit aus. Mir war klar, dass er den anderen ein Beispiel geben wollte.[1]

[Doch nach seiner Rückkehr aus Auschwitz] hatte sich Otto Frank wieder in den etwas nervösen, leise sprechenden Mann zurückverwandelt, der er vor dem Untertauchen gewesen war. Von der Ruhe und Autorität, die er im Versteck ausgestrahlt hatte, war nichts geblieben.[2]

---

[1] Gies, S. 102
[2] ebd., S. 245

Die Menschen 135

Edith Frank

Edith Holländer, später Frank

Mama tut immer, als ob ich ein Baby wäre, und das kann ich nicht ausstehen. (21.8.1942)

... sie weiß noch nicht einmal, wie ich über die normalsten Dinge denke. (27.9.1942)

Mutter, Margot und ich sind wieder die besten Freundinnen, und das ist eigentlich viel angenehmer. (14.10.1942)

Die Zeit, in der ich Mutter unter Tränen verurteilt habe, ist vorbei. (2.1.1944)

Meine [Mutter] bemüht sich zwar um mich, hat aber keinen Takt, kein Feingefühl, kein mütterliches Verständnis. (27.2.1942)

Mutter ist traurig, weil sie mich noch lieb hat, ich bin überhaupt nicht traurig, weil sie für mich erledigt ist. (28.3.1944)

Die ungeliebte Mutter

Obwohl Edith moderne erzieherische Ansichten vertrat und nicht übertrieben streng war, hatte sie keinerlei Chance, Anne zu gefallen. Ungewöhnlich ist das keineswegs: In einer Umbruchphase, in der Mädchen ihr Ich-Bewusstsein entwik-
5 *keln müssen und deshalb wütend jeden von sich weisen, der sie – absichtlich oder unabsichtlich – in ihrer Kinderrolle festzuhalten droht, muss die eigene Mutter am häufigsten als Negativbeispiel, oft sogar als Feindbild herhalten. Und wenn die Tochter weiß, dass sie sich voll und ganz auf diese Mutter*
10 *verlassen kann, dass sie, was immer sie tut, die Liebe ihrer Mutter nicht verlieren wird, ist die kindliche Brutalität oft besonders groß. Anne musste nicht einen Augenblick daran zweifeln, dass Edith hinter ihr stand, dass sie ihre Jüngste in jeder Situation verteidigen und beschützen würde. Das bewies*
15 *Edith ihrer Tochter auch im Hinterhaus bei vielen Gelegenheiten. Und das war für Anne selbstverständlich – es war auch eine Grundlage ihrer Stärke.*

Anne machte den für eine Jugendliche ihres Alters ganz normalen inneren Abnabelungsprozess durch. Eine räumliche
20 *Abnabelung, ein sich Zurückziehen, um den mit diesem Prozess verbundenen Reibereien aus dem Weg zu gehen, war jedoch in dem beengten Hinterhaus nicht möglich. Zudem fehlte Anne eine Freundin, mit der sie sich gegen ihre Mutter hätte verbünden können. Nachvollziehbar deshalb, dass sie in*
25 *ihrem Tagebuch über Edith herzog. Verständlich auch, dass ihre Äußerungen manchmal sehr grob ausfielen.* „Mutter kann ich nun mal nicht ausstehen, und ich muss mich mit Gewalt zwingen, sie nicht immer anzuschnauzen und ruhig zu bleiben", *schrieb Anne in der ursprünglichen*
30 *Fassung ihres Tagebuchs, die sie später selbst entschärfte,* „ich könnte ihr so ins Gesicht schlagen, ich weiß nicht, wie es kommt, dass ich eine so schreckliche Abneigung gegen sie habe."[1]

Erst langsam legte Anne ihre Aggression gegen Edith
35 *ab und begann, sich sogar dafür zu schämen.* „Anne, bist du das, die über Hass gesprochen hat, oh Anne, wie

---

[1] Müller, S. 272 f.

konntest du das?", *fragte sie sich beim Neuschreiben ihres Tagebuchs und gestand sich erstmals ihre Mitschuld an dem gespannten Mutter-Tochter-Verhältnis ein: „...* sie verstand mich nicht, das ist wahr, aber ich verstand sie auch nicht." *In den folgenden Wochen fiel Anne auch auf, wie sehr die Mutter unter ihrer Ablehnung litt, und sie empfand Mitleid für sie. Von diesem Mitleid – einer distanzierten Anteilnahme jedoch, keinem echten Mitgefühl – bis zu den ersten Anflügen von Toleranz und Respekt und schließlich echtem Verständnis für Ediths Verhalten war es dann noch ein weiter Weg. Wirklich nahe kam Anne ihrer Mutter im Versteck letztlich aber nie.*[1]

Edith Frank: Entwurzelt

[Edith Frank] begrüßte uns auf ihre reservierte Art. Das dunkle, glänzende Haar war in der Mitte gescheitelt und zu einem lockeren Nackenknoten aufgesteckt. Sie hatte dunkle Augen, ein breites Gesicht und eine breite Stirn. Die Wangen waren massig und matronenhaft. Obwohl sie Fortschritte im Holländischen machte, sprach sie immer noch mit starkem Akzent, viel mehr als ihr Mann.
[...]
Edith Frank vermisste Deutschland sehr, weit mehr als ihr Mann. Im Gespräch kam sie immer wieder wehmütig auf ihr Leben in Frankfurt zurück, auf bestimmte, eindeutig bessere deutsche Süßigkeiten, auf die Qualität deutscher Konfektion. Ihre alte Mutter, Frau Holländer, war zu ihnen gezogen, aber häufig krank und bettlägerig.[2]
Das Untertauchen muss für eine Frau wie Edith Frank besonders schwer gewesen sein. Gewöhnt daran, eine genau umrissene Rolle zu übernehmen, was wohl vor allem hieß, zu repräsentieren, muss sie sich gefühlt haben, als sei ihr der Boden unter den Füßen weggezogen worden. Immer war sie in ein festes Familienleben eingebunden gewesen (ihre Mutter hatte bis zu ihrem Tod im Januar 1942 bei ihr gelebt), und als mit der Besatzung Familienbesuche ins Ausland und aus dem Ausland nicht mehr möglich waren, wurde der

---

[1] ebd., S. 278 f.
[2] Gies, S. 33 f.

Kontakt der Familienmitglieder untereinander wenigstens brieflich aufrechterhalten. Und natürlich gab es einen ausgedehnten Freundes- und Bekanntenkreis, der zum großen Teil aus deutschen Emigranten bestand. Edith Frank lud zum
5 Essen ein, zum Kaffee, war „Dame des Hauses". Außerdem engagierte sie sich aktiv in der liberal-jüdischen Gemeinde von Amsterdam. Zu einem solchen Leben war sie erzogen worden, das entsprach ihrem Rollenbewusstsein als Frau, und aus der Erfüllung dieser „Pflichten" zog sie ihr
10 Selbstwertgefühl.
Dazu kamen im privaten Bereich natürlich der Haushalt und die Erziehung der Kinder. Aber auch auf diesen beiden Gebieten musste sie im Hinterhaus zurückstecken. Frau van Pels stahl ihr gewissermaßen ihre Rolle als Hausfrau.
15 Selbst in der Kindererziehung, die für die auf diesem Gebiet progressive Edith Frank ein wichtiges Thema gewesen sein muss, blieb sie nicht unangefochten. Während der gut zwei Jahre im Hinterhaus kam es immer wieder zu Auseinandersetzungen mit den van Pels, vor allem mit Frau van Pels, die
20 Edith Frank wegen ihrer „modernen Erziehung" angriff und verspottete.
Natürlich haben auch die Schwierigkeiten mit Anne Edith Franks Leben im Hinterhaus erschwert.
[...]
25 Edith Frank blieb jedenfalls im Hinterhaus nicht viel von dem, was aller Wahrscheinlichkeit nach vorher ihren Lebensentwurf ausgemacht hatte. Vielleicht gerade noch die Rolle als Ehefrau. Doch auch darüber berichtet Anne kaum etwas, weder Positives noch Negatives, sie drückt eher ihre Zweifel an der
30 Verbindung ihrer Eltern aus.
[...]
Was noch erschwerend hinzukam: Es ist kaum anzunehmen, dass Edith Frank gelernt hatte, etwas für sich selbst zu tun. Lesen und Lernen, die beiden Beschäftigungen, die für ihre
35 Familie in der Zeit des Untertauchens (über)lebenswichtig wurden, können für sie kaum die gleiche Rolle gespielt haben, auch wenn Anne unter der Überschrift „Wofür sich die Bewohner des Hinterhauses interessieren" notierte: „Frau Frank: lernt Englisch in schriftlichen Kursen; liest
40 alles, außer Detektivgeschichten."

Die Menschen 139

*Das Bild, das Miep Gies von Edith Frank zeichnet, verändert
sich dann auch während der Untertauchzeit. Zwar war sie
weiterhin freundlich und still, verhielt sich jedoch, folgt man
Mieps (durchaus glaubhaft wirkenden) Aussagen, immer
depressiver:*[1]

Edith Frank nahmen schlechte Nachrichten am meisten mit.
Als der Winter herannahte, versank sie allmählich in immer
tiefere Niedergeschlagenheit. Uns anderen hatte das Gerücht,
dass die Razzien wohl abgeschlossen seien, neuen Auftrieb
gegeben. Wir glaubten fest an die vielversprechenden
Nachrichten von BBC und Radio Oranje über die neuen
anglo-amerikanischen Offensiven. Edith Frank jedoch schien
nichts davon aufzumuntern. Keine noch so verheißungsvolle
Meldung vermochte auch nur den leisesten Hoffnungsschimmer
in ihr zu erwecken. Wir konnten so viele Einwände gegen ihre
Schwarzseherei vorbringen, wie wir wollten; für sie existierte
nur der lange dunkle Tunnel, doch keinerlei Lichtschein am
Horizont.[2]

---

[1] Pressler, S. 94 – 98
[2] Gies, S. 133

Margot

Margot Frank, 1940

Meine Schwester hat auch ihr Zeugnis bekommen, ausgezeichnet, wie immer. [...] So ein kluges Köpfchen! (5.7.1942)

Auch mit Margot verstehe ich mich nicht sehr gut. Ich habe eine ganz andere Natur als Margot. [...] (27.9.1942)

Margot kann ich nur als Miststück bezeichnen, das mich Tag und Nacht schrecklich reizt. (5.11.1942)

Margot und ich kicherten wie richtige Backfische. (8.2.1944)

Margot ist sehr lieb und möchte meine Vertraute sein, aber ich kann ihr doch nicht alles sagen. Ihr fehlt es an Ungezwungenheit. Sie nimmt mich zu ernst, viel zu ernst. [...] (12.3.1944)

Alles ist in Ordnung, außer dass Margot und ich unsere Eltern ein bisschen satthaben. (17.3.1944)

Die Schwestern

Anne selbst scheint lange Zeit ihrer Schwester gegenüber keine besonders freundschaftlichen Gefühle gehegt zu haben, so sehr sie sie auch früher bewundert haben mag, wie Miep erzählt. Diese Zeit war vorbei, Anne war nicht mehr die kleine Schwester, die der großen an den Lippen hing. Sie fand Margot zu brav, zu angepasst, wie man heute sagen würde. Margot war das kluge Mädchen, das immer nur die

Die Menschen 141

*besten Noten hatte, kaum etwas tat, womit sie ihre Eltern
geärgert hätte. Sie war in jeder Hinsicht vorbildlich und das
ging Anne auf die Nerven und reizte sie zu spöttischen
Bemerkungen.*

*Außerdem litt Anne ganz offensichtlich an der normalen
kindlichen Eifersucht einer jüngeren Schwester gegenüber der
älteren, die etwa schon Bücher lesen durfte, die ihr selbst noch
verboten waren, einer Schwester gegenüber, die – wenigstens
Annes Meinung nach – von den Eltern, vor allem von der
Mutter, immer vorgezogen wurde. Am 14. Oktober 1942 berichtet sie zum ersten – und in dieser Form einzigen – Mal
davon, dass ihre Mutter, sie und Margot wieder die besten
Freundinnen seien, doch bereits drei Wochen später, am 7.
November, spricht sie von Margots Gereiztheit und ihrem eigenen Ärger darüber, dass die Eltern Margot vorziehen.*
„Margot ist nun mal die Klügste, die Liebste, die Beste,
die Schönste. Aber ein bisschen Recht habe ich doch
auch darauf, ernst genommen zu werden." *Sie sei nicht
neidisch, fügt sie hinzu, aber diese Aussage darf man wohl be-
zweifeln, auch wenn es andererseits durchaus glaubhaft ist,
dass Anne nicht so sein wollte wie Margot, so „lasch und
gleichgültig". Margot lasse sich von allen überreden und gebe immer nach, schreibt sie. Das wolle sie nicht, sie wolle einen kräftigeren Geist.*

*Lange Zeit taucht Margot in Annes Tagebuch nur in ganz
normalen familiären Bezügen auf, doch dann, am 12. Januar
1944, notiert Anne:* „Margot ist so lieb geworden, sie
scheint mir ganz anders zu sein als früher. Sie ist längst
nicht mehr so schnippisch und wird nun eine wirkliche
Freundin. Sie sieht nicht mehr den kleinen Knirps in mir,
mit dem man nicht zu rechnen braucht."
*Von da an ändert sich die Beziehung zwischen den Schwestern,
obwohl Anne es vermied, zu vertraulich mit Margot zu werden. Sie betonte (völlig zu Recht, finde ich), dass sie ja immer
zusammen seien und sie ihre Vertraute nicht ständig um sich
haben könne.*
[...]
*Ein wichtiger Faktor für die Verbesserung der Beziehung zwi-
schen ihnen war wohl, dass auch Margot – wesentlich später
als Anne – sich nun von ihrer Mutter zu lösen begann.*

(Zeugenaussagen zufolge war die Beziehung zwischen Anne und Margot später, in Auschwitz und Bergen-Belsen, sehr eng.)[1]

Margot – Die Unsichtbare

Über Margot lässt sich nicht viel sagen. Das heißt nicht, dass
5 *sie eine unbedeutende Persönlichkeit gewesen sei, doch sie bleibt – ebenso wie Peter – seltsam blass, sowohl in Annes Tagebuch als auch in Mieps Beschreibungen. Zum größten Teil lag das wahrscheinlich an ihrer Zurückhaltung, an ihrer*
10 *Bescheidenheit, wobei Anne dieses Wort in folgendem Sinn verwendet: keine Aufmerksamkeit verlangen, sich im Hintergrund halten, nichts für sich wollen. Zweifellos eine Haltung, die kennzeichnend war für Margots Wesen.*

Miep erwähnt lediglich, dass Margot, ebenso wie Anne, beim Kochen und Saubermachen geholfen und ununterbrochen gelesen und gelernt habe. In der ganzen langen Untertauchzeit sei keine persönliche Beziehung zwischen ihr und Margot entstan-
15 *den, erzählt Miep. Margot habe keine Ansprüche gestellt, keine persönlichen Wünsche geäußert, kein Bedürfnis nach einem vertraulichen Gespräch gezeigt. (Die Vermutung drängt sich auf, dass Margot ihrem Vater sehr ähnlich war.) Und sie sei ziemlich häufig krank gewesen, schon vor dem Untertauchen,*
20 *doch sie habe sich durch nichts von ihrem Lernpensum abhalten lassen. Beispielhaft ist folgendes Zitat, das sich bei Miep findet: „Margot wirkte ebenfalls sehr niedergeschlagen, blieb schweigsam und in sich gekehrt. Stets freundlich, stets hilfsbereit, verstand sie es gleichsam, sich unsichtbar zu machen. Nie war sie*
25 *jemandem im Weg, nie verlangte sie etwas."*

[...]

Hatte sie gar keine Wünsche, keine Träume? Anne berichtet lediglich, dass Margot sich für den Tag, an dem sie wieder frei wären, am meisten ein heißes Bad wünsche, bis zum Rand
30 *gefüllt, in dem sie mehr als eine halbe Stunde bleiben wolle. Und dass Margot Säuglingsschwester in Palästina werden wolle. Ein Traum, den Anne eher bescheiden fand.*[2]

---

[1] Pressler, S. 121 – 123
[2] Pressler, S. 120 f. und 124

Die Menschen 143

Peter

> Morgens um halb zehn [...] kam Peter van Daan, ein ziemlich langweiliger und schüchterner Lulatsch, noch nicht sechzehn, von dessen Gesellschaft nicht viel zu erwarten ist. (14.8.1942)

> Peter finde ich noch immer nicht netter. Er ist ein langweiliger Junge, faulenzt den ganzen Tag auf seinem Bett, tischlert mal ein bisschen und geht dann wieder dösen. Was für ein Dummkopf! (21.8.1942)

> Über Peter lachen wir uns krank, den einen Tag hat er Hexenschuss im Rücken, den anderen Tag eine blaue Zunge und Kribbeln [im Hals] usw.[1]

> Peter kann ab und zu recht witzig sein. Eine Vorliebe, die alle zum Lachen bringt, hat er jedenfalls mit mir gemeinsam, und zwar Verkleiden. (1.10.1942)

> Peters Minderwertigkeitskomplex ist sehr schlimm. So denkt er z. B. immer, dass er so blöd wäre und wir so klug. (16.2.1944)

> Mir wird bang ums Herz, wenn Peter davon spricht, dass er später vielleicht Verbrecher wird oder anfängt zu spekulieren. Obwohl es natürlich als Witz gemeint ist, habe ich doch das Gefühl, dass er Angst vor seiner Charakterschwäche hat. (6.7.1944)

---

[1] Nachtrag zum 21.8. vom 21.9.1942. Kritische Ausgabe, S. 274

144 Anne Frank. Ein Lesebuch

Peter [...] war laut Miep Gies ein gut aussehender, kräftig gebauter Junge mit dichtem dunklen Haar, verträumten Augen (was immer das heißen mag) und freundlichem Wesen. Er war ebenso unauffällig und unaufdringlich wie Margot, sehr
5 *in sich gekehrt, blieb stets im Hintergrund. Er war ein begeisterter Bastler und verkroch sich häufig auf dem Dachboden, wo er sich eine Werkstatt eingerichtet hatte.[1]*

Wie hielt es Peter mit dem Lernen und Lesen? Auch er war in Otto Franks Lehrpläne eingebunden, obwohl er bestimmt nicht mit dem gleichen Vergnügen geistig arbeitete wie Anne
10 *und Margot.[2]*

Tatsächlich dürfte Peter nur mäßig intelligent gewesen sein, dafür gutmütig und lernwillig. Ihm fehlte jedoch der Startvorteil, den Anne und Margot genossen hatten: Eltern, die alles daransetzten, ihre Kinder zu fördern. Nicht einmal so etwas Selbstverständliches wie Schwimmen hatten Hermann und Auguste van Pels ihrem Sohn beigebracht, geschweige
15 *denn, dass sie ihn zum Lernen motiviert hätten. Otto Frank war es schließlich immerhin gelungen, Peters Interesse für Englisch, Französisch und Stenografie zu wecken.*

Statt Schwierigkeiten in ruhigen Gesprächen aus der Welt zu schaffen, riss dem Ehepaar van Pels [...] schnell die Geduld: Wenn sie sich über Peter ärgerten, verbannten sie ihn auf den
20 *Dachboden oder – Ausdruck ihrer völligen Unbedarftheit in Erziehungsfragen – schlugen sogar zu. Beide konnten ihre Emotionen, anders als Edith und Otto Frank, nicht unter Kontrolle halten. Doch obwohl sie sich häufig und hemmungslos – und ohne Scham vor Zuhörern – stritten, folgten*
25 *solchen Streitigkeiten doch immer überschwängliche Versöhnungszeremonien, nach denen wieder heftig geturtelt wurde. Und manchmal auch herzlich gelacht. [...]*

Die Unbeständigkeit seiner Eltern verunsicherte auch Peter: Ihm fehlte die Rückendeckung, die Stärkung von Vater und
30 *Mutter: Und das war sicher mit ein Grund, warum er Minderwertigkeitsgefühle mit sich herumtrug, warum er so leicht nervös wurde, dabei errötete und sogar zu stottern begann.[3]*

1/2 Pressler, S. 126 und 129
3 Müller, S. 291 f.

Frau van Pels

Frau van Daan ist wieder eine Laus über die Leber gekrochen. Sie ist sehr launisch und schließt immer mehr von ihren Privatsachen weg. (27.9.1942)

[...] das muss man sagen, sie ist außergewöhnlich fleißig und ordentlich, und solange sie sich körperlich und geistig in gutem Zustand befindet, auch fröhlich. (22.12.1942)

Sie ist schon ein Exemplar, diese Frau van Daan! An ihr sollte man sich ein Beispiel nehmen, aber ein schlechtes Beispiel! Frau van Daan ist bekannt als unbescheiden, egoistisch, schlau, berechnend und mit nichts zufrieden. Eitelkeit und Koketterie kommen noch dazu. Sie ist, daran ist nichts zu rütteln, eine ausgesprochen unangenehme Person. (29.7.1943)

Frau van Daan hat nämlich eine Sonnenseite, und die ist, dass man mit ihr reden kann. Trotz allem Egoismus, aller Raffgier und Rückständigkeit kann man sie leicht zum Nachgeben bewegen. [...] (22.1.1942)

Heute Morgen hatte Frau van Daan schlechte Laune, nichts als Klagen, zuerst über die Erkältung, dass sie keine Hustenbonbons bekam, dass das viele Schneuzen nicht auszuhalten ist. Dann, dass die Sonne nicht scheint, dass die Invasion nicht kommt, dass wir nicht aus dem Fenster schauen können. Wir mussten schrecklich über sie lachen. Es war dann doch nicht so schlimm und sie lachte mit. (27.4.1944)

Neue Probleme! Frau van Daan ist verzweifelt, spricht von: Kugel durch den Kopf, Gefängnis, Aufhängen und Selbstmord. Sie ist eifersüchtig, dass Peter mir sein Vertrauen schenkt und nicht ihr, sie ist beleidigt, dass Dussel nicht genügend auf ihre Flirtereien eingeht, sie hat Angst, dass ihr Mann ihr ganzes Pelzmantel-Geld aufraucht, streitet, schimpft, weint, beklagt sich, lacht und fängt dann wieder Streit an. Was soll man mit solch einer greinenden und verrückten Person anfangen? (16.6.1944)

Miep Gies beschreibt Frau van Pels als eine „hübsche Frau" und charakterisiert sie als „leicht aufbrausend, kokett [und] geschwätzig."[1]

An ihrem 35. Geburtstag im Februar 1944 lernt sie sie jedoch von einer ganz anderen Seite kennen:

*An meinem [Geburtstag] nahm mich Frau van Daan unvermittelt beiseite und bat mich, mit hinauszukommen auf den Vorplatz neben der Treppe. Ich machte mich auf irgendwelche unerquicklichen Mitteilungen gefasst, doch stattdessen sah sie mir fest in die Augen. „Miep, Herman und ich haben so sehr nach einer Möglichkeit gesucht, das zum Ausdruck zu bringen, wofür es keine Worte gibt. Dies hier soll nur ein kleines Zeichen unserer Dankbarkeit und Freundschaft sein ... Da ..."
Sie drückte mir ein Päckchen in die Hand. „Machen Sie's auf!"
„Das ist doch nicht nötig ...", fing ich an. Sie unterbrach mich: „Machen Sie's auf!"
Ich gehorchte. Drinnen lag ein Ring, ein rautenförmiger schwarzer Onyx, in der Mitte ein funkelnder Brillant. Ein wunderschöner antiker Ring. Ich wollte Protest erheben ... Ich dachte an die vielen Zigaretten und Würste, die man dafür auf dem schwarzen Markt bekommen könnte, daran, dass die van Daans jetzt auf ihre letzten Wertsachen zurückgreifen mussten und alles, was sie nur entbehren konnten, durch Koophuis veräußern ließen.
Doch ich sagte nichts, eine unsichtbare Hand hielt mir den Mund zu. Mein Sinn fürs Praktische trat zurück, stattdessen blickte ich Frau van Daan fest in die dunklen Augen und versprach: „Ich will ihn immer tragen – in Freundschaft", und steckte ihn mir an den Zeigefinger. Er saß wie angegossen.
Frau van Daan legte mir kurz die Hand auf die Schulter und drückte sie; dann gingen wir auseinander.[2]*

---

[1] Gies, S. 44 und 114
[2] ebd., S. 173 f.

Herr van Pels

> Herr van Daan und ich sind dauernd zerstritten. (21.8.1942)

> Herr van Daan ist in der letzten Zeit katzenfreundlich zu mir. Ich lasse es mir ruhig gefallen. (Nachtrag zum 21.8.1942)

> Herr van Daan ist schlecht gelaunt. Der Anlass: Zigarettenknappheit. (12.3.1943)

> Herr van Daan ist erkältet, oder besser gesagt: Er hat ein bisschen Halskratzen. Er macht ein gewaltiges Getöse darum. (27.3.1943)

Die Franks kannten die Familie van Pels schon lange, bevor sie gemeinsam untertauchten, auch wenn sie wohl einen eher oberflächlichen gesellschaftlichen Umgang miteinander gepflegt haben. Herr van Pels, 1890 in Gehrde (Niedersachsen) als Sohn niederländischer jüdischer Eltern geboren, 5 *war vor den Nazis mit seiner Frau und seinem Sohn aus Osnabrück in die Niederlande geflohen.*
Er trat 1938 als Fachmann für Gewürzmischungen in die Firma Pectacon ein, die Otto Frank zu diesem Zeitpunkt gründete, mit ihm selbst als Direktor und Kleiman als 10 *Aufsichtsratsvorsitzendem. [...]*
Bei seinem Eintritt in die Firma war Herr van Pels nach Mieps Beschreibung ein Mittvierziger, gut angezogen, mit leicht gebücktem Gang, einem männlichen, offenen Gesicht und spärlichem Haarwuchs. Für einen Scherz habe er immer 15 *Zeit gefunden, er sei ein angenehmer und umgänglicher Mann gewesen, der sich mühelos in den Betrieb einfügte. Er habe gern Witze erzählt und gern gelacht. Besonders betont Miep, dass er Kettenraucher war. Wann immer die Helfer das Hinterhaus betraten, habe er sofort, noch bevor jemand ein* 20 *Wort sagen konnte, seine übliche Frage nach Zigaretten gestellt. (Sein Rauchen, seine Gier nach Zigaretten, werden auch in Annes Tagebuch immer wieder erwähnt. In der Untertauchzeit muss er sehr darunter gelitten haben, denn Zigaretten und Tabak waren nicht immer zu bekommen.) [...]* 25
Der rastlose Herr van Pels muss unter dem Eingesperrtsein ziemlich gelitten haben. Auch bei ihm kommt, wie bei Edith Frank und

seiner Frau, hinzu, dass er sich vermutlich nicht so ohne Weiteres in geistige Arbeit vertiefen konnte. Jedenfalls notiert Anne unter der Überschrift: „Wofür sich die Bewohner des Hinterhauses interessieren": „Herr van Daan: lernt nichts; schlägt viel im Knaur nach; liest gern Detektivromane, medizinische Bücher, spannende und belanglose Liebesgeschichten." Er war wohl ein impulsiver, vielleicht auch etwas vulgärer Mensch, der mit sich allein nicht viel anfangen konnte. Im Berufsleben waren seine Fähigkeiten sicher nützlich, aber ein Leben in Untätigkeit, auf sich selbst zurückgeworfen, muss für ihn nur schwer zu ertragen gewesen sein. (Ein Wolf, der, in seinen Käfig gesperrt, ruhelos auf und ab läuft, so stelle ich ihn mir vor.)[1]

---

[1] Pressler, S. 73 u. 75

Die Menschen **149**

Fritz Pfeffer

Dussel ist ein sehr netter Mann. (19.11.1942)

Herr Dussel, der Mann, von dem immer gesagt wurde, dass er hervorragend mit Kindern zurechtkäme und sie auch gern hätte, entpuppt sich als der altmodischste Erzieher und Prediger von ellenlangen Manierenreihen. (28.11.1942)

Als ob ich tagsüber nicht schon genug „pst, pst" zu hören bekomme, weil ich immer zu viel Lärm mache, ist mein Herr Zimmergenosse nun auf die Idee gekommen, mir auch nachts wiederholt „pst pst" zuzurufen. [...] Er wird von Tag zu Tag unangenehmer und egoistischer. (22.12.1942)

Jemand, der schon 54 Jahre alt ist und noch so pedantisch und kleinlich, ist von Natur so gemacht und gewöhnt sich das auch nie mehr ab. (13.7.1943)

Dussel kennt nichts als seine Charlotte [...]. (23.7.1942)

Dussel hat sich bei Mutter darüber beklagt, dass er wie ein Ausgestoßener behandelt würde [...]. (29.9.1943)

Es ist keine Übertreibung, wenn ich sage, dass in Dussels Gehirn ein Bindeglied fehlt. (17.11.1943)

Am schlimmsten fand ich aber, als Herr Dussel angefangen hat, den Doktor zu spielen, und seinen Pomadenkopf auf meine nackte Brust legte, um die Geräusche da drinnen abzuhören. [...] Was hat sich dieser Kerl an mein Herz zu legen? (22.12.1943)

Wenn Dussel am Tisch von einer halben Schüssel Soße ein Viertel wegnimmt und alle anderen seelenruhig ihr Essen ohne Soße essen lässt, dann ist mir der Appetit vergangen. (15.1.1944)

Herr Dussel: lernt Englisch, Spanisch und Niederländisch ohne nennenswertes Ergebnis; liest alles, urteilt mit der Mehrheit. (16.5.1944)

Attraktiv, charmant und gefühlsbetont

Ein weiterer regelmäßiger Gast war ein Zahnarzt namens Albert Dussel. Ein attraktiver, charmanter Mann, der Ähnlichkeit mit Maurice Chevalier hatte. Dussel kam in Begleitung seiner atemberaubend schönen Frau Lotte, einer Nichtjüdin, mit
der er erst kürzlich aus Deutschland emigriert war.
Ich mochte Dr. Dussel, einen überaus anziehenden Menschen. Als ich hörte, dass ihn mein Zahnarzt in seine Praxis in der Amstellaan aufgenommen hatte und dass er später eine eigene zu eröffnen gedachte, beschloss ich, mich in seine Behandlung
zu begeben. Meine Erwartungen wurden nicht enttäuscht, er erwies sich als ausgezeichneter Zahnarzt.[1]

Am Tag vor seinem Untertauchen schrieb Fritz Pfeffer Charlotte Kaletta folgenden Brief:

„... Mir fällt es diesmal so schwer, dir zu schreiben, da wir alles
täglich besprechen konnten. Und doch treibt mich mein Herz dazu, da es so voll Stolz für dich, meine vom Herzen Geliebte ist. Ich bewunderte alle Zeit deine so tapfere, stille Größe und deinen Adel, mit denen du diese unbeschreiblich schwere Zeit meisterst. Mein Stolz besteht in meiner ganzen Hingabe für dich, in meinem
Streben, Tun und Lassen, mich deiner Liebe würdig zu zeigen. Was bedeutet diese hoffentlich recht kurze Unterbrechung in dem ewig unzerreißbaren Band! Halte weiter deinen herrlichen Mut, dein Gottvertrauen und deine Liebe wird mich und uns stärken und tapfer halten. In diesem Sinne umarmt und
küsst dich innigst dein Fritz."[2]

Der Sündenbock

Ich muss zugeben, dass ich ihn bedauere. Er mag schwierig und starrsinnig gewesen sein, aber er hatte kaum Chancen, im Hinterhaus zu seinem Recht und zu etwas Anerkennung zu kommen. Der wichtigste Grund dafür war natürlich, dass er
allein war. Die anderen waren en famille, konnten sich notfalls immer auf die Familiensolidarität verlassen, auch Anne, die das genau wusste und in ihren Auseinandersetzungen mit

---

[1] Gies, S. 44
[2] Müller, S. 259

Die Menschen 151

den van Pels auch ausnutzte. Fritz Pfeffer hatte niemanden,
noch nicht einmal einen Raum für sich, in den er sich zurückziehen konnte. Immer war dann dieses unerzogene Biest da,
diese vorlaute Anne, die ihn mit misstrauischen Augen beob-
achtete und nur auf die nächste Dummheit wartete, die er
sagte oder tat. So muss er es erlebt haben. Zwei Blöcke, die
Franks und die van Pels', die ihm – je nach Situation einzeln
oder gemeinsam – gegenüberstanden, abweisend, tadelnd.
Dazu die drei Jugendlichen, die zwar kein fester Block waren,
sich aber doch hin und wieder in ihrer Abneigung gegen ihn
verbündeten. (Es könnte auch gut sein, dass Anne, Margot
und Peter Aggressionen, die sie gegen ihre eigenen Eltern
hatten und unter diesen Bedingungen nicht zulassen konnten,
auf Pfeffer, den wehrlosesten der Erwachsenen, übertrugen.)
Kein Wunder, dass er sich so gern und häufig auf die Toilette
zurückzog. Kein Wunder, dass er – obwohl er sich damit den
Zorn seiner Mituntergetauchten zuzog, die sich durch ihn
gefährdet sahen – die Korrespondenz mit Charlotte Kaletta
und einigen anderen Leuten nicht abbrechen lassen wollte.
[...]
Fritz Pfeffer war im Hinterhaus einsamer als jeder andere.
Über zwei Jahre lang. Selbst wenn man davon ausgeht, dass er
den anderen genügend Angriffsfläche bot, genügend Grund
für Reibereien, so kann er einem doch leidtun. Er wurde zweifellos zum Sündenbock der Untergetauchten.[1]

---

[1] Pressler, S. 116 f.

2. Die Helfer

Er holte tief Luft und fuhr fort: „Sind Sie bereit, Miep, die Verantwortung zu übernehmen und uns zu versorgen, solange wir untergetaucht sind?"
„Selbstverständlich." […]

„Miep, jeden, der Juden hilft, erwartet schwere Strafe, Gefängnis, vielleicht ..."

Ich fiel ihm ins Wort. „Ich sagte ‚selbstverständlich', und das ist es auch für mich."[1]

Von links nach rechts: Miep Gies, Johannes Kleimann, Otto Frank, Victor Kugler, Bep Voskuijl

Miep Gies: „Ich möchte mich nicht in den Vordergrund drängen. Es gab Tausende von Menschen, die das Gleiche getan haben wie wir. Ihre Namen werden nicht genannt. Wir waren zufällig die Helfer von Anne Frank und ihrer Familie."[2]

---

[1] Gies, S. 85f.
[2] Anne Frank Stichting: Anne Frank Zeitung, Jg. 94/95, Amsterdam, S. 5

Die Menschen 153

> Meine Geschichte handelt von ganz gewöhnlichen Menschen in außergewöhnlich dunklen Zeiten – Zeiten, von denen ich nur inständig hoffen kann, dass sie sich nie wiederholen mögen. Niemals. Es ist an uns, den einfachen Menschen in aller Welt, dafür zu sorgen, dass dies nicht geschieht.[1]

> Miep, Elli, Koophuis, Kraler, Henk, der „Gemüsemann an der Ecke" – sie hatten keinen Befehl zu tun, was sie getan haben. Silberthaler[2] hatte seinen Befehl. Was er ohne diesen Befehl getan haben würde, ist eine illusorische Frage. Tatsache ist, dass er seinen Auftrag hatte, und darum habe ich ihn nicht gesucht. Was hätte ich ihn denn fragen sollen? Sogar die Generäle sagen, dass sie ihre Befehle hatten. Und nun so ein ganz gewöhnlicher Mensch …

> Wir brauchen Silberthalers Aussagen nicht. Er war ein ganz gewöhnlicher Mensch, wie wir alle. Dass Miep, Elli, Koophuis, Henk und der Gemüsemann auch behaupten, sie seien ganz gewöhnliche Menschen, kompliziert den Fall freilich, denn es stellt sich plötzlich die Frage: Was ist das, ein ganz gewöhnlicher Mensch?[3]

---

[1] Gies, S. 8
[2] Gemeint ist Karl Silberbauer, der die Verhaftung vornahm. Vgl. Kap. I.
[3] Schnabel, S. 124 f.

Miep Gies, geboren 1909 in Wien

Miep Santrouschitz, wie sie vor ihrer Heirat hieß, stammte ebenso wie Victor Kugler aus Österreich. Sie ist nach dem Ersten Weltkrieg, im Rahmen eines Hilfsprogramms für Not leidende Kinder, in die Niederlande zu Pflegeeltern gekom-
5 *men, wo sie etwas aufgepäppelt werden sollte, und sie ist bei ihnen geblieben. Eine ziemlich kleine Frau, hübsch, mit gro-ßem Interesse für elegante Kleidung, eine, wie sie selbst sagt, leidenschaftliche Tänzerin, eine von Natur aus energische Frau, die gerne organisierte. Auch sie war schon lange bei*
10 *Otto Frank beschäftigt, als Büroangestellte war sie bald nach Kugler in die Firma eingetreten.*

Jan Gies, den sie 1941 heiratete, war über Miep ebenfalls ein Freund der Familie Frank geworden. Er war Angestellter der Stadt Amsterdam. Von 1940 an, als Otto Frank die drohende
15 *„Entjudung" der niederländischen Wirtschaft ahnte und die Firmen vorsorglich „arisieren" ließ, fungierte Jan Gies neben Victor Kugler und Johannes Kleiman nach außen hin als Besitzer. Jan Gies war hochgewachsen, gut angezogen, ein paar Jahre älter als Miep. Sie fand ihn mit seinen dichten*
20 *blonden Haaren und den warmen, lebenssprühenden Augen überaus attraktiv.*

Miep bewunderte Otto Frank, seine freundliche, zurückhal-tende Art, und wurde im Lauf der Jahre eine wirkliche Freundin der Familie. [...]
25 *Während Jan Gies die Untergetauchten durch seine oft lusti-gen Geschichten bei Laune hielt, übernahm Miep, die zwar, laut Anne, ebenfalls gern und viel erzählte, vor allem die mehr praktischen Aufgaben. Sie bereitete mit Bep kleine Überraschungen zu den Geburtstagen vor, auch zu Nikolaus,*
30 *den die Untergetauchten 1942 zum ersten Mal feierten. Sie besorgte Schuhe für Anne und ein verbotenes Buch über Mussolini für Pfeffer, und als eine der Katzen krank wurde, ging sie mit ihr zum Tierarzt. Sie sorgte für einen Kuchen zu Weihnachten und ein Rosinenbrot zu Pfingsten. Miep liebte*
35 *kleine Überraschungen. [...]*

Doch vor allem war Miep zuständig für den Einkauf der Nahrungsmittel. Bezeichnend ist Annes Eintrag vom 11. Juli 1943: „Miep schleppt sich ab wie ein Packesel. Fast jeden

Tag treibt sie irgendwo Gemüse auf und bringt es in
großen Einkaufstaschen auf dem Fahrrad mit. Sie ist es
auch, die jeden Samstag fünf Bücher aus der Bibliothek
mitbringt."

Miep als „Packesel". Ein Bild, das noch verstärkt wird, wenn
man ihr Buch „Meine Zeit mit Anne Frank" liest. Darin erzählt
sie ausführlich von den Schwierigkeiten, zusätzlich zu ihrem
eigenen Bedarf täglich Lebensmittel für acht Menschen zu besor-
gen. Eigentlich für neun. Denn Miep und Jan Gies lebten unter
einer zusätzlichen Belastung: Im Frühjahr 1943 hatten
sie bei sich zu Hause einen jungen Studenten aufgenommen,
der sich geweigert hatte, eine von den Deutschen geforderte
Loyalitätserklärung zu unterschreiben, und daher untertauchen
musste. Miep und Jan hielten ihren privaten Untergetauchten
geheim, sie wollten ihre Freunde im Hinterhaus nicht beunruhi-
gen. Und noch etwas verbargen sie, nämlich dass Jan ab 1943
aktiv bei einer Widerstandsgruppe mitarbeitete.

Miep bemühte sich offenbar, gar nicht erst über die
Gefährdungen, unter denen sie lebte, nachzudenken, umso
mehr, als sie auch keine Möglichkeit sah, mit irgendjemandem
über ihre Angst zu sprechen. Sie schreibt: „Am schlimmsten
war, dass es niemanden gab, zu dem ich von meinen Sorgen
und Selbstzweifeln sprechen konnte, wenn ich mich besonders
schwach und hilflos fühlte. Natürlich durfte ich darüber kein
Wort verlieren vor denen, die mir am nächsten standen: Edith
und Otto Frank. Auch nicht vor Jo Kleiman, meinem häufigs-
ten Gesprächspartner im Büro. Nicht einmal Jan gegenüber
durfte ich etwas davon verlauten lassen. Er war vollauf mit
seiner eigenen Untergrundtätigkeit ausgelastet, ich durfte ihm
nicht obendrein noch meine Sorgen aufbürden.
Miep als Packesel, auch im übertragenen Sinn. Sie versuchte,
nicht ins Grübeln zu geraten, sie funktionierte."[1]

Johannes Kleiman, geboren 1896 in Koog an der Zaan

[...] Miep beschreibt ihn als einen Mann in mittleren Jahren,
von zerbrechlicher Statur, blass, mit feinen Zügen und einer
sehr schmalen Nase, auf der eine Brille mit großen, dicken

---

[1] Pressler, S. 156 ff.

Gläsern saß. Sie empfand ihn als jemanden, dem man sofort Vertrauen und Zuneigung entgegenbrachte, und ihre Beziehung zu ihm gestaltete sich dementsprechend herzlich. Von Kleiman stammte auch, wie Miep von Herrn Frank erfuhr, die Idee für
5 das Versteck.

Kleiman war immer da, wenn er gebraucht wurde. So war es zum Beispiel er, der Pfeffer an einem verabredeten Platz abholte und ins Hinterhaus brachte. Mit ihm besprach Otto Frank die geschäftlichen Probleme. Kleiman war es auch, der
10 Kleidung und Wertsachen verkaufte, wenn den Untergetauchten das Geld ausging, etwa den Pelzmantel von Frau van Pels. Er besorgte neue Federn für Peters Bettcouch, er lieh für Anne Mädchenbücher aus, er brachte seinen Freunden einen kleinen Radioapparat, damit sie nicht ganz
15 von der Welt abgeschnitten waren, als der große, der bis dahin in Otto Franks Büro gestanden hatte, abgeliefert werden musste. Er streute Flohpuder, als das Hinterhaus von Flöhen heimgesucht wurde. Er stand zur Verfügung, wenn kleine Überraschungen für Geburtstag oder Nikolaus geplant wur-
20 den. Kleiman erzählte den Untergetauchten von der Welt außerhalb des Hinterhauses und unterhielt sich mit ihnen über die politischen Ereignisse. Ein wichtiger Punkt, wenn man bedenkt, wie wenig Abwechslung sie doch hatten.

Ihm scheint es am besten gelungen zu sein, die Untergetauchten
25 abzulenken und fröhlich zu stimmen. Er unterhielt sie mit Witzen, brachte ihnen kleine Geschenke und Süßigkeiten mit und machte ihnen wieder Mut. Miep schreibt: „Sobald er das drehbare Regal zumachte, ließ er seine Sorgen hinter sich und brachte nichts als Kraft und Aufmunterung mit." Auch Anne
30 nennt ihn den „Aufheiterer" der Untergetauchten. Am 10. September 1943 notierte sie in ihr Tagebuch: „Wenn Herr Kleiman hereinkommt, geht die Sonne auf", sagte Mutter gerade neulich, und damit hat sie recht." [...]

Aber Kleiman war nicht gesund, und das machte den
35 Untergetauchten Sorgen. Immer wieder hatte er Magenblutungen und musste zu Hause bleiben. [...]

Johannes Kleiman hatte Familie, eine Frau und eine Tochter. Seine Frau wusste von Anfang an Bescheid. Sie besuchte die Untergetauchten auch, Anne erwähnt ihre Besuche zweimal.
40 [...] Kleiman selbst sagte später [...], er habe zum Glück eine

Frau gehabt, die nicht murrte. Allerdings habe sie sich Sorgen um seine Gesundheit gemacht.[1]

Victor Kugler, geboren 1900 in Hohenelbe

Er war ursprünglich Österreicher, erhielt aber 1938 die niederländische Staatsbürgerschaft. Miep beschreibt ihn als gut aussehend, stämmig und dunkelhaarig, korrekt, höflich und immer ernst, ein Mann, der eifrig seiner Arbeit nachging. Er war fast von Anfang an in der Firma und arbeitete als Otto Franks rechte Hand. (Später, nach dem Eintritt van Pels' in die Firma, arbeitete er vor allem mit diesem zusammen.) Er war verheiratet und kinderlos. Miep betont, dass er den Angestellten gegenüber fair war, doch im Übrigen etwas starr in seinen Ansichten.
Kugler spielte eine wichtige Rolle in der Geschichte des Hauses an der Prinsengracht. Zusätzlich zu der Verantwortung für die Untergetauchten musste er, zusammen mit Kleiman, dafür sorgen, dass die Firma weiterlief. Vom Organisatorischen blieb offenbar viel an ihm hängen, und er scheint sich sehr um die Sicherheit der Untergetauchten gesorgt zu haben. Er ließ beispielsweise auch das drehbare Regal, das durch einen verborgenen Haken arretiert werden konnte, vor der Tür zum Hinterhaus anbringen, um es vor den Blicken und dem Zutritt Unbefugter zu schützen. (Schließlich waren da nicht nur die Lagerarbeiter, die von den Untergetauchten nichts wussten, sondern es kamen immer mal wieder Besucher ins Haus, Kunden, die Putzfrau, der Steuerberater und so weiter.)
[...] Anne erzählt am 5. August 1943, in der Mittagspause komme er „holterdipolter" die Treppe herauf. „Je nach Stimmung gut gelaunt und geschäftig oder schlecht gelaunt und still."
[...] Am 26. Mai 1944 notiert sie: „Miep und Kugler spüren am stärksten die Last, die wir ihnen machen. Miep durch ihre Arbeit und Kugler durch die kolossale Verantwortung für uns acht, eine Verantwortung, die ihm manchmal zu groß wird. Dann kann er fast nicht mehr sprechen vor unterdrückter Nervosität und Aufregung."

---

[1] Pressler, S. 144 ff.

Diese Aussage machte mich stutzig. Ein Mensch, der fast nicht mehr sprechen kann vor unterdrückter Nervosität und Aufregung? Keiner der anderen scheint so augenfällig auf den Druck und die Angst reagiert zu haben. Bei meinen Überlegungen stieß ich auf eine Merkwürdigkeit: Kuglers Frau taucht an keiner Stelle des Tagebuchs auf.

[...] Hat er seiner Frau gegenüber verschwiegen, dass im Hinterhaus seiner Firma untergetauchte Juden lebten? Wenn ja, warum?

Um sie nicht zu beunruhigen? Um sie nicht zur Mitwisserin zu machen und sie damit zu gefährden? Ist es überhaupt vorstellbar, während des Arbeitstages sein Leben zu riskieren und das in seinem Privatleben zu verheimlichen?[1]

Elisabeth Voskuijl, genannt Bep, geboren um 1919

Sie trat 1937 als Bürogehilfin in die Firma Otto Franks ein. Miep beschreibt sie als braunblond, groß und furchtbar schüchtern. Die beiden mochten sich sofort und freundeten sich an. (Später wurde auch noch Beps Vater als Lagerarbeiter eingestellt.)

Neben Miep kümmerte sich Bep vor allem um den Einkauf; Anne erwähnt zum Beispiel Schreibhefte oder neue Röcke, die Bep besorgt habe. Einmal ließ sie für Anne eine Ansichtskarte von der ganzen Königlichen Familie abziehen. [...] Ein anderes Mal brachte Bep, ohne ersichtlichen Anlass, Blumen mit, drei Sträuße Narzissen und für Anne Traubenhyazinthen.

[...]

Zu Bep war Anne direkter und lockerer als gegenüber den anderen Helfern, sie erwähnt sie auch häufiger.

[...]

Von keinem anderen Helfer, auch nicht von Miep, erwähnt Anne so oft wie von Bep, wie er oder sie sich fühlte.

[...]

Bep Voskuijls Situation war komplizierter, als es auf den ersten Blick scheint, denn eine ihrer Schwestern hatte ein Verhältnis mit einem SS-Mann. Trotzdem hat sie offenbar unter der Belastung und der Bedrohung durch die äußeren Umstände nicht so sehr gelitten wie die anderen.[2]

---

[1] Pressler, S. 146 ff.

[2] Pressler, S. 152 ff.

V. Anne

1. ... über sich selbst

Bin ich denn wirklich so ungezogen, eigenwillig, störrisch, unbescheiden, dumm, faul usw., wie sie es behaupten? (28.9.42)

Ich fühle mich schlecht, weil ich in einem warmen Bett liege, während meine liebsten Freundinnen irgendwo draußen niedergeworfen werden oder zusammenbrechen. (19.11.42)

Ach, ich werde ja so vernünftig! Alles muss hier mit Vernunft geschehen, lernen, zuhören, Mund halten. (22.12.42)

Und ich würde so gerne ein richtiger Backfisch sein. (15.1.44)

Ich bin sentimental, ich weiß es. Ich bin verzweifelt und unvernünftig, das weiß ich auch. (28.2.44)

Auch wenn ich erst vierzehn bin, weiß ich doch sehr gut, was ich will, ich weiß, wer recht und unrecht hat, ich habe eine Meinung, meine Auffassungen und Prinzipien. (17.3.44)

Ich bin jung und habe noch viele verborgene Eigenschaften. Ich bin jung und stark und erlebe das große Abenteuer, sitze mittendrin und kann nicht den ganzen Tag klagen, weil ich mich amüsieren muss! Ich habe viel mitbekommen, eine glückliche Natur, viel Fröhlichkeit und Kraft. (3.5.44)

Es ist ein Wunder, dass ich nicht alle Erwartungen aufgegeben habe, denn sie scheinen absurd und unausführbar. Trotzdem halte ich an ihnen fest, trotz allem, weil ich noch immer an das Gute im Menschen glaube. (15.7.44)

... über sich selbst

Hier müssen die 7 oder 12 Schönheiten (nicht meine!) hinkommen, dann kann ich ausfüllen, was ich nicht und was ich doch besitze. 28. Sept. 1942. (selbst gemacht.)

1. blaue Augen, schwarze Haare. (nein.)
2. Grübchen in den Wangen (ja.)
3. Grübchen im Kinn (ja.)
4. Dreieck auf der Stirn (nein.)
5. weiße Haut (ja.)
6. gerade Zähne (nein.)
7. kleiner Mund (nein.)
8. gebogene Wimpern (nein.)
9. gerade Nase (ja.) bis jetzt schon.
10. hübsche Kleidung (manchmal.) viel zu wenig nach meinem Geschmack.
11. schöne Nägel (manchmal.)
12. intelligent (manchmal.)[1]

---

[1] Rijksinstitut voor Oorlogsdocumentatie: Die Tagebücher der Anne Frank. Vollständige, textkritische, kommentierte Ausgabe. Frankfurt/Main 1988, S. 215

2. ... im Spiegel der anderen

*Ich stelle mir die Erinnerung an einen Menschen wie ein
Porträt vor, zart und flüchtig mit Aquarellfarben auf ein Blatt
Papier skizziert, und mit den Jahren vergilbt das Papier, und
die Farben werden blasser. Jedes Mal, wenn man nach diesem*
5 *Menschen gefragt wird, kramt man das Blatt hervor, und bei
dem Versuch, dem Fragenden zu erklären, was man sieht,
verstärkt man Konturen, tupft da und dort etwas Farbe auf,
korrigiert Irrtümer und Missverständnisse und malt vielleicht
sogar, wenn man emotional besonders beteiligt ist, versehent-*
10 *lich über den Rand hinaus. Das passiert so schnell. Was war
Anne Frank für ein Mensch? Fröhlich? Ein Tupfer Rot.
Traurig? Ein blauer Schatten. Hat man schon damals gemerkt,
dass sie etwas Besonderes war? Eine kräftige, schwarz hinge-
tuschte Kontur. Mit jeder Frage und jeder Antwort verändert*
15 *sich das Bild und schließlich findet man die ursprünglich
zarten Linien nicht mehr, erkennt kaum noch die verblassten
Farben, die Andeutungen, die Ahnungen, die Zweifel, kann
nicht mehr unterscheiden, wo Wahrheit und Interpretation
ineinander verschwimmen.*[1]

Madame van der Waal –
Die Mutter der besten Freundin

20 *Anne? –, sagte sie – Aah, Anne war ein Aff'. Très intelligent,
très féminine ... und dreizehn Jahre, bedenken Sie!, ruft
Madame aus und schlägt die Hände vor der Brust zusammen.
Sie war eine große Person. Ein Mensch. Une femme! – [...]
Sie hatte graugrüne Augen. Wie eine Katze ..., sagt sie im sel-*
25 *ben Augenblick, wo mir das Wort durch den Kopf schießt, aber
sie wendet es sogleich um, indem sie fortfährt: ... nur dass die
Katzen verschlossene Augen haben, und Annes Augen waren
ganz offen. Das ist der Unterschied. Und sie konnte sehen,
und wie! Ganz genau sah sie alles, und manchmal machte sie*
30 *dann eine Bemerkung, nadelspitz – nur dass es nicht wehtat,
denn sie traf immer genau auf den richtigen Punkt.
Margot war da ganz anders. Man sollte nicht denken, dass*

---

[1] Pressler, S. 38 f.

zwei Menschen so verschieden sein können. Margot war immer – summa cum laude, die ganze Schule, das ganze Leben hindurch. Sie war auch offen und bestimmt, aber sie war still und gütig. Ich war immer sprachlos vor so viel Vornehmheit. Aber die Anne war nach ihrer Großmutter geraten und nach der Großtante Frank, kapriziös, oh, und wie kapriziös!

Ob ich geahnt habe, was für eine Schriftstellerin Anne gewesen sei, fragen Sie? Aber natürlich! Sie hat immer Schriftstellerin werden wollen. Nein, ich war nicht einen Augenblick lang erstaunt, als ich von ihrem Tagebuch hörte, und auch nicht, als ich es in die Hand bekam. Nicht im Geringsten. Anne war eine Person, verstehen Sie? Und was für eine Person! Warum soll eine solche Person nicht auch schreiben können? [...]

Sie hätte natürlich auch zum Film gehen können, warum nicht? Sie war nicht nur begabt, jemand zu sein, sie war auch begabt, zu e r s c h e i n e n ! Mein Mann war jedes Mal wie elektrisiert, wenn sie zur Tür hereinkam, und dabei hatte er selber zwei Töchter. Aber der Unterschied war: Anne wusste, wer sie war. Unsere Mädels wussten das nicht. [...]

[...] wenn Anne zu uns kam, dann kam sie immer mit einem Koffer. Mit einem Koffer, bedenken Sie, wo es doch keine drei Schritte waren! Und der Koffer war ja auch leer, aber Anne bestand darauf, nur mit dem Koffer käme sie sich richtig verreist vor. [...]

Denken Sie nur, eines Sonntags – wir wollten uns gerade zu Tisch setzen – verabschiedete sich Anne plötzlich. Ich sage: Aber Anne, wir wollen doch essen! –

Aber sie sagt nein, sie müsse nach Hause. Sie müsse jetzt Moortje baden. Und ich sage: Anne, du bist wohl nicht ganz bei Troste! Man kann doch einen Kater nicht baden! Aber Anne sagte spitz: Wieso nicht? Ich habe ihn schon oft gebadet, und er hat nie etwas gesagt! – Und sie nahm ihren Koffer und ging. –

Ach nein, sagte Madame, sie wusste, was sie wollte. Glauben Sie es mir. Und sie wusste auch, wer sie war ...[1]

---

[1] Madame van der Waal bzw. van Maarsen war die Mutter von Annes Freundin Jacque. In: Schnabel, S. 35 – 39

Hanneli – Die Freundin

Wir waren drei Freundinnen, Anne, Hanne, Sanne, aber Letztere war in einer anderen Schule. [...]
Natürlich gab es auch Streitereien, aber wir waren ganz normale Mädchen, also gehörte das auch dazu. Doch im Allgemeinen waren wir sehr gute Freundinnen und haben immer zusammen geredet und unsere Spiele gespielt. Anne liebte Poesie-Alben, in die jeder schreiben musste. Sie hatte sehr viele Freunde. Ich glaube, dass sie mehr Freunde als Freundinnen hatte. Besonders als sie in der sechsten Klasse war und in der ersten Klasse vom Lyzeum. Jungen mochten sie sehr. Und sie fand es immer schön, wenn alle Jungen ihr nachschauten und so.
Und dann war sie immer mit ihren Haaren beschäftigt. Sie hatte lange Haare und fummelte dauernd mit den Händen in ihren Haaren herum. Ihre Haare haben sie ständig beschäftigt. Sie hatte auch eine besondere, seltsame Eigenschaft, die ich nie zuvor gesehen hatte. Sie konnte, wenn sie wollte, ihre Schultern ausrenken, und sie fand es schrecklich witzig, wenn alle Kinder hinschauten und in Lachen ausbrachen.
Anne war ein kränkliches Mädchen, ich weiß nicht, woran sie litt, denn sie hatte zwar fast nie hohes Fieber, aber sie lag oft zu Hause im Bett. Das dauerte dann einige Tage. Wahrscheinlich war es ein rheumatisches Fieber. Ich besuchte sie dann immer und musste ihr die Hausaufgaben bringen. Aber sie war immer sehr fröhlich. Sie liebte Geheimnisse und Schwätzen. Und sie sammelte Fotos von Filmstars, wie man noch an den Wänden im Anne-Frank-Haus sehen kann. Dianne Derby und noch einige andere. Das hat mich nie so interessiert. Doch beide sam-

melten wir Fotos von den Kindern der niederländischen und englischen Königshäuser. Die tauschten wir. Sie fing an zu schreiben und sie war bereit, jeden Witz mitzumachen.

Anne war ein eigensinniges Mädchen. Sie war sehr hübsch, im Allgemeinen fand jeder sie sehr nett und sie war immer der Mittelpunkt bei unseren Festen. In der Schule stand sie auch immer im Mittelpunkt. Sie wollte gerne interessant sein, das ist keine schlechte Eigenschaft.

Ich erinnere mich, dass meine Mutter, die sie sehr gernhatte, immer sagte: „Gott weiß alles, aber Anne weiß alles besser."[1]

Die Lehrer

Mijnheer van G., Annes erster Lehrer in der ersten regelrechten Klasse nach der Kindergartenzeit – [...] sagt zu mir:
Nein, ich kann immer nur dasselbe sagen: Sie war kein Wunderkind. Sie war sympathisch, gesund, ein bisschen zart vielleicht, doch das hat sich später, glaube ich, gegeben. Aber ein außerordentliches Kind war sie nicht. Sie war nicht einmal ihren Jahren voraus. Oder ich will lieber sagen: In manchen Dingen war sie sehr reif, aber dafür in anderen auch wieder ganz ungewöhnlich kindlich. Dass beides so dicht beisammen lag, machte sie sehr anziehend. Es ist ja auch eine Mischung mit vielen Möglichkeiten.

Ich hatte morgens denselben Schulweg wie sie, und wir sind oft miteinander gegangen, auch als sie schon lange nicht mehr in meiner Klasse war. Da hat sie mir manchmal die Geschichten und Gedichte wiedererzählt, die sie mit ihrem Vater zusammen gemacht hatte, wenn sie spazieren gegangen waren. Es waren immer sehr lustige Geschichten. Sie hat mir viel von ihrem Vater erzählt und nur wenig von ihrer Schwester oder ihrer Mutter. Dass sie Schriftstellerin werden wollte, ist richtig. Das weiß ich noch. Es fing schon ganz früh an, sehr früh ... und ich denke, sie hatte wohl eine Chance. Sie e r l e b t e mehr als andere Kinder, verstehen Sie mich? Man kann sogar sagen, sie hörte auch mehr, auch das Lautlose, und manchmal hörte sie Dinge, von denen man fast vergessen hat, dass es sie überhaupt gibt. So etwas kommt ja bei Kindern vor. Und es ist eine Chance ...[2]

[1] Lindwer, S. 29 f.
[2] Schnabel, S. 40 f.

Anne war in dieser Klasse bis 1941, bis kurz vor ihrem zwölften Geburtstage also, und sie hatte die Direktorin der Schule, Frau K., als Klassenlehrerin [...]: Wir hatten angefangen, Theater zu spielen. Die Kinder verfassten in der Stunde die Stücke, und in der nächsten führten wir sie dann auf. Anne war in ihrem Element. Schon beim Dichten hatte sie viele Einfälle, aber da sie ja auch gar keine Scheu hatte und andere Leute gern imitierte, fielen ihr auch die großen Rollen zu. Sie war ziemlich klein unter ihren Kameradinnen, aber wenn sie die Königin spielte oder die Königstochter, dann war sie eben doch plötzlich ein Stückchen größer als die anderen. Es war ganz seltsam, das mitanzusehen.[1]

Miep Gies

Anne kam angerannt. Sie war jetzt acht, immer noch ein wenig dünn und zart, aber die graugrünen Augen mit den grünen Sprenkeln sprühten vor Leben. Sie lagen sehr tief, sodass sie halb geschlossen und dunkel umschattet erschienen. Die Nase hatte sie von ihrer Mutter, den Mund vom Vater, doch mit leichtem Überbiss und einer Kerbe am Kinn.[2]
[...]
Mit ihren neun Jahren entwickelte die kleine Anne eine beachtliche Persönlichkeit. Ihre Wangen glühten, während sie mit ihrer hohen, atemlosen Stimme redete wie ein Wasserfall.
[...]
Wir erfuhren, dass Anne gern in Schüleraufführungen mitspielte. Wenn sie von ihren Klassenkameradinnen erzählte, hörte es sich an, als sei jede ihre beste und einzige Freundin. Offensichtlich war sie am liebsten mit Gleichaltrigen zusammen. Sie schilderte ihre Besuche bei all diesen Freundinnen und deren Gegenbesuche. Gemeinsam unternahmen sie Ausflüge in die Umgebung von Amsterdam und übernachteten dann bei irgendeiner Freundin. Anne ging leidenschaftlich gern ins Kino, genau wie Henk und ich. Wir unterhielten uns über die Filme, die wir alle gesehen hatten, und über unsere Lieblingsstars.
Margot hatte bemerkenswert gute Noten in der Schule. Sie wurde zur Musterschülerin, der das stundenlange anstrengende Lernen, ohne das sie ihren Platz unter den Besten nicht

---

[1] ebd., S. 41 f.
[2] Gies, S. 35

halten konnte, offenbar gar nichts ausmachte. Anne war ebenfalls eine gute Schülerin, entwickelte aber zugleich einen rastlosen Geselligkeitstrieb.[1]
[...]
Anne war in jenem kalten Winter noch nicht ganz elf. Sie blickte zweifellos zu ihrer älteren Schwester auf. Was Margot sagte oder tat, nahmen Annes scharfe Augen und ihr rascher Verstand begierig auf. Anne hatte ein echtes schauspielerisches Talent entwickelt. Sie konnte alles und jeden nachahmen, und zwar sehr gut: das Miauen der Katze, die Stimme ihrer Freundin, den strengen Ton ihres Lehrers. Wir mussten über ihre kleinen Darbietungen lachen, weil sie mit ihrer Stimme sehr geschickt umzugehen wusste. Anne genoss es, ein aufmerksames Publikum zu haben und zu sehen, wie wir auf ihre Imitationen und Späße reagierten.[2]
[...] Anne entwickelte sich mittlerweile zu dem am meisten extrovertierten Familienmitglied. Sie sprach offen über alles, was ihr gerade einfiel. Über sämtliche Vorgänge wusste sie genauestens Bescheid und empörte sich über das Unrecht, das dem jüdischen Volk im Übermaß angetan wurde.
Zu ihren vielfältigen Interessen, wie dem Umgang mit ihren besten Freundinnen und dem „Sammeln" von Filmstars, war ein neues hinzugekommen: Jungen. In ihr Geplauder ließ sie jetzt immer wieder Bemerkungen über bestimmte jugendliche Vertreter des anderen Geschlechts einfließen.
Es war, als ob das schreckliche Geschehen in der Außenwelt die innere Entwicklung dieses Kindes beschleunigte; als ob Anne es plötzlich eilig hätte, alles zu wissen und zu erleben. Äußerlich ein zartes, lebhaftes, knapp zwölfjähriges Mädchen, war sie nun auf einmal innerlich ihrem Alter weit voraus.[3]
Bei einem meiner Besuche begann Anne, ihre Kleider anzuprobieren. Sie wollte wissen, was sie davon noch tragen könnte, wenn sie wieder in die Schule ging. Sie schwatzte ohne Punkt und Komma. Wir alle lächelten beim Anblick der ausgebeulten Pullover, deren Ärmel nur noch knapp über den Ellbogen reichten und den Unterarm frei ließen. An Zuknöpfen war

---

[1] ebd., S. 42
[2] ebd., S. 52
[3] ebd., S. 65

nicht mehr zu denken. Anne hatte sich figürlich so stark ver-
ändert, dass es nicht genügt hätte, die Knöpfe zu versetzen.
Anne überspielte ihre Enttäuschung, indem sie das Ganze ins
Lächerliche zog.
5 *Impulsiv und immer noch kindlich, gewann sie doch allmäh-*
lich an Zurückhaltung und Reife. Hergekommen war sie als
Kind, fortgehen würde sie als junge Dame. Zwischen Anne
und mir hatte sich stillschweigendes Einvernehmen entwik-
kelt. Manchmal spürte ich ohne Worte, wie ihr zumute war
10 *oder was sie brauchte – von Frau zu Frau. Diese wortlose*
Verständigung hatte sich wie von selbst ergeben in der langen
Zeit, in der ich Tag um Tag bestrebt war, ihren Wünschen und
Bedürfnissen nach besten Kräften gerecht zu werden.[1]

„Ein Bündelchen Widerspruch"

Wir sind gewöhnt, Anne Frank als eine früh gereifte, früh
15 *weise gewordene Persönlichkeit zu sehen. Doch in*
Wirklichkeit war sie wohl sehr problematisch, vor allem für
sich selbst. [...] Ihre Bemühungen um Selbstverbesserung, um
die Vorherrschaft des „Guten" in ihr, zeigen, dass ihr das
„Gute" nicht angeboren war. Selbst ihr Kampf um Stärke
20 *muss unter diesem Gesichtspunkt gesehen werden. Sie kannte*
ihre Fehler und Schwächen und kämpfte gegen sie. Dieser
Drang zur Selbsterziehung, zur Selbstvervollkommnung,
wurde sicher durch ihren Vater noch gefördert. Er hatte ihr
bereits 1939 in einem Brief, den sie später in ihr Tagebuch
25 *klebte, geschrieben: „Oft habe ich dir gesagt, dass du dich*
selbst erziehen musst, wir haben das ‚control' miteinander
ausgemacht. [...]."
Ihr Kampf um Selbstvervollkommnung, soweit ihn das
Tagebuch dokumentiert, beginnt am 28. September 1942
30 *damit, dass Anne bekennt, Fehler und Mängel zu haben. Doch*
da wird diese Einsicht nur verteidigend vorgetragen und hat
noch keine Konsequenzen.
Schon zwei Monate später, am 28. November 1942, zeigt sich,
dass Anne ernstlich besorgt und verwirrt ist wegen ihrer vie-
35 *len Schwächen:* „Abends im Bett, wenn ich über meine
vielen Sünden und angedichteten Mängel nachdenke,

---

[1] ebd., S. 158

komme ich so durcheinander durch die große Zahl der Dinge, die betrachtet werden müssen, dass ich entweder lache oder weine, je nach meiner inneren Verfassung. Und dann schlafe ich mit dem verrückten Gefühl ein, anders sein zu wollen als zu sein oder anders zu sein als ₅ zu wollen oder vielleicht auch anders zu tun als zu wollen oder zu sein."

Die Schonungslosigkeit, mit der sie nun den Kampf gegen ihre Schwächen aufnahm, führte wohl auch dazu, dass sie für die Schwächen ihrer Mituntergetauchten wenig Erbarmen auf- ₁₀ *brachte. [...]*

Mit dem Projekt Selbsterziehung verband sie die Hoffnung, Gestalt anzunehmen, ihre inneren Widersprüche, die ihr unheimlich waren, vielleicht versöhnen zu können. Ihre ganze Entwicklung stand im Zeichen dieses Kampfes mit der eige- ₁₅ *nen Widersprüchlichkeit.*

Anne war, so könnte man sagen, das personifizierte Einerseits-Andrerseits, was in ihrem Fall nicht schwankende Unsicherheit heißt, sondern dass ihre Persönlichkeit zwei Seiten hatte, die in ständigem Widerstreit lagen. Einerseits war sie ein hoch- ₂₀ *sensibles, dünnhäutiges Mädchen, andrerseits spöttisch und frech. Einerseits verfügte sie über eine höchst genaue Beobachtungsgabe und über einen scharfen Verstand, andrerseits spürte sie eine tiefe romantische Sehnsucht. Einerseits entwickelte sie genaue Vorstellungen von einer unabhängigen* ₂₅ *Zukunft als Journalistin, andrerseits träumte sie vom Heiraten und Kinderkriegen.*

Auch ihre Gefühle und Stimmungen waren gekennzeichnet von Gegensatz und Zwiespalt: euphorische Glücksgefühle und depressive Zustände, Lebenslust und Angst, Hoffnung und ₃₀ *Resignation. „Ein Bündelchen Widerspruch", so hat sie sich selbst genannt.*

Dieses Widersprüchliche ihrer Person empfinde auch ich sehr deutlich, allerdings nicht, wie Anne selbst, als etwas Unheimliches. Im Gegenteil, ich freue mich für sie, weil sich ₃₅ *darin ihr innerer Reichtum ausdrückt. Womit ich mich jedoch ein bisschen schwertue, das gebe ich zu, ist die Überheblichkeit, mit der Anne ihre Ansprüche an das Leben formuliert. Sie wollte nicht dies oder das, sondern beides. Und sie erhob sich über andere, die in ihren Augen „weniger" wollten. Am 8. Mai* ₄₀

1944 schreibt sie: „Ich versichere dir, dass ich keinesfalls auf ein so beschränktes Leben aus bin, wie Mutter und Margot sich das wünschen. Ich würde gern ein Jahr nach Paris und ein Jahr nach London gehen, um Sprachen zu lernen und Kunstgeschichte zu studieren. Vergleich das mal mit Margot, die Säuglingsschwester in Palästina werden will. Ich male mir immer schöne Kleider und interessante Menschen aus. Ich will etwas sehen und erleben in der Welt, das habe ich dir schon öfter gesagt, und ein bisschen Geld kann dabei nicht schaden!"

Nun ja, sie war vierzehn, als sie dies schrieb. Dass sie vom „großen Leben" träumte, war ihr gutes Recht. Aber es war, vom Gestus her, schon auch der Traum einer höheren Tochter aus gutem Hause, in deren Träumen sich auch Spuren des sozialen Selbstbewusstseins ihrer Schicht wiederfinden.

Für uns alle ist Anne Frank ein Mädchen geblieben, eine junge Frau. Dabei wäre sie heute über sechzig Jahre alt. Wie wäre sie geworden? Wohin hätte sie ihre Talente entwickelt? Welche ihrer Träume hätte sie realisiert? Hätten sich ihre Widersprüche inzwischen geglättet? – All diese Spekulationen sind müßig. Vergebliche Annäherungsversuche an ein Leben, das nicht gelebt werden durfte. Anne Frank war noch nicht mal sechzehn Jahre alt, als sie ermordet wurde.[1]

Sehnsucht

„Die Sonne scheint, der Himmel ist tiefblau, es weht ein herrlicher Wind und ich sehne mich so – sehne mich so – nach allem ... – Nach Reden, nach Freiheit, nach Freunden, nach Allein-sein. Ich sehne mich so ... nach Weinen!" Eineinhalb Jahre war Anne bereits eingesperrt, als sie jenen Schwebezustand einzufangen, in Worte zu fassen versuchte: „Ich glaube, dass ich den Frühling in mir fühle, ich fühle das Frühlings-Erwachen, ich fühle es in meinem ganzen Körper und in meiner Seele ..." Ein Chaos der Empfindungen, aus Einsamkeit und Erwartung, aus Leid und Lust, aus Vermissen und Verlangen, versetzte die noch nicht Fünfzehnjährige in Unruhe und Ratlosigkeit: Sie sei völlig durcheinander, wisse nicht, was zu lesen, zu schreiben, zu tun. Sie wissen nur, dass „... ich mich sehne".

---

[1] Pressler, S. 191 – 196

*Wie es ihrem Alter und ihrer geistigen Reifung entsprach, war
Annes Sehnen erst noch ein orientierungsloses Getriebensein,
der ersehnte Inhalt unklar, geboren aus ihrer Unzufriedenheit
mit sich selbst und ihrer Umgebung und dem Wunsch, den
Schmerz über ihre Einsamkeit zu besiegen. Einer Einsamkeit,*
*die sich aus dem Gefühl entwickelt hatte, von ihren Eltern,
ihrem engsten Umfeld unverstanden zu sein; einer
Einsamkeit, die für Jugendliche ihres Alters zur Entwicklung
gehört und die sie ähnlich auch in Freiheit erlebt hätte.
Während das Leben den Jugendlichen sonst aber Auszeiten*
*von dieser Einsamkeit gönnt, war es in Annes Fall erbar-
mungslos. Selbstverständlichkeiten, die Gleichaltrige in
Freiheit von ihrem mit der Entfaltung der Persönlichkeit verbundenen Leiden ablenken –* „Spaß zu machen und zu
lachen, bis man Bauchweh hat ... Radfahren, Tanzen,
Flirten und was-weiß-ich-noch-mehr" –, *waren Anne ver-
sagt. Es gab kein Entkommen, sie musste sich ihrer Einsamkeit
fortwährend stellen.* „Ich habe ein schreckliches Bedürfnis,
allein zu sein." *Was sie als unbestimmten Wunsch, sich
zurückzuziehen, beschrieb, ging Hand in Hand mit der
Sehnsucht nach einem Menschen, mit dem sie ihre Einsamkeit
teilen und der sie verstehen könnte, nach einem ersten Kuss
und Zärtlichkeit als Zeichen des Begehrt- und
Anerkanntwerdens.*
Doch Annes Sehnen war mehr als ein trotziges „Nur fort aus
der Gegenwart", *mehr als ungestilltes Liebesverlangen. Ihre
Sehnsucht nach Glück, Freude und Fröhlichkeit war ihr Motor,
der sie aus Angst und Verzweiflung herausholen konnte. Und
sie führte sie auf den Weg zu sich selbst. Statt aus ihrer Welt
der Zwänge in wehmütige Fantastereien zu flüchten, bemühte
sich Anne in monatelangen Auseinandersetzungen mit sich
selbst um eine Haltung, die Freiheit auch dort sieht, wo sie
längst verloren scheint. Der Weg dorthin erforderte ihre ganze
Kraft, doch schließlich gelang es ihr sogar, die äußeren Zwänge,
unter denen sie stand, als Herausforderung zu begreifen.*
„Hier ist alles viel schlimmer geworden ...", *notierte Anne
vermutlich irgendwann im Frühsommer 1944 bei der
Überarbeitung ihres Tagebuchs,* „und jetzt bin ich so weit,
dass ich ... denke, ,was kann mir der ganze Kram eigentlich ausmachen', und Zukunftspläne schmiede!"

Anne war aus den geordneten Lebensbahnen, denen der Mensch in gedankenloser Bequemlichkeit zu folgen neigt, herausgerissen worden, die Nazis hatten ihr in vielen, so selbstverständlichen Dingen ihre Entscheidungsfreiheit und Wahlmöglichkeit genommen. Ihr Interesse am Leben, die daran geknüpften Hoffnungen und ihren ausgeprägten Lebenswillen ließ sie sich bis knapp vor ihrem Ende in Bergen-Belsen nicht rauben. Unter dem Druck, verfolgt zu sein, fand sie – ungewöhnlich früh für ihr Alter – ihren eigenen Lebensinhalt und nahm sich die Freiheit, sich konkrete Ziele zu stecken und für deren Verwirklichung zu arbeiten.

Anne war alles andere als ein Wunderkind. „Ein Bündelchen Widerspruch" wurde sie von ihrer Familie genannt, wohl wegen ihrer Stimmungsschwankungen. Sie habe zwei Seelen in einer Brust, empfand sie selbst. Zwei Annes im Konflikt: nach außen die fröhliche, schnippisch aufbrausende Anne, nach innen die nachdenkliche, die „liebe" und „reine", die Probleme anging, auf die es keine einfachen, eindimensionalen Antworten gab – Fragen nach dem Erwachsenwerden, der Liebe und Sexualität, der Beziehung zwischen Kindern und Eltern, aber auch Fragen nach Religiosität und Glauben, nach der Bedeutung, Jüdin zu sein, der persönlichen Freiheit oder dem Sinn des Lebens. Doch diese Anne, so glaubte sie, kannte niemand außer ihr selbst. [...]

Anne nahm sich selbst nicht einfach hin. Dazu war sie zu intelligent. Ihr Leben war unbequem – und sie war sich selbst unbequem. Sie war scharfe Beobachterin und gnadenlose Kritikerin, ihre harten Urteile trafen jedoch nicht nur ihre Umwelt, sondern auch sie selbst. „Ich habe einen stark ausgeprägten Charakterzug ... und zwar meine Selbsterkenntnis", schrieb Anne am 15. Juli 1944 in ihr Tagebuch – Aussagen wie diese brachten ihr posthum das Attribut frühreif, aber auch die Bewunderung der Nachwelt ein. Sie könnte sich bei all ihren Handlungen beobachten, als ob sie eine Fremde wäre, und wüsste bei jedem Wort, das sie aussprüche, gleich danach, ob das Gesagte richtig oder falsch wäre. „Ich verurteile mich selbst in so unsagbar vielen Dingen ...", gestand sie sich ein, sehnsüchtig nach Selbsterkenntnis. „Wenn ich ganz ehrlich bin, dann will ich dir wohl bekennen – dass ich mir unsagbar viel Mühe gebe,

anders zu werden, aber dass ich immer wieder gegen stärkere Armeen kämpfe ... und [ich] suche dauernd nach einem Mittel, um so zu werden, wie ich gern sein würde und wie ich sein könnte, wenn ... keine anderen Menschen auf der Welt leben würden", *so schloss sie ihre Tagebucheintragung am 1. August 1944. Dass dies ihre letzte sein sollte, konnte Anne natürlich nicht wissen – auf umso tragischere Weise macht sie uns bewusst, wie brutal Anne aus der Auseinandersetzung mit sich herausgerissen wurde – durch ein menschenverachtendes und menschenmordendes System. Von Mitmenschen erdacht und ausgeführt.*
So sehr Anne um die Festigung ihres Charakters auch noch ringen musste, so genau hatte sie ihre Lebensziele bereits vor Augen. Dass die traditionelle Hausfrauenrolle – obwohl sie einmal heiraten und Kinder haben wollte – sie nicht ausfüllen würde, daran bestand für Anne schon mit knapp fünfzehn kein Zweifel. „Ich habe mir nun einmal vorgenommen, dass ich ein anderes Leben führen werde als andere Mädchen und später ein anderes Leben als normale Hausfrauen", *hatte sie voll Überzeugung niedergeschrieben. Sie wollte* „berühmt" *werden und in die Geschichte eingehen. [...]*
Das Naziregime, das die Menschenwürde, wo immer es hinkam, mit seinen Stiefeln trat, stahl Anne ihre Jugend und zwang sie zur Reifung im Zeitraffer. Statt sich aber den Boden unter den Füßen wegreißen zu lassen, lebte sie ein Leben in beispielloser Intensität. Es gelang ihr sogar, ihre Lebens- und Todesangst von Zeit zu Zeit hinter sich zu lassen und, so paradox das auch klingen mag, Glücksmomente zu erleben. „Als ich heute Morgen vor dem Fenster saß, verstand ich plötzlich, dass wir für unsere Entbehrungen viel, sehr viel Entschädigung bekommen haben. Ich meine Entschädigungen von innen ...", *bemerkte Anne dankbar. Wenn die Alliierten gewännen und sie überlebten, hatte Otto Frank des Öfteren zu seiner Familie gesagt, dann würden sie später dankbar auf die Zeit zurückblicken, die sie miteinander im Versteck verbracht hatten. Seine hoffnungsvollen Worte gaben den Versteckten Lebenskraft.*
Der mörderische Hass der Nazis und ihr unmenschlicher Vernichtungswille waren anscheinend stärker. Denn allzu

viele standen am Rand der Mördergrube, schauten zu und schwiegen:

„... der kleine Mann macht es genauso gerne, sonst würden die Völker doch schon längst dagegen aufgestanden sein!", hatte Anne erkannt, „Es ist nun einmal in den Menschen ein Drang zu vernichten, ein Drang zum Totschlagen, zum Ermorden und rasend sein ..."

Die mordenden Nazis und ihre schweigenden Helfer konnten Anne ihr Leben nehmen – ihre Stimme jedoch nicht. „Ich weiß, was ich will, habe ein Ziel, habe eine Meinung, habe einen Glauben und eine Liebe ... Wenn Gott mich leben lässt, werde ich mehr erreichen, als Mutter es je tat, ich werde nicht unbedeutend bleiben, ich werde in der Welt und für die Menschen arbeiten!" *An Annes Glauben an sich selbst scheiterte der Naziterror. Er sollte sie töten, machte sie aber nicht mundtot. Ihre Stimme hat noch immer Gewicht unter den Menschen, für die sie arbeiten wollte.*[1]

---

[1] Müller, S. 350 – 355

3. Anne und die Liebe

Du brauchst wirklich nicht zu denken, dass ich verliebt bin, das ist nicht wahr. Aber ich habe ständig das Gefühl, dass zwischen Peter und mir noch einmal etwas sehr Schönes wachsen wird, das Freundschaft und Vertrauen gibt. (18.2.1944)

Von morgens früh bis abends spät denke ich eigentlich an nichts anderes als an Peter. Ich schlafe mit seinem Bild vor Augen ein, träume von ihm und werde wieder wach, wenn er mich anschaut. (27.2.1944)

Szene aus dem Theaterstück „Das Tagebuch der Anne Frank" von F. Goodrich und A. Hackett. Aufführung in Bielefeld

Was hat dieser Junge für einen warmen Blick! Es fehlt, glaube ich, nicht mehr viel und ich verliebe mich in ihn. (3.3.1944)

Gibt es nicht einen alten Spruch, dass auf Mitleid oft Liebe folgt oder dass beides oft Hand in Hand geht? Ist das nicht auch bei mir der Fall? Ich habe genauso viel Mitleid mit ihm, wie ich es oft mit mir selbst habe. (16.3.1944)

> Wenn er mit dem Kopf auf den Armen daliegt, die Augen geschlossen, dann ist er noch ein Kind. Wenn er mit Mouchi spielt oder über sie spricht, dann ist er liebevoll. Wenn er Kartoffeln oder andere schwere Sachen trägt, dann ist er stark. Wenn er bei einer Schießerei oder im Dunkeln nachschaut, ob Diebe da sind, dann ist er mutig. Und wenn er so unbeholfen und ungeschickt tut, dann ist er eben lieb. Ich finde es viel schöner, wenn er mir was erklärt, als wenn ich ihm etwas beibringen muss. Ich hätte es so gerne, dass er mir in fast allem überlegen wäre. (28.3.1944)

> Peter fängt an, sich ein bisschen auf mich zu stützen, und das darf auf keinen Fall sein. Auf eigenen Beinen im Leben stehen, ist schwierig, aber noch schwieriger ist es, charakterlich und seelisch alleinzustehen und doch standhaft zu bleiben. Ich bin ein bisschen durcheinander, suche schon seit Tagen nach einem ausreichenden Mittel gegen das schreckliche Wort „bequem". Wie kann ich Peter klarmachen, dass das, was so bequem und schön scheint, ihn in die Tiefe ziehen wird, wo es keine Freunde, keine Unterstützung, nichts Schönes mehr gibt, eine Tiefe, aus der es fast unmöglich ist, herauszukommen. (30.6.1944)

„Liebe, was ist Liebe?", fragt Anne am 2.3.44 und legt im Folgenden ihre Gedanken dar, sehr progressiv für die damalige Zeit, aber zu diesem Zeitpunkt noch blanke Theorie für sie selbst. Im selben Brief zeichnet sich jedoch auch ihr wachsen-
5 des Interesse für Peter ab und von da an wird das Thema „Liebe" für Anne konkret, in ihren Gefühlen für Peter.
Die folgende Szene aus dem Theaterstück „Das Tagebuch der Anne Frank" von F. Goodrich und A. Hackett basiert im Wesentlichen auf dem Brief vom 16.4.1944, der nicht in der vor-
10 liegenden Textausgabe enthalten ist. Die hier dargestellte Annäherung zwischen Anne und Peter gibt jedoch einen guten

Einblick in die Art ihrer Beziehung, die auch in den betreffenden vorne abgedruckten Briefen deutlich wird.
Um Art und Entwicklung dieser Liebe geht es auch in dem sich anschließenden Text von Miriam Pressler, allerdings in Form einer analytischen Zusammenfassung.

Der erste Kuss

Zweiter Akt, 2. Szene
ANNE: [...] Ich möchte gern Journalistin werden ... oder so was Ähnliches. Ich möchte schreiben. Und du? Was hast du vor?
PETER: Ich weiß nicht – auswandern vielleicht – als Arbeiter auf eine Farm oder so ... irgendwas, wozu man nicht viel Grips braucht.
ANNE: Wie kannst du nur so reden. Du hast ja einen Minderwertigkeitskomplex.
PETER: Ich weiß, dass ich unbegabt bin.
ANNE: Das ist doch nicht wahr. Du bist in so vielen Fächern viel besser als ich ... in Arithmetik und Algebra und ... also in Algebra bist du tausendmal besser als ich. *(plötzlich direkt)* Margot gefällt dir, nicht wahr? Sie hat dir von Anfang an gefallen. Viel besser als ich.
PETER: *(verlegen)* Och, ich weiß nicht.
(Frau van Daan kommt aus dem Badezimmer, geht an den Abwaschtisch und putzt einen Teekessel.)
ANNE: Das macht ja nichts. Das geht jedem so. Margot ist gut. Sie ist lieb und klug und schön – und ich nicht.
PETER: Das würde ich nicht sagen.
ANNE: O nein, ich bin's nicht. Das weiß ich. Ich weiß sehr gut, ich bin keine Schönheit. Ich war nie eine und werde nie eine sein.
PETER: Da bin ich durchaus nicht deiner Meinung. Ich finde dich sehr hübsch.
ANNE: Das ist nicht wahr!
PETER: Und außerdem finde ich, du hast dich verändert ... ich meine, gegen früher.
ANNE: So?
PETER: Du warst mir immer zu laut.

Aufführung in Bielefeld

ANNE: Und jetzt? In welcher Beziehung hab ich mich verändert?
PETER: Tja ... äh ... du bist eben ... du bist eben ruhiger geworden.
(Dussel greift nach seinem Pyjama und seinem Waschbeutel und geht ins Badezimmer.)
ANNE: Ich bin schon froh, dass du mich nicht ganz unausstehlich findest.
PETER: Das hab ich auch niemals behauptet.
ANNE: Ich möchte wetten, wenn du einmal hier raus bist, denkst du überhaupt nicht mehr an mich.
PETER: Blödsinn.
ANNE: Wenn du erst wieder unter andere Menschen kommst ... wenn du deine alten Freunde wiedersiehst ... dann wirst du den Kopf schütteln und sagen: Ich begreife nicht, was ich an dieser Schnattergans habe finden könne.
PETER: Ich habe keine Freunde.
ANNE: Aber natürlich. Irgendwelche Freunde hat jeder Mensch.
PETER: Ich nicht. Ich brauche keine. Ich komme auch ohne aus.

ANNE: Soll das heißen, auch ohne mich? Ich denke doch, ich bin mit dir befreundet.
PETER: Das ist was anderes. Wenn sie alle so wären wie du – *(Er nimmt die Gläser und die Flasche und stellt sie beiseite. Eine kurze Stille, dann spricht Anne, zögernd, scheu.)*
ANNE: Peter ... hast du schon mal ein Mädchen geküsst?
PETER: Ja. Einmal.
ANNE: *(um ihre Gefühle zu verbergen)* Das Bild da hängt schief.
(Peter steht auf, hängt das Bild – die Fotografie eines Mädchens – gerade.)
　　　War sie hübsch?
PETER: Hm?
ANNE: Das Mädchen, das du geküsst hast.
PETER: Ich weiß nicht. Ich hatte die Augen verbunden. *(Er kommt zurück, setzt sich wieder auf das Feldbett, ihr gegenüber.)*
Es war auf einer Gesellschaft. Wir spielten Blindekuh.
ANNE: *(erleichtert)* Ach so. Ich glaube, das kann man nicht rechnen.
PETER: Nein.

Aufführung in Bielefeld

Aufführung in Bielefeld

ANNE: Ich bin zweimal geküsst worden. Einmal hat mich ein fremder Mann auf die Backe geküsst. Da war ich beim Schlittschuhlaufen hingefallen und ich habe, glaube ich, geweint, und da hat er mich aufgehoben. Und Mijnheer Koophuis – das ist ein Freund von Pim – hat mir einmal die Hand geküsst. Die zwei Mal kann man, glaub ich, auch nicht rechnen, oder?
PETER: Ich glaube kaum.
ANNE: Margot würde sicher niemals einem Mann einen Kuss geben, außer wenn er mit ihr verlobt wäre. Und Mammi hat sicher auch vor Pim keinen anderen geküsst. Aber ich weiß nicht ... das war doch früher auch alles ganz anders ... Was ist denn deine Ansicht? Meinst du, ein Mädchen darf niemanden küssen, außer wenn sie mit ihm verlobt ist? Es gibt so viele Fragen... und man weiß eigentlich auf nichts eine richtige Antwort ... wenn man sich überlegt ... da draußen geht die ganze Welt in Stücke ... und ... ich meine ... man weiß nicht, was morgen passiert, und ... Sag doch mal. Was denkst du?
PETER: Ich glaube, das kann man so nicht sagen. Das kommt ganz auf das Mädchen an. Es gibt Mädchen, bei denen ist alles falsch, ganz egal, was sie machen. Aber

andere ... ja ... ich meine, da ist es jedenfalls nichts Schlimmes... *(Das Glockenspiel beginnt, neun Uhr zu schlagen.)* Ich habe immer gedacht, wenn zwei Menschen sich ...
ANNE: Neun Uhr. Ich muss gehen.
PETER: Ja.
ANNE: *(ohne aufzustehen)* Gute Nacht.
(Kleine Pause. Dann erhebt sich Peter und geht zur Tür.)
PETER: Du kommst doch wieder –? Auch wenn sie dagegen sind?
ANNE: Ja. *(Sie steht auf und wendet sich zum Gehen.)*
 Vielleicht bring ich auch mal mein Tagebuch mit. Da stehen so viele Sachen drin, über die ich mit dir sprechen möchte. Auch eine ganze Menge über dich.
PETER: Was denn zum Beispiel?
ANNE: Manches möcht ich dir eigentlich gar nicht zeigen. Ich hab doch von dir genauso wenig gehalten wie du von mir.
PETER: Und hast du deine Meinung geändert, so wie ich meine?
Anne: Nun ... Du wirst ja sehen ...

Aufführung in Bielefeld

(Einen Augenblick sieht Anne wortlos zu Peter auf, erwartet, dass er sie küsst. Da er sich nicht rührt, wendet sie sich ab. Dann plötzlich schließt Peter sie unbeholfen in die Arme und küsst sie auf die Wange. Anne geht wie betäubt hinaus. Sie bleibt einen Moment stehen, wendet den Erwachsenen im großen Zimmer den Rücken, während sie die Tür zu Peters Zimmer schließt.)

Das Tagebuch der Anne Frank („The Diary of Anne Frank"). Ein Schauspiel von Frances Goodrich und Albert Hackett nach dem gleichnamigen Buch aus dem Amerikanischen von Robert Schnorr. Fischer Bücherei 244, S. 121 bis 125

Anne und Peter

Gleich nach seiner Ankunft bezeichnet ihn Anne als einen ziemlich langweiligen und schüchternen Lulatsch von noch nicht sechzehn, von dem nicht viel zu erwarten sei. Auch eine Woche später fand sie ihn noch immer nicht netter. Sie nahm ihn nicht ernst, machte sich lustig über seine angebliche Hypochondrie, sagte ihm eine etwas unglückliche Liebe zu Fremdwörtern nach, beklagte sich darüber, dass er und Margot überhaupt nicht das seien, was man jung nenne, sondern langweilig und still. [...]

An diesem Peter, der in vielem so schwerfällig wirkte, fand Anne lange Zeit überhaupt nichts, etwa anderthalb Jahre lang. Doch dann ist ihr Interesse an ihm schlagartig da, buchstäblich über Nacht gekommen. Ausgelöst durch einen Traum. [...]

Das war der Traum, den sie nicht mehr vergaß, er wurde zum Leitbild ihrer Gefühle und Gedanken. Dabei spielt es keine Rolle, ob er aus einem erwachenden Bedürfnis nach Zärtlichkeit und Nähe geboren war oder ob er dieses Bedürfnis erst geweckt hat, wichtig ist nur, dass sie sich durch diesen Traum ihrer eigenen Sehnsüchte bewusst wurde. [...][1]

Anne Frank träumte also von Zärtlichkeit und körperlicher Nähe. Doch im Hinterhaus gab es nur einen Jungen, Peter, den realen Peter, mit dem sie ihre so plötzlich und vehement erwachten emotionalen und sexuellen Bedürfnisse ausleben konnte.

---

[1] siehe Eintrag vom 6. Januar 1944

Ganz so krass konnte sie sich das natürlich nicht eingestehen, das hätte ihrer Erziehung und ihrem durchaus bürgerlichen Empfinden für das, was sich gehört, arg widersprochen. Sie musste sich also in Peter verlieben, damit sie es sich erlauben konnte, diese Hemmschwelle zu überschreiten. Und sie muss- te ihn hochstilisieren, damit sie sich in ihn verlieben konnte. (Kein ungewöhnliches Verhaltensmuster, auch heute nicht!)
Am 6. Januar gesteht sie Kitty: „Man tut eine Menge, um seine Wünsche zu befriedigen, das siehst du an mir. Denn ich nahm mir vor, mich öfter zu Peter zu setzen und ihn auf irgendeine Art zum Sprechen zu bringen."
Und sie schaffte es. Sie schaffte es nicht nur, Peter zu sich heranzuziehen, es gelang ihr auch, eine eher profane Geschichte zwischen einem sexuell unerfahrenen Mädchen und einem sexuell unerfahrenen Jungen, die es aus Mangel an anderen Möglichkeiten „eben mal miteinander probieren", *in eine wirkliche Liebesgeschichte mit Höhen und Tiefen, mit Gefühlstumulten und Momenten überschwappenden Glücks zu verwandeln.*
Die Beziehung war von Anne initiiert, von Anne bestimmt, wurde von ihr gelebt. Doch auf dem Höhepunkt ihrer Gefühle tauchten Zweifel bei ihr auf, meldeten sich höhere Ansprüche. In ihrem Eintrag vom 28. April 1944 fragt sie sich, ob sie ihn heiraten würde, wenn sie älter wäre. Und sie beantwortet diese Frage ehrlich mit einem Nein. Er habe zu wenig Charakter, zu wenig Willensstärke, zu wenig Mut und Kraft. Er sei noch ein Kind, innerlich nicht älter als sie. Er wolle nur Ruhe und Glück. Tatsächlich war sie, obwohl dem Alter nach jünger, sicher reifer als er, auf jeden Fall war sie viel stärker. [...]
Trotz all der Anspannung, Aufregung und den neuen Erfahrungen fand Anne die Kraft und die notwendige Reife, sich von Peter zu lösen. Sie hätte durchaus die Möglichkeit gehabt, ein Spiel zu spielen, das Vergnügen und Abwechslung in ihr eintöniges Leben gebracht hätte. Doch sie widerstand dieser Versuchung und blieb ihrem selbst gesetzten Ziel „Charakterstärke" *treu. Am 19. Mai schreibt sie an Kitty:* „Ich stehe nach meiner mühsamen Eroberung ein bisschen über der Situation, aber glaube ja nicht, dass meine Liebe abgeflaut ist. Er ist ein Schatz, aber mein Inneres habe ich schnell wieder zugeschlossen."

Und am Dienstag, dem 13. Juni, findet sich folgende Aussage:
„Manchmal denke ich, dass mein schreckliches Verlangen nach ihm übertrieben war. Aber es ist nicht so. Wenn ich mal zwei Tage nicht oben war, sehne ich mich wieder
5 genauso heftig nach ihm wie zuvor. Peter ist lieb und gut, trotzdem, ich darf es nicht leugnen, enttäuscht mich vieles. Vor allem seine Abkehr von der Religion, seine Gespräche über Essen und noch andere widersprüchliche Dinge gefallen mir nicht. Trotzdem bin ich fest
10 davon überzeugt, dass wir nach unserer ehrlichen Abmachung nie Streit bekommen werden. Peter ist friedliebend, verträglich und sehr nachgiebig."
Streit haben sie nicht bekommen, natürlich nicht. Dazu war Peter bestimmt allzu „friedliebend, verträglich und nach-
15 giebig." *Anne wollte Kampf, auch in der Beziehung. Sie wollte an einem Partner wachsen und stärker werden. Peter war nicht in der Lage, dieser Partner zu sein, damit war er hoffnungslos überfordert. Es spricht für Anne, dass sie ihre Enttäuschung nicht an ihm ausließ, dass sie ihm nicht die*
20 *Schuld gab und ihn nicht verspottete. Im Gegenteil, sie machte sich Sorgen um ihn, überlegte, wie sie ihm helfen könnte, stärker zu werden. Ich glaube nicht, dass sie Peter wehgetan hat.*
Peter wird, denke ich, höchstens eine leichte Irritation emp-
25 *funden haben, weil Annes Begeisterung so schnell wieder verblasste. Sie hat ihn jedenfalls nicht im Stich gelassen, und er wird sich bestimmt weniger einsam gefühlt haben als vorher. Wie klar Anne selbst ihre Beziehung zu Peter sah, beweist ihr Eintrag vom 15. Juli, der letzte, in dem Peter vorkommt.*
30 „Nein, noch viel mehr als über Vater denke ich über Peter nach. Ich weiß sehr gut, dass ich ihn erobert habe statt umgekehrt. Ich habe mir ein Traumbild von ihm geschaffen, sah ihn als den stillen, empfindsamen, lieben Jungen, der Liebe und Freundschaft dringend braucht! Ich muss-
35 te mich mal bei einem lebendigen Menschen ausprechen. Ich wollte einen Freund haben, der mir wieder auf den Weg half. Ich habe die schwierige Arbeit vollbracht und ihn langsam, aber sicher für mich gewonnen.
Als ich ihn schließlich zu freundschaftlichen Gefühlen
40 mir gegenüber gebracht hatte, kamen wir von selbst zu

Intimitäten, die mir nun bei näherer Betrachtung unerhört vorkommen. Wir sprachen über die geheimsten Dinge, aber über die Dinge, von denen mein Herz voll war und ist, haben wir bis jetzt geschwiegen. Ich kann noch immer nicht richtig klug werden aus Peter. Ist er oberflächlich, oder ist es Verlegenheit, die ihn sogar mir gegenüber zurückhält? Aber abgesehen davon, ich habe einen Fehler gemacht, indem ich alle anderen Möglichkeiten von Freundschaft ausgeschaltet und versucht habe, ihm durch Intimitäten näherzukommen. Er hungert nach Liebe und mag mich jeden Tag mehr, das merke ich gut. Ihm geben unsere Treffen Befriedigung, bei mir führen sie nur zu dem Drang, es immer wieder aufs Neue mit ihm zu versuchen und nie die Themen zu berühren, die ich so gerne ansprechen würde. Ich habe Peter, mehr als er selbst weiß, mit Gewalt zu mir gezogen, jetzt hält er sich an mir fest und ich sehe vorläufig kein geeignetes Mittel, ihn wieder von mir zu lösen und auf eigene Füße zu stellen." *(Sie war knapp fünfzehn Jahre alt, als sie das schrieb! Ein Alter, in dem sie, wäre sie in eine andere Zeit hineingeboren worden, vielleicht die Tanzstunde besucht hätte, mit einem „Verehrer" ins Kino gegangen wäre, mit Freundinnen über Liebe und Jungen geredet und gekichert hätte.)*[1]

---

[1] Pressler, S. 127 – 141 (in Auszügen)

4. Anne und Gott

In den folgenden Texten der beiden Biografinnen Müller und Pressler wird Annes Beziehung zu Gott aus unterschiedlichen Blickwinkeln betrachtet.
Weitere vertiefende Erkenntnisse über ihr Gottesverständnis ermöglichen die sich anschließende Geschichte mit dem Titel „Angst" sowie das Gespräch aus dem Romanfragment „Cadys Leben". Beide stammen aus Annes Feder.

Annes Gott

Im Versteck hatte Edith Frank ihren Glauben der jüngsten Tochter näherzubringen versucht – mit wenig Erfolg. „Heute muss ich im Gebetbuch lesen, ich verstehe nicht, dass Mutter mich dazu zwingen will ...", *hatte Anne am 3. Oktober 1942 geklagt. Die Welt der religiösen Traditionen war die Welt der Mutter – und zu der wollte Anne ja gerade Distanz halten.* „Warum zwingt sie mich auch, so frommreligiös zu tun?", *hatte sie am 29. Oktober 1942 gewettert. Und wenn ihre Mutter – und neben ihr auch Fritz Pfeffer – am Schabbat-Abend betete, dann stellte sich Anne zwar manchmal dazu, blieb aber – den Eindruck hatte sie jedenfalls bei Otto Frank erweckt – unbeteiligt. Dass es Gott gibt, hatte Anne jedoch nie bezweifelt, jedenfalls hatte sie sich in den fiktiven Gesprächen mit ihrem Tagebuch nie in diese Richtung geäußert. Nach mehr als einem Jahr im Versteck hatte sie, auf der Suche nach sich selbst, schließlich begonnen, sich Gott zu nähern.*
„Dann die zweite Hälfte 1943. Ich wurde Backfisch, wurde körperlich erwachsen und mein Geist erfuhr eine große, sehr große Veränderung, ich lernte Gott kennen!"
Anne hatte keinen Gott gesucht, bei dem sie ihre Bitten abladen, sondern vielmehr einen, dem sie vertrauen konnte, nicht kindlich blind, sondern aus dem tiefgehenden Bedürfnis, ein Quentchen Sicherheit in ihren von Unsicherheiten geprägten Schwebezustand namens Leben zu bringen.
Auch auf ihrer Suche hatte Anne niemals an Gott, höchstens an sich selbst gezweifelt.
„Warum träume ich und denke ich immer die schlimms-

ten Dinge und würde vor Angst am liebsten schreien? Weil ich noch, trotz allem, Gott nicht genug vertraue", *hatte sie sich ihre Unsicherheit eingestanden.* „Er hat mir so viel gegeben, was ich sicher noch nicht verdient habe, und doch tue ich jeden Tag so viel Verkehrtes." *Mit der Entwicklung ihres Wertbilds, mit der frühen Erkenntnis, dass sich die Welt nicht um sie drehte, sondern dass sie nur ein kleines Rädchen in einem größeren System war, wuchs auch ihr Vertrauen in Gott:* „Meine Angst war verschwunden", *schrieb sie nach einem der vielen Fliegeralarme, die sie zuvor immer aus ihrem Gleichgewicht gerissen hatten,* „ich sah hinauf zum Himmel und vertraute auf Gott." *Auf einen Gott, mit dem sie trotz ihrer Lage nie haderte, sondern dessen Entscheidungen sie offenbar anzunehmen bereit war.* „Wer hat uns das auferlegt?", *hatte sie sich gefragt.* „Wer hat uns Juden zu einer Ausnahme unter allen Völkern gemacht? Wer hat uns bis jetzt so leiden lassen? Es ist Gott gewesen, der uns so gemacht hat, aber es wird auch Gott sein, der uns aufhebt."

Ein Gott, dem sie sich nicht nur bei Bedarf zuwandte, sondern einer, der immer präsent war und untrennbar verbunden mit dem Guten im Menschen und der Schönheit der Welt. Annes Gott war keiner, der sie mit bestimmten Geboten und Verboten an sich band, keiner, dem sie – im Wortsinn – gottes-fürchtig begegnen musste. Vielmehr entwickelte sie, je intensiver sie sich mit ihm auseinandersetzte, ein pantheistisches[1] Gott- und Weltbild, indem sie der Natur göttliche Dignität[2] zusprach, oder besser, indem sie Gott und die Natur in einem Atemzug als ihre Kraftquellen nannte. „Als ich nach draußen schaute und eigentlich Gott und die Natur richtig und tief betrachtete, war ich glücklich, nichts anderes als glücklich." *Anne hatte eine sehr persönliche Beziehung zu Gott entwickelt, die sich nicht an einer bestimmten Weltreligion orientierte. Trotzdem war sie überzeugte Jüdin und zweifelte keinen Augenblick an ihrer jüdischen Identität.* „Wenn wir all dieses Leid ertragen und doch immer Juden bleiben,

---

[1] pantheistisch: religiöse Vorstellung, bei der Gott, die Welt und der gesamte Kosmos eins sind
[2] Dignität: Würde

dann werden die Juden einmal von Verdammten zu Vorbildern werden ...", *schloss Anne, als sie über die Verfolgung ihres Volkes nachdachte. Und obwohl sie von einem – gemeinhin assimiliert[1] genannten – Leben in Paris oder London träumte, betonte sie voll Stolz:* „Wir können niemals nur Niederländer oder nur Engländer oder von welcher Nation auch immer werden, wir werden daneben immer Juden bleiben müssen, aber wir wollen es auch bleiben."[2]

Ein Verbündeter gegen die Angst

Die Einstellung Anne Franks zu Gott ändert sich im Herbst 1943. Um diesen Vorgang zu verstehen, könnte es aufschlussreich sein, Annes Ängste näher zu betrachten. Wie viel Angst hatte sie? Wovor? Wie ging sie damit um?

Zu Beginn der Untertauchzeit fürchtete sich Anne vor dem Entdecktwerden. Dabei ist wohl davon auszugehen, dass die anderen Erwachsenen, Mituntergetauchte und Helfer, unentwegt zur Vorsicht mahnten und derartige Ängste bei der dreizehnjährigen Anne schürten, wenn sie sie nicht sogar erst weckten. Man kann sich die Ermahnungen leicht vorstellen: Anne, leise, sie dürfen uns nicht hören! Anne, um Gottes willen, lass die Finger vom Vorhang, wenn dich jemand sieht! Anne, pass auf, Anne, sei vorsichtig! Und immer wieder: Wenn sie uns hören, wenn sie uns finden, wenn, wenn ...

[...]

Eine zweite konkrete Angst taucht immer wieder im Tagebuch auf: die Angst vor Flugzeugen und Schießereien. Bezeichnend für Annes Reaktion darauf ist der Eintrag vom 10. März 1943: „Gestern Abend hatten wir Kurzschluss und außerdem ballerten sie unaufhörlich. Ich habe meine Angst vor Schießereien und Flugzeugen noch nicht abgelegt und liege fast jede Nacht bei Vater im Bett, um Trost zu suchen. Das ist vielleicht sehr kindisch, aber du müsstest das mal mitmachen! Man kann sein eigenes Wort nicht mehr verstehen, so donnern die Kanonen."

---

[1] angepasst
[2] Müller, S. 319 ff.

Was ihr hier Angst macht, ist zweierlei: die Bedrohung von
außen wird unüberhörbar, überfällt sie als Kanonendonner,
und – sie fühlt sich der Bedrohung hilflos ausgeliefert. Wie
reagiert sie? Sie flüchtet sich zu ihrem Vater, jedoch nicht
mehr, um Schutz zu suchen, wie es ein Kind getan hätte, 5
inzwischen weiß sie, dass er ihr nur Trost geben kann.
Beide Ängste, die Angst vor Entdeckung und vor dem
Schießen, sind an reale Anlässe gebunden, sie tauchen in
bestimmten Situationen auf und verschwinden wieder.
Das ändert sich mit dem Eintrag vom 2. Mai 1943: Herr van 10
Pels habe gesagt, sie müssten noch bis Ende 1943 im Hinterhaus
bleiben. Das sei zwar lange, meint Anne, aber doch auszuhal-
ten. Und dann tauchen zum ersten Mal auch bei ihr Zweifel an
einem guten Ausgang des „Abenteuers" auf. Sie sieht den
Weg, den sie vor sich hat, in einem dunklen Licht: Doch wer 15
gibt uns die Zusicherung, dass dieser Krieg, der jedem
nur Leid und Kummer bereitet, dann vorbei sein wird?
Und wer kann uns versprechen, dass bis dahin weder
mit uns noch mit unseren Helfern nicht längst was passiert ist? Doch niemand! Und darum leben wir auch 20
jeden Tag in Anspannung. Einer Anspannung von
Erwartung und Hoffnung, aber auch von Angst, wenn
man im Haus oder draußen Geräusche hört, wenn
geschossen wird oder wenn neue „Bekanntmachungen"
in der Zeitung stehen. *Sie fällt in diese neuen, tieferen Ängs-* 25
te hinein und findet keinen Weg, sich zu befreien. Einmal
bekommt sie eine Todesangst, *als die anderen überlegen, ob*
man es wagen könnte, sie zu einem Augenarzt zu schicken,
weil sie eine Brille braucht. Und am 16. September schreibt sie:
„Ich schlucke jeden Tag Baldriantabletten, gegen Angst 30
und Depression, aber das verhütet doch nicht, dass
meine Stimmung am Tag darauf noch miserabler ist."
In diesem zweiten Halbjahr 1943 hängt ihre Angst nicht mehr
nur von ihrer Situation im Hinterhaus ab, sie wird umfassend,
existenziell. Anne empfindet ihr Ausgesetztsein in der Welt, 35
sie fragt nach dem Sinn des Lebens. Besonders deutlich wird
das in ihren Einträgen vom 29. Oktober und 8. November
1943, das Eingesperrtsein ist zum Symbol für Hoff-
nungslosigkeit und Ausgeliefertsein geworden. Sie legt sich
auf die Couch und schläft, „um die Stille und auch die 40

schreckliche Angst abzukürzen, denn abzutöten sind sie nicht."

Am 9. November gesteht Anne, sie könne sich überhaupt nicht mehr vorstellen, dass die Welt um sie herum wieder normal würde, sie spreche zwar noch über „nach dem Krieg", aber wie über ein Luftschloss. Und dann findet sie eine sehr dramatische und ergreifende Metapher für ihre innere Verfassung: „Ich sehe uns acht im Hinterhaus, als wären wir ein Stück blauer Himmel, umringt von schwarzen, schwarzen Regenwolken. Das runde Fleckchen, auf dem wir stehen, ist noch sicher, aber die Wolken rücken immer näher und der Ring, der uns von der nahenden Gefahr trennt, wird immer enger. Jetzt sind wir schon so dicht von Gefahr und Dunkelheit umgeben, dass wir in der verzweifelten Suche nach Rettung aneinanderstoßen. Wir schauen alle nach unten, wo die Menschen gegeneinander kämpfen, wir schauen nach oben, wo es ruhig und schön ist, und wir sind abgeschnitten durch die düstere Masse, die uns nicht nach unten und nicht nach oben gehen lässt, sondern vor uns steht wie eine undurchdringliche Mauer, die uns zerschmettern will, aber noch nicht kann. Ich kann nichts anderes tun, als zu rufen und zu flehen: „O Ring, Ring, werde weiter und öffne dich für uns!"

Tiefe Verzweiflung, und noch immer kein Gott. Aber sie ist nahe daran. Sie hält ihre Angst und ihr Ausgeliefertsein nicht mehr aus, sie braucht einen Helfer und Retter. Wer anders könnte ihr da die Zuversicht geben, die ihr die Realität nicht bieten kann, als der, der für alles verantwortlich ist?

Am 27. November 1943 schreibt Anne zum ersten Mal vom Beten und bittet Gott direkt, ihr zu helfen. Von da an übernehmen Gott und die Natur – beide austauschbar – die Funktion, sie zu trösten, ihr Mut zu machen und ihr die Angst zu nehmen. So notiert sie am 30. Januar 1944: „Gestern bin ich ganz allein im Dunkeln hinuntergegangen. Ich stand oben an der Treppe, deutsche Flugzeuge flogen hin und her und ich wusste, dass ich ein Mensch-für-sich-selbst bin, der nicht mit der Hilfe anderer rechnen darf. Meine Angst war verschwunden. Ich sah hinauf zum Himmel und vertraute auf Gott." *Diese Zuversicht bleibt ihr erhalten. Am 23. Februar 1944 schreibt sie:* „Für jeden, der Angst

hat, einsam oder unglücklich ist, ist es bestimmt das
beste Mittel, hinauszugehen, irgendwohin, wo er ganz
allein ist, allein mit dem Himmel, der Natur und Gott.
Dann erst, nur dann, fühlt man, dass alles so ist, wie es
sein soll, und dass Gott die Menschen in der einfachen 5
und schönen Natur glücklich sehen will."
Ihre Lebensangst ist verschwunden, nur die konkreten, situa-
tionsbedingten Ängste sind geblieben. Ihre Erzählung
„Angst" kann man als Schlüsselgeschichte für ihre eigene
Angst und die Zuflucht bei Gott-Natur sehen. [...] 10
Daneben erfüllte Gott noch eine andere Funktion für Anne
Frank: die einer moralischen Instanz, die sie keinem Menschen
zugestand. Am 6. Juli 1944 schreibt sie: „Menschen, die eine
Religion haben, dürfen froh sein, denn es ist nicht jedem
gegeben, an überirdische Dinge zu glauben. Es ist nicht 15
mal nötig, Angst zu haben vor Strafen nach dem Tod.
Das Fegefeuer, die Hölle und der Himmel sind Dinge,
die viele nicht akzeptieren können. Trotzdem hält sie
irgendeine Religion, egal welche, auf dem richtigen
Weg. Es ist keine Angst vor Gott, sondern das Hochhalten 20
der eigenen Ehre und des Gewissens."
Anne Frank hat jemanden gebraucht, der ihr ihre Ängste
abnahm, als sie unerträglich wurden, damit sie wieder zu sich
selbst finden konnte. Mancher wird sagen: Sie glaubte an Gott
wie ein Kind, das laut pfeift, wenn es Angst vor der Dunkelheit 25
hat. Und wenn schon? Sie hat es geschafft, unter bedrohlich-
sten Bedingungen Hilfe zu finden.
Fast automatisch stelle ich mir die Frage: Wie war das später,
in Auschwitz, in Bergen-Belsen? Hat sie sich auch dort ihren
Gott erhalten können? 30
Ich würde es gerne glauben.[1]

„Angst"

25. März 1944
Es war eine schreckliche Zeit, die ich damals durch-
machte. Um uns her wütete der Krieg, und niemand

---

[1] Pressler, S. 184 – 190

wusste, ob er in der nächsten Stunde noch am Leben sein würde.

Meine Eltern, Brüder, Schwestern und ich wohnten in der Stadt, doch wir erwarteten, evakuiert zu werden oder flüchten zu müssen. Die Tage waren voller Kanonenschläge und Schüsse, die Nächte erfüllt von geheimnisvollen Funken und dumpfen Schlägen, die aus der Tiefe zu kommen schienen.

Ich kann es nicht beschreiben, ich erinnere mich an den Tumult dieser Tage auch nicht mehr sehr genau, weiß nur noch, dass ich den ganzen Tag nichts anderes tat, als Angst zu haben. Meine Eltern versuchten alles Mögliche, um mich zu beruhigen, aber es nutzte nichts, ich hatte Angst von innen und von außen, aß nicht, schlief schlecht, zitterte nur.

Das ging eine Woche lang so, bis an diesem einen Abend eine Nacht anbrach, an die ich mich erinnere, als ob es gestern gewesen wäre.

Um halb neun abends, als gerade das Schießen etwas nachgelassen hatte und ich auf einem Diwan, noch angezogen, lag, um etwas zu schlummern, wurden wir von zwei furchtbaren Schlägen plötzlich aufgeschreckt. Wie von Nadeln gestochen sprangen wir alle sofort auf und stellten uns in den Gang.

Selbst Mutter, die sonst immer so ruhig war, sah bleich aus. Die Schläge wiederholten sich in ziemlich regelmäßigen Abständen und plötzlich ein entsetzliches Krachen, Geklirr, Geschrei, und ich stürzte davon, so schnell ich konnte. Mit einem Rucksack auf meinem Rücken, dick angezogen, rannte ich, nur fort, fort, weg aus dieser schrecklichen, brennenden Masse.

Überall um mich her, überall liefen schreiende Menschen; die Straße war hell erleuchtet von den brennenden Häusern und alle Gegenstände sahen beängstigend glühend und rot aus.

Ich dachte nicht an meine Eltern, meine Brüder oder meine Schwestern, ich dachte nur an mich und dass ich wegmusste, nur fort. Ich fühlte keine Müdigkeit, meine Angst war stärker, ich bemerkte nicht, dass ich meinen Rucksack verlor, ich rannte nur.

Ich könnte unmöglich sagen, wie lange ich so fortlief,
immer mit dem Bild der brennenden Häuser, der schrei-
enden und verzerrten Gesichter vor Augen und Angst
um alles, was ich hatte. Dann erkannte ich plötzlich,
dass es stiller um mich geworden war, ich blickte mich
um, wie aus einem Traum erwacht, und sah niemanden
und nichts mehr. Keinen Brand, keine Bomben und keine Menschen.
Ich stand still, sah genauer um mich; ich befand mich
auf einer Wiese, über meinem Kopf glitzerten die Sterne
und der Mond schien, das Wetter war klar, die Nacht
frisch, aber nicht kalt.
Keinen Laut hörte ich mehr, todmüde setzte ich mich
auf die Erde, breitete die Decken, die ich noch im Arm
trug, aus und legte meinen Kopf darauf.
Ich sah zum Himmel und merkte plötzlich, dass ich keine Furcht mehr hatte, im Gegenteil, ich war sehr ruhig.
Das Unglaubliche war, dass ich überhaupt nicht mehr
an meine Familie dachte, auch kein Verlangen danach
hatte; ich sehnte mich nur nach Ruhe und es dauerte
auch nicht lange und ich war mitten im Gras unter dem
klaren Himmel eingeschlafen. Als ich wach wurde, ging
gerade die Sonne auf. Ich wusste sofort, wo ich war, als
ich im Tageslicht in der Ferne die bekannten Häuser sah,
die am Rande unserer Stadt standen.
Ich rieb mir die Augen wach und sah noch einmal genau um mich; niemand war in der Umgebung zu sehen,
nur der Löwenzahn und die Kleeblätter im Gras gaben
mir ihre Gesellschaft. Ich legte mich noch ein wenig auf
die Decken und dachte darüber nach, was ich nun tun
musste, aber meine Gedanken irrten immer ab, heim zu
dem wundersamen Gefühl der Nacht, als ich allein im
Gras saß und keine Angst hatte.
Später fand ich meine Eltern wieder und wir zogen zusammen in eine andere Stadt. Jetzt, nachdem der Krieg
schon lange zu Ende ist, weiß ich, wie es kam, dass unter dem weiten Himmel meine Angst verschwunden
war.
Als ich allein mit der Natur war, da erkannte ich, eigentlich ohne es zu wissen, dass Angst nichts hilft und

nichts nützt und dass es für jeden, der solche Angst hat wie ich damals, das Beste wäre, die Natur anzusehen und zu erkennen, dass Gott viel näher ist, als die meisten Menschen ahnen.

5 Seit dieser Zeit habe ich, obwohl noch zahllose Bomben in meiner Nähe fielen, nie mehr richtige Angst gehabt.

In: Anne Frank: Geschichten und Ereignisse aus dem Hinterhaus, a.a.O., S. 113-115

Gott in der Natur

Die Hauptfigur aus Anne Franks Romanfragment „Cadys
10 Leben", der Teenager Caroline Dorothea van Altenhoven, kurz: Cady, muss sich in einem Sanatorium von den Folgen eines schweren Verkehrsunfalls erholen. Schon bald geht es ihr so gut, dass sie kleine Spaziergänge in die nähere Umgebung unternehmen kann. Ein am Boden liegender
15 Baumstamm unweit des Sanatoriums wird zu ihrem Lieblingsplatz. Hier verbringt sie viel Zeit mit Lesen und Träumen.

Eines Morgens lernt Cady dort auch Hans kennen, einen siebzehnjährigen Jungen aus der Nachbarschaft, und fasst schnell Vertrauen zu ihm.

20
„Glaubst du an Gott, Hans?"

„Ja, ich glaube fest an Gott!"

„Ich habe über Gott in der letzten Zeit sehr viel nachgedacht, aber noch nie darüber gesprochen. Zu Hause ha-
25 be ich schon als sehr kleines Kind gelernt, jeden Abend vor dem Zubettgehen zu beten, ich tat es immer wie aus Gewohnheit, genauso wie ich auch jeden Tag meine Zähne putze. Ich verweilte nie bei Gott, ich meine, dass Er in meinen Gedanken eigentlich nie vorkam, denn was
30 ich damals wünschte, konnten meistens Menschen erfüllen. Seitdem ich das Unglück hatte und viel allein bin, habe ich reichlich Zeit, um über alle Dinge gründlich nachzudenken. An einem der ersten Abende, die ich hier war, blieb ich in meinem Gebet stecken und bemerkte,
35 dass ich mit meinen Gedanken ganz woanders war. Ich habe dies dann geändert, habe über die tiefere Bedeu-

tung der Worte nachgedacht und habe die Entdeckung gemacht, dass in dem scheinbar so einfältigen Kindergebet so entsetzlich viel mehr steckt, als ich jemals hatte vermuten können. Seit diesem Abend habe ich auch andere Dinge gebetet, Dinge, die ich selbst schön fand, und nicht nur so ein gewöhnliches Gebet. Aber einige Wochen später blieb ich eines Abends wieder in meinem Gebet stecken, als wie ein Blitzstrahl der Gedanke mich durchfuhr: ‚Warum sollte Gott mir, die, als ich es gut hatte, nie an ihn dachte, nun, da ich ihn nötig habe, helfen?‘ Und diese Frage blieb in mir hängen, denn ich wusste, dass es gerecht sein würde, wenn Gott nun seinerseits nicht an mich denken würde.“

„In dem, was du zuletzt sagtest, kann ich dir doch nicht völlig recht geben. Früher, als du zu Hause ein fröhliches Leben führtest, betetest du ja nicht vorsätzlich so ohne Inhalt, du dachtest über Gott nicht weiter nach. Jetzt, da du ihn suchst, weil du Schmerzen und Angst hast, jetzt, da du wirklich versuchst zu sein, wie du sein zu müssen glaubst, nun wird Gott dich sicher nicht im Stich lassen. Vertrau auf ihn, Cady. Er hat schon so vielen geholfen!“

Cady sah grübelnd zu den Bäumen auf. „Wie weiß man denn, Hans, dass Gott existiert? Was und wer ist Gott, niemand hat ihn doch je gesehen; manchmal habe ich das Gefühl, dass all das Beten zu Ihm nur ein Beten zu Luft ist!“

„Wenn du mich fragst, was und wer Gott ist, kann ich dir nur antworten: Du kannst niemanden fragen, *wer* ist Gott und wie sieht Er aus, denn das weiß niemand. Aber wenn du fragst, *was* ist Gott, dann kann ich dir antworten: Sieh um dich nach den Blumen, den Bäumen, den Tieren und den Menschen, dann weißt du, was Gott ist. Dieses Wunderbare, das lebt und stirbt, das sich fortpflanzt und Natur heißt, das ist Gott. Dies alles hat Er so gemacht; eine andere Vorstellung brauchst du von Ihm nicht zu haben. Die Menschen nennen dieses Wunder in einer Zusammenfassung: Gott; man würde es genauso gut anders nennen können. Bist du da mit mir einer Meinung, Cady?“

„Ja, das verstehe ich, und ich habe auch selbst darüber

nachgedacht. Manchmal, wenn der Doktor im Krankenhaus zu mir sagte: ‚Du machst gute Fortschritte, ich weiß beinah sicher, dass du wieder ganz gesund werden wirst', dann war ich so dankbar, und wem anders, die Schwestern und Doktoren ausgenommen, musste ich dankbar sein als Gott? Aber ein anderes Mal, als ich große Schmerzen hatte, dachte ich, dass das, was ich Gott nannte, das Schicksal war, und so drehte ich mich immer in einem Kreise herum, ohne zu einem Ergebnis zu kommen. Und als ich mich selbst dann fragte, ja, was glaubst du nun, wusste ich doch sicher, dass ich an Gott glaubte. Das habe ich sehr oft, dass ich, um es so auszudrücken, Gott um Rat frage, und dann weiß ich unfehlbar sicher, dass ich die einzig richtige Antwort bekomme. Aber Hans, sollte diese Antwort nicht auf irgendeine Weise aus mir selbst kommen?"

„So wie ich schon sagte, Cady, den Menschen und alles was lebt, hat Gott geschaffen, so wie es ist. Auch die Seele und der Gerechtigkeitssinn kommen von Ihm. Die Antwort, die du auf deine Fragen bekommst, kommt aus dir selbst und doch von Gott, denn er hat dich gemacht, so wie du bist."

„Du meinst also, dass Gott zu mir spricht, eigentlich durch mich selbst?"

„Ja, das meine ich, und indem wir hierüber gesprochen haben, Cady, haben wir einander schon sehr viel anvertraut. Gib mir deine Hand und lass uns dies ein Zeichen sein, dass wir einander immer vertrauen, und wenn einer von uns beiden Schwierigkeiten hat und gerne jemand etwas davon erzählen möchte, dann wissen wir zumindest alle beide den Weg, den wir gehen müssen."

Cady streckte sofort ihre Hand aus und lange blieben sie so Hand in Hand sitzen, während sie alle beide eine herrliche Ruhe in sich wachsen fühlten.

Seit ihrem Gespräch über Gott fühlten Hans und Cady alle beide, dass sie eine Freundschaft geschlossen hatten, die viel tiefer ging, als jeder Außenstehende denken würde. Cady hatte sich inzwischen so daran gewöhnt, alles, was um sie herum geschah, in ihrem Tagebuch aufzuschreiben, dass sie auch nach und nach ihre Gefühle und Gedanken dort, außer bei Hans, am besten beschreiben konnte. So schrieb sie einmal:

„Obwohl ich nun einen Freund habe, der ‚echt' ist, bin ich doch nicht immer fröhlich und glücklich. Sollten die Stimmungen bei allen Menschen so wechseln? Doch wenn ich immer fröhlich wäre, würde ich vielleicht nicht genügend über alle möglichen Dinge nachdenken können, die sicher wohl des Nachdenkens wert sind.

Unser Gespräch über Gott geht mir noch immer im Kopf herum, und es geschieht mir oft, dass ich plötzlich, während des Lesens im Bett oder im Wald, denke: Wie spricht Gott eigentlich durch mich selbst? Dann folgt ein ganzer Gedankenaustausch in mir.

Ich glaube, dass Gott ‚durch mich selbst spricht', weil Er, bevor Er die Menschen in die Welt schickte, jedem von ihnen ein Stückchen von sich selbst gab. Das Stückchen ist es, was in dem Menschen den Unterschied zwischen Gut und Schlecht macht und was Antwort gibt auf seine Fragen. Das Stückchen ist ebenso Natur wie das Wachsen der Blumen und das Singen der Vögel.

Aber Gott hat auch in die Menschen Leidenschaften und Sehnsüchte gesät, und in allen herrscht ein Streit zwischen diesen Sehnsüchten und der Gerechtigkeit.

Wer weiß, ob nicht die Menschen irgendwann mehr auf ‚das Stückchen von Gott', das Gewissen heißt, hören werden als auf ihre Begierden!"

Aus: „Cadys Leben" in: Anne Frank: Geschichten und Ereignisse aus dem Hinterhaus, a. a. O., S. 163-166

VI. Das Tagebuch

1. Die Geschichte des Buches

Erste Begegnung

„Buch" ist eigentlich die falsche Bezeichnung für die mehr als 300 losen Blätter, die Geschäftsbücher und das rot karierte Poesiealbum, das Anne zu ihrem 13. Geburtstag geschenkt bekommen hatte. Die Papiere und Bücher waren von der „grünen Polizei" nach der Verhaftung der acht Untergetauchten achtlos auf den Boden geworfen worden. Miep hatte sie aufgesammelt und sie ungelesen in der Schublade ihres Schreibtisches aufbewahrt, um sie Anne nach dem Krieg zurückzugeben.

Anfang Juni 1945 kam Otto Frank nach Befreiung des Lagers Auschwitz nach Amsterdam zurück, in der Hoffnung, dort seine Töchter vorzufinden. Im Sommer erhielt er die Nachricht vom Roten Kreuz, dass Margot und Anne im März in Bergen-Belsen an Typhus gestorben waren.

Miep Gies erzählt, dass Otto Frank, nachdem er die Nachricht vom Roten Kreuz erhalten hatte, in sein Büro ging, mit schleppenden Schritten. Sie selbst holte aus der unteren Schublade ihres Schreibtisches Annes Tagebücher, die sie seit dem 4. August 1944 dort aufbewahrt hatte. [...] Sie nahm, nach eigener Auskunft, sämtliche Aufzeichnungen, das Poesiealbum, die Geschäftsbücher, das Kassenbuch, die leeren Blätter, trug sie hinüber in Otto Franks Zimmer, hielt sie ihm hin und sagte: „Hier ist das Vermächtnis Ihrer Tochter an Sie."[1]

Damit hatte Otto Franks Leben einen neuen Sinn bekommen. Er erinnert sich:

Ich begann, langsam zu lesen, nur wenige Seiten pro Tag, mehr wäre unmöglich gewesen, weil die Erinnerungen mich überwältigten. [...] Ich lernte eine Anne kennen, die völlig anders war als das Kind, das ich verloren hatte. Ich hatte nichts von der Tiefe ihrer Gedanken und Gefühle geahnt. Mir

---

[1] Pressler, S. 22

war nicht bewusst gewesen, wie intensiv sie sich mit dem
Problem und der Bedeutung des jahrhundertelangen Leidens
der Juden beschäftigt und welche Kraft sie durch ihren
Glauben an Gott geschöpft hatte. [...] Wie hätte ich das wissen
können, wie wichtig ihr die Kastanie war, wo sie sich doch für
die Natur gar nicht zu interessieren schien. Gelegentlich hat
sie uns humorvolle Episoden und Geschichten vorgelesen, aber
nichts, was sie unmittelbar betraf.[1]

Annes Vermächtnis

Otto Frank wird zunächst versucht haben, die verschiedenen Bücher und Blätter chronologisch zu ordnen. Die
Eintragungen des eigentlichen Tagebuches gehen vom 12.
Juni 1942 bis zum 5. Dezember 1942. Ihm folgt ein in brau-
nes Packpapier geschlagenes schwarzes Geschäftsbuch, das
Anne am 7. Dezember 1943 zu schreiben begonnen hat,
also ein Jahr nach der letzten Eintragung im karierten
Poesiealbum. Da davon auszugehen ist, dass sie ihre
Korrespondenz mit „Kitty", wie sie ihr Tagebuch nennt,
nicht unterbrochen hat, muss angenommen werden, dass
ein Buch verloren gegangen ist. Das dritte Tagebuch
beginnt am 17. April 1944 und endet am 1. August dessel-
ben Jahres.
Dass wir trotz des verlorenen Tagebuches wissen, was
zwischen Dezember 1942 und Dezember 1943 geschah,
verdanken wir einer Rede, die der Minister für Unterricht,
Künste und Wissenschaften am 28.3.1944 aus dem Exil
über Radio Oranje an das holländische Volk richtete. Er
sagte:

„Geschichte kann nicht nur aufgrund offizieller Unterlagen
und Archivakten geschrieben werden. Soll das nachkommende
Geschlecht voll und ganz begreifen, was wir als Volk in diesen
Jahren mitgemacht und überstanden haben, dann brauchen
wir gerade die einfachen Schriftstücke – ein Tagebuch, Briefe
eines Arbeiters aus Deutschland, die Ansprachenreihe eines

---

[1] übersetzt nach Carol Ann Lee: Roses from the Earth. The Biography of Anne Frank, Penguin Books LTD: Harmondsworth, Middlesex,
England, 1999, S. 216

*Pfarrers oder Priesters. Erst wenn es uns gelingt, dieses einfa-
che, alltägliche Material in überwältigender Menge zusam-
menzutragen, erst dann wird das Bild dieses Freiheitskampfes
in voller Tiefe und in vollem Glanz gemalt werden können."*[1]

In ihrem Brief vom 29.3.1944 geht Anne auf diese Rede ein.
„Natürlich stürmten alle gleich auf mein Tagebuch los. Stell
dir vor, wie interessant es wäre, wenn ich einen Roman
vom Hinterhaus herausgeben würde. Nach dem Titel allein
würden die Leute denken, dass es ein Detektivroman
wäre." Anne begann daraufhin, ihre Eintragungen systematisch zu überarbeiten mit dem vagen Ziel, sie nach dem
Krieg zu veröffentlichen.

*Wegen der Papierknappheit hatte sie sich vom Büro, vermut-
lich von Miep, Durchschlagpapier geben lassen, wie es für
Kopien beim Schreibmaschinenschreiben benutzt wurde. Auf
diese dünnen Blätter schrieb sie nun ihre eigenen Tagebücher
ab. Dabei ordnete sie Einträge um, fügte manchmal mehrere
Briefe verschiedenen Datums zu einem einzigen zusammen,
kürzte, erweiterte, ließ uninteressante Einträge (oder solche,
die sie für uninteressant hielt) weg, schrieb neue, für das
Verständnis wichtige Passagen hinzu. So entstand eine zweite, von ihr selbst verfasste Version ihrer Tagebücher, [...] die
heute „Version b" genannt wird. Auch das fehlende Jahr ist in
dieser Zweitfassung enthalten, Anne muss also damals noch
über das verloren gegangene Buch verfügt haben. Doch auch
diese zweite Version ist unvollständig geblieben. Anne kam
mit ihrer Abschrift und der Umarbeitung nur bis zum 29.
März 1944. Die Zeit bis zum 1. August findet sich dann wieder ausschließlich in ihrem normalen Tagebuch (Version a),
das sie die ganze Zeit weiterführte.
Sie fertigte für das geplante Buch sogar schon eine Liste von
Namensänderungen an. Sich selbst wollte sie erst „Anne
Aulis" nennen, strich dann den Namen Aulis durch und
ersetzte ihn durch „Robin". Margot sollte „Betty" heißen, ihr
Vater Otto „Frederic", ihre Mutter Edith „Dora", Auguste
und Hermann van Pels „Petronella und Hans van Daan",*

---

[1] zitiert nach Pressler, S. 27

deren Sohn Peter „Alfred" und der letzte Untertaucher, Fritz Pfeffer, „Albert Dussel". Auch für einige der Helfer plante sie andere Namen. Bep Voskuijl sollte zu „Elly Kuilmans" werden. Miep zu „Anne van Santen", ihr Mann Jan zu „Henk".
5 *Zusätzlich zu dem Tagebuch und den losen Blättern schrieb sie 1943 und 1944 auch erfundene Geschichten und Erzählungen über Ereignisse aus dem Hinterhaus. Ein Kassenbuch mit diesen Geschichten ist ebenfalls erhalten geblieben.[1]*

Von losen Blättern zum Bestseller

10 Otto Frank schrieb einige Seiten des Tagebuchs ab, ließ sie ins Deutsche übersetzen und schickte sie an seine Verwandten in Basel und an Freunde. Ermutigt durch die positive Resonanz entschloss er sich nach anfänglichen Bedenken, das Tagebuch zu veröffentlichen.
15 Ausschlaggebend für seine Entscheidung war vielleicht Annes Wunsch: Ich will den Menschen, die um mich herum leben und mich doch nicht kennen, Freude und Nutzen bringen. Ich will fortleben, auch nach meinem Tod. (5. April 1944) Davon abgesehen sah er in dem
20 Tagebuch vor allem ein „Zeitdokument", „den Bericht eines untergetauchten jüdischen Mädchens in den Niederlanden während der deutschen Besatzungszeit".[2] Er war der Erste, der die Tagebücher überhaupt las, und er las sie als Vater, als Ehemann, als Freund der Familie van Pels
25 und Fritz Pfeffers und als Mann, als Mann seiner Zeit. In dem Bestreben, das „Wesentliche", das seiner Meinung nach Objektive des Schrifttums seiner Tochter zu überliefern, traf er eine subjektive Auswahl. Sehr abschätzige Bemerkungen Annes über ihre Mutter oder die Familie van
30 Pels wurden gemildert oder ebenso gestrichen wie ihre für die damalige Zeit überraschend offene Darstellung ihrer körperlichen Entwicklung. Endresultat der Redaktionsarbeit des Vaters war eine gekürzte 3. Version des Tagebuchs, eine Version c, die sich aus Annes a- und b-
35 Versionen zusammensetzte.

---

[1] ebd., S. 29 f.
[2] ebd., S. 33

Es war nicht leicht, einen Verleger zu finden. Viele lehnten das Manuskript dieses unbekannten jüdischen Mädchens ab. Sie wurden erst aufmerksam, als der niederländische Historiker Jan Romein unter dem Titel „Die Stimme eines Kindes" eine sehr positive Rezension in der Zeitung „Het Parool" veröffentlichte. Er schrieb:

Durch Zufall habe ich ein Tagebuch in die Hände bekommen, das während der Kriegsjahre geschrieben wurde. Die staatliche Institution für Kriegsdokumentation ist bereits im Besitz von etwa 200 solchen Tagebüchern, aber es würde mich erstaunen, wenn es eins gäbe, das derart rein, dermaßen intelligent und dennoch so menschlich ist wie dieses, das ich, die Gegenwart mit all ihren Verpflichtungen für einen Abend vergessend, in einem Zug gelesen habe. Als ich das Buch fertig hatte, war es Nacht und ich wunderte mich, dass noch Licht brannte, dass es noch Brot und Tee gab, dass ich keine Flugzeuge brummen hörte und auf der Straße keine Soldatenstiefel dröhnten, dermaßen hatte die Lektüre mich gefesselt und in diese unwirkliche Welt, die wir jetzt schon wieder beinahe ein Jahr hinter uns gelassen haben, zurückgeführt …[1]

1947 erschien das Tagebuch schließlich mit dem Titel „Het Achterhuis: Dagboek-brieven van 14. Juni 1942 – 1. August 1944" im Contact Verlag Amsterdam in einer Auflage von 1500 Exemplaren. 1950 wurde es in Frankreich und nach einigem Zögern auch in Deutschland veröffentlicht. Ein Jahr später folgte die englische Ausgabe, gefolgt von der amerikanischen und japanischen Edition. Den endgültigen Durchbruch erzielte das Tagebuch durch die von Frances Goodrich und Albert Hacket erstellte Bühnenversion, die am 5. Oktober 1955 im Cort Theatre in New York uraufgeführt wurde. Otto Frank nahm an der Premiere nicht teil. In einem Brief an die Schauspieler begründete er seine Abwesenheit:

---

[1] David Barnouw: Anne Frank. Vom Mädchen zum Mythos. München: Econ & List Taschenbuch Verlag, 1999, S. 20 f.

Dieses Stück ist ein Teil meines Lebens und die Vorstellung, dass meine Frau, meine Kinder und ich auf der Bühne dargestellt werden, ist schmerzlich für mich. Es ist mir unmöglich zu kommen.[1]

Auch bei der Premiere in Amsterdam nahm er nur an der Eröffnungsfeier teil, während sich die ehemaligen Helfer und Jacqueline van der Maarsen das Theaterstück nicht entgehen ließen.

George Stevens, der als amerikanischer Soldat an der Befreiung Dachaus beteiligt war, drehte 1957 schließlich den ersten Film über das Hinterhaus. Eigentlich sollte Audrey Hepburn die Hauptrolle spielen. Aber sie lehnte ab. Da sie als Kind den Krieg in den Niederlanden erlebt hatte, ging ihr die Rolle zu nahe. So bekam ein neunzehnjähriges Mädchen aus Jersey, Milli Perkins, die Rolle. Und Mijnheer van Hoeven, der Gemüsemann, der die Prinsengracht mit Gemüse versorgt hatte, spielte sich selbst.

Filmpremiere in den Niederlanden

---

[1] übersetzt nach Lee, a.a.O., S. 226

Das Tagebuch 205

Der Vorwurf der Fälschung

Schon sehr früh, 1957, wurde die Echtheit des Tagebuchs
bestritten. Man bezweifelte, dass eine Fünfzehnjährige in
der Lage war, solche Gedanken und Gefühle, wie sie in
dem Tagebuch zum Ausdruck kommen, zu äußern. 1980
schließlich wurden handschriftliche Verbesserungen im
Original entdeckt, die von einem Kugelschreiber stammten, einem Schreibgerät, das erst nach dem Krieg erhält-
lich war. Daraufhin veranlasste das niederländische
Reichsinstitut für Kriegsdokumentation eine gründliche
wissenschaftliche Untersuchung der Hefte. Man konnte
nachweisen, dass die Verbesserungen von Otto Frank
stammten, der Stil- und Orthografiefehler sowie
Germanismen seiner Tochter korrigiert hatte. Man muss
sich klarmachen, dass Anne erst mit vier Jahren nach
Holland gekommen war. Ihre Muttersprache war deutsch.
Auch wenn im Hinterhaus holländisch gesprochen wurde
und sie das Tagebuch auf holländisch verfasst hatte, konnten „deutsch" klingende Formulierungen nicht vermieden
werden. Als die Echtheit zweifelsfrei feststand, veröffentlichte das Staatliche Institut für Kriegsdokumentation eine
sogenannte „Kritische Ausgabe" des Tagebuchs, die Annes
Originalversion (a), ihre eigene Bearbeitung (b) und die
Version Otto Franks (c) nebeneinanderstellt. Auf der
Grundlage dieser Ausgabe wurde 1992 eine neue
Taschenbuchausgabe veröffentlicht, die auch die Briefe
enthält, die der Vater „zensiert" hatte. Die Übersetzung
wurde durch Mirjam Pressler aktualisiert. Die dieser
Ausgabe zugrunde gelegten Briefe sind alle dieser neuen,
ausführlichen Ausgabe des Taschenbuchs entnommen.

2. Das Buch macht Geschichte

Zitate

Über 50 Jahre nach der ersten Veröffentlichung des Tagebuchs ist es – was Anne sich bestimmt nie hat träumen lassen – ein internationaler Bestseller geworden. Es wurde in 55 Sprachen veröffentlicht und sein Inhalt in zahlreichen Theaterstücken und Filmen umgesetzt. In seinen Memoiren schreibt Otto Frank:

> Anne Franks Vermächtnis ist noch immer höchst lebendig und berührt uns tief, insbesondere in einer Zeit, in der sich die Weltkarte ändert und die dunklen Leidenschaften in den Menschen erwachen.
> (Vaclav Havel)

> Manche von uns haben Anne Franks Tagebuch auf Robben Island gelesen und Mut daraus geschöpft.
> (Nelson Mandela)

> Von vielen, die im Laufe der Geschichte in Zeiten tiefen Leids und großer Verluste für die Würde des Menschen eingetreten sind, ist keine Stimme zwingender als die von Anne Frank.
> (J.F. Kennedy)

Das Tagebuch 207

Ich habe einmal meinen Verleger gefragt, was seiner Meinung nach die Gründe dafür sind, dass das Tagebuch von so vielen Menschen gelesen wird. Seine Erklärung war, dass das Tagebuch so viele verschiedene Lebensbereiche anspricht, dass jeder Leser darin etwas finden kann, das ihn persönlich bewegt. Und ich glaube, dass er recht hat ... Eltern und Lehrer lernen daraus, wie schwer es ist, ihre Kinder oder Schüler wirklich zu kennen ... Junge Leute identifizieren sich mit Anne oder sehen eine Freundin in ihr.[1]

Ich habe das Tagebuch als einen Anstoß erfahren, mich nicht von Themen wie z.B. Diskriminierung zu distanzieren. Und auch nicht wegzugucken, wenn heute Ähnliches wie damals in meiner Umgebung geschieht.
(Oliver, Klasse 8)[2]

Toll fand ich, dass Anne unter diesen Umständen – Krieg und Verfolgung – doch ihr Leben optimistisch gesehen hat. Sie war nicht trübsinnig, sondern hat versucht, alles positiv zu sehen.
(Jessica, Klasse 8)[2]

Ich fand am besten, dass Anne ihre Gefühle so frei geäußert hat. Und dass sie sich selbst gegenüber und den Mitbewohnern so kritisch war.
(Andreas, Klasse 8)[2]

---

[1] übersetzt nach Lee, a.a.O., S. 233
[2] Die Äußerungen stammen von Schülerinnen und Schülern des Gymnasiums Haus Overbach aus Barmen. Sie sind der Zeitschrift Weite Welt, hrg. vom Steyler Missionare e.V., Heft 3, 1995, entnommen.

In den folgenden Texten beschreiben zwei Frauen, die fast der gleiche Jahrgang wie Anne Frank sind, ihre Erfahrungen mit dem Tagebuch: die aus Lemgo stammende Jüdin Karla Raveh, die ein ähnliches Schicksal wie Anne erlebt hat, und
5 Dorothee Sölle, eine politisch engagierte evangelische Theologin, die heute in Hamburg lebt.

Ein Interview mit Karla Raveh

Mit fünfzehn Jahren wird Karla Raveh 1942 gemeinsam mit ihren Eltern, den beiden Großmüttern, zwei kleineren Brüdern und einer älteren Schwester nach
10 Theresienstadt deportiert. Von dort kommt sie 1944 in das Vernichtungslager Auschwitz und wird dann weiter in die Konzentrationslager Bergen-Belsen und Salzwedel verschleppt. Von der ganzen Familie überleben nur sie und ihre Großmutter mütterlicherseits, die nach der Befreiung
15 Theresienstadts im Februar 1945 in die Schweiz gelangt, wo sie fünf Jahre später stirbt. Karla Raveh kehrte zunächst nach Lemgo zurück und siedelte 1949 nach Israel über. Sie lebt heute mit ihrer Familie in Tivon in der Nähe von Bethlehem, verbringt aber jedes Jahr drei Monate
20 in ihrem Elternhaus in Lemgo. Dort wurde ein kleines Dokumentationszentrum eingerichtet, das sie betreut und in dem sie interessierten Gruppen zum Gespräch zur Verfügung steht. 1985 schrieb sie im Rahmen einer Schriftreihe zur Stadtgeschichte Lemgos ihre Erinnerungen
25 nieder. Inzwischen ist sie Ehrenbürgerin der Stadt Lemgo und Namenspatronin der neu gegründeten Gesamtschule. Dorothea Waldherr besuchte Karla Raveh und interviewte sie über ihre Eindrücke zu Anne Franks Tagebuch.

D. WALDHERR: Wann haben Sie das Tagebuch gelesen?
30 **K. RAVEH:** Das ist schon lange her, gleich nachdem es herauskam.
D. WALDHERR: Können Sie trotzdem noch einige Ihrer Eindrücke wiedergeben?
K. RAVEH: Also zuerst habe ich gedacht „Die haben ja
35 Glück gehabt", denn die Familie war ja noch zusammen. Ich konnte mich gut in Annes Lage hineinversetzen, aber

Das Tagebuch 209

immer mit ein bisschen Neid, dass sie noch mit ihren Eltern zusammen sein konnte. Allerdings konnte ich mir auch vorstellen, wie unmöglich und schlimm es war, auf so engem Raum zusammenzuleben, gerade für dieses junge Mädchen, das etwas jünger war als ich damals. Es hat mich sehr beeindruckt und tat mir ganz furchtbar leid, dass diese Menschen dann doch verraten wurden.

D. WALDHERR: Sie sagen, Sie empfanden Annes Situation trotz der Enge als Glück, weil sie noch mit ihrer Familie zusammen war. Anne stellt ja selbst einmal zu Beginn eines Tagebucheintrags fest, dass sie es, verglichen mit anderen Juden, die sich nicht verstecken konnten, im Hinterhaus wie im Paradies hätten. Damit meinte sie u. a. sicher auch die Tatsache, dass sie noch alle zusammen waren.

K. RAVEH: Das war ja auch nicht selbstverständlich. Ich war in Theresienstadt noch mit meiner Familie zusammen. Ich wohnte allerdings nicht bei ihnen. Aber so schlimm es auch war – mein Bruder hatte Typhus, meine Schwester hatte Typhus und meine Mutter hat sich in der Küche abgerackert, um für uns noch eine Suppe zu ergattern –, aber sie war wenigstens da und man konnte sich ab und zu mal sehen. Man hatte immer noch einen Hoffnungsschimmer, solange man zusammen war. Damals, wie auch später dann in Auschwitz und Bergen Belsen, war ich allerdings zum Glück auch schon mit anderen Jugendlichen zusammen, hatte Freundinnen. Das hat mich aufrecht gehalten.

D. WALDHERR: Zurück zum Tagebuch. Gibt es eine oder vielleicht mehrere Stellen, die Ihnen besonders im Gedächtnis geblieben sind?

K. RAVEH: Wenn sie so sehnsuchtsvoll aus dem Fenster geguckt hat. Ich erinnere mich an ähnliche Momente in Theresienstadt: Man schaute hinaus, der Himmel war blau, die Bäume waren grün und man hatte solche Sehnsucht nach Freiheit. Und dann später in Salzwedel: Man sah das Städtchen mit dem Kirchturm. Aber das normale Leben, das da hinter dem Stacheldraht lag, konnte man nur erahnen.

D. WALDHERR: Sie nehmen in Ihrem Buch sogar kurz Bezug auf Anne Frank, weil Sie sich – nachdem Sie Fotos von ihr gesehen hatten – vorstellen konnten, sie kurz vor

Anne Frank. Ein Lesebuch

ihrem Tod in Bergen Belsen gesehen zu haben. Abschließend sagen Sie: „Es gab Tausende solcher Anne Franks". Was genau meinen Sie damit?

K. RAVEH: Wissen Sie, es waren so viele in diesem Alter, und wenn sie dann so am Ende waren, dann sahen sie alle so jung und so zusammengesunken und armselig aus. Darum sagte ich: „Es gab Tausende." Sie kamen aus Ungarn, Polen, Rumänien, Griechenland und sie hatten ja auch einmal ein normales Leben geführt, waren jung, hatten Träume … Tausende ist ja noch zu wenig: alle. Sie waren doch alle noch jung und hatten Hoffnung.

D. WALDHERR: Wollen Sie damit sagen, dass Anne Frank kein Einzelschicksal war?

K. RAVEH: Ich meine, sie ist das Beispiel. Sie hat dieses Tagebuch geschrieben und es ist wunderbar, dass es da ist, stellvertretend für alle, die ihre Geschichte nicht erzählen konnten. Es war sicher so manches junge Mädchen unter uns, das auch so etwas Wertvolles und Kluges hätte schreiben können oder es sogar vielleicht getan hat, und es ist verloren gegangen. – Ich denke, es waren etliche dabei, die die Fähigkeit hatten, z. B. unsere Zimmerältesten in Theresienstadt, tschechische Studentinnen, sehr intelligente junge Leute. Die meisten von ihnen wurden von den Nazis umgebracht.

D. WALDHERR: Es hat ja tatsächlich auch andere gegeben, die – ähnlich wie Sie selbst – ihre Erfahrungen aufgeschrieben haben, vor allem natürlich ihre Erlebnisse im Konzentrationslager. Keines dieser Bücher ist so berühmt geworden wie Anne Franks Tagebuch. Woran liegt das Ihrer Ansicht nach?

K. RAVEH: Vielleicht daran, dass es so rührend, so unschuldig geschrieben ist, denn sie wusste ja nicht, wie alles kommen würde. Ich kann es mir nicht anders erklären. Es ist rührend – und dann dieses grausame, traurige Ende …

D. WALDHERR: Genau an diesem Punkt melden sich ja die Kritiker zu Wort: Besteht nicht die Gefahr, dass durch die mitfühlende Identifikation mit dem Mädchen Anne Frank beim Lesen die Schrecken des Holocausts in den Hintergrund rücken? Macht nicht gerade vielleicht die

Abwesenheit des Grauens, das Sie selbst ja auch so realistisch beschreiben, den Erfolg des Tagbuchs aus?

K. RAVEH: Nein, das glaube ich nicht. Ich denke, das Entscheidende ist vielmehr, dass das so wahr ist, was dieses eingesperrte junge Ding da erzählt: die Gefühle, die Hoffnungen und Ängste. Ich kann mich sehr gut daran erinnern, wie wir Mädchen uns abends im Dunkeln etwas erzählt haben, ob das nun unsere Träume waren oder die Erinnerungen an einen Freund, einen jungen Mann, in den man sich verliebt hatte. Es waren dieselben Gefühle und Gedanken. Sicher, genau genommen war die Situation, die im Tagebuch beschrieben wird, erst der Anfang des Grauens, ein sehr schwerer Anfang natürlich. Er ist vielleicht im Ansatz vergleichbar mit den Erfahrungen, die wir machten, bevor wir deportiert wurden. Das Ausgestoßensein, die Isolation – das war auch keine Freiheit mehr. Man durfte beispielsweise die Stadtgrenze ohne polizeiliche Erlaubnis nicht mehr übertreten. Das ist auch eine Form des Eingesperrtseins. Aber natürlich war das erst der Anfang.

Dorothee Sölle

hat ihrer Auseinandersetzung mit dem Tagebuch der Anne Frank in ihrer Biografie „Gegenwind" ein ganzes Kapitel gewidmet.[1]

Aufwachen

Ich gehöre dem gleichen Jahrgang an wie Anne Frank. Zwanzig Jahre war ich alt, als ich ihr Tagebuch gelesen habe; damals 1950, als die erste deutsche Ausgabe erschien, war sie schon fünf Jahre tot. Aber die Toten altern nicht, sie verblassen höchstens, was bei Anne kaum vorstellbar ist. Ich las ihre Eintragungen, als wäre ich dabei gewesen, im Hinterhaus in Amsterdam mit dem Blick auf die Grachten. Anne war für mich die Freundin, die ich schon lange suchte: witzig, neugie-

---

[1] Dorothee Sölle: Gegenwind. Hamburg: Hoffmann und Campe, 1995, S. 32 – 37

rig, intelligent, voller Einfälle, vital: Anne, die sarkastisch die Mundwinkel herabzog über das Gejammer der Erwachsenen über zurückgelassenes Porzellan, Anne, unausstehlich in ihrer Verachtung mittelmäßiger Dummheit, Anne, mit den Augen, die alle Welt vom Foto her kennt, voller Trauer und doch nicht jammerig.

Ich denke, dass viele Mädchen aus behüteten Familien mit einem hohen Bildungsanspruch dieses Buch verschlungen haben wie ich: als ein Buch für Mädchen, ein ehrliches Buch über die Ängste und Verzweiflungen des Jungseins. Damals kannte ich das Wort „Pubertät" noch nicht, ich hatte keine Distanz zu diesen Formen der Einsamkeit. Und Anne hatte genau geschrieben, was ich auch erlebt hatte: „Jeder findet mich übertrieben, wenn ich nur den Mund auftue, lächerlich, wenn ich still bin, frech, wenn ich eine Antwort gebe, raffiniert, wenn ich mal eine gute Idee habe, faul, wenn ich müde bin, egoistisch, wenn ich mal einen Löffel mehr nehme, dumm, feige, berechnend usw. usw. Den ganzen Tag höre ich nur, dass ich ein unausstehliches Geschöpf sei, und wenn ich auch darüber lache und so tue, als wenn ich mir nichts daraus machte, ist es mir wirklich nicht gleichgültig" (30. Januar 1943).

Waren meine Erfahrungen nicht ähnlich gewesen? Als Kind musste ich mich gegen drei ältere Brüder durchsetzen; ich wurde immer als die „Kleine", als die „Dumme" behandelt. Ich musste Argumente bringen, wenn ich irgendetwas anmelden wollte.

Und doch ist diese psychologische Realität, die mich zur Identifikation hinriss, bloß das Äußere, das Liebenswerte und Bestechende. Das wirkliche Innen, so seltsam es klingen mag, die andere Stimme Annes, ihr Ernst, ihre Unbestechlichkeit, erscheinen gerade dort, wo wir Heutigen in einer von der individuellen Psychologie beherrschten Kultur es am wenigsten suchen würden: in der Wahrnehmung der unausweichlichen Brutalität des Außen. Die Geschichte der Anne Frank ist ja die exemplarische Geschichte eines der Opfer; sie erzählt, was „Untertauchen" bedeutet und wie Menschen versuchten, der Verfolgung zu entkommen. Dies war dann doch unvergleichbar mit meinen kleinen Evakuierungen, durch die ich viele verschiedene Schulen kennengelernt hatte und als das „neue Kind" in eine andere Klasse musste. Das schreckliche Alleinsein der Halbwüchsigen war das, was ich am meisten nachfühlte.

Anne denkt, fühlt, atmet und hofft gegen den Alltag und die Angst. Nicht nur jeder Tag, auch jeder Satz, den dieses Mädchen schreibt, ist den Mördern gestohlen, dem Leben zurückgegeben. Darin liegt ein Auftrag an alle, der über die Zeit des deutschen Faschismus vor einem halben Jahrhundert hinausgeht: Wo immer Menschen verfolgt, verschleppt, ermordet und verscharrt werden, da ist Anne Franks Stimme, die den Mordbeamten das Recht streitig macht, halb ein Kind, halb eine junge Frau gegenwärtig ...

Und doch ist es etwas Besonderes, als Deutsche Anne Frank zu erleben. Die Maschine des Todes, der sie ausgeliefert wurde, ist ja die, die mein Volk vorgedacht und ersonnen, gebaut, geölt und bedient hat, bis zum bitteren Ende. An einer Stelle, die ich in meinem zerlesenen Tagebuch angestrichen hatte, schreibt sie: „Welch ein Volk, diese Deutschen! Und dazu gehörte ich auch einmal. Nun hat Hitler uns schon lange staatenlos erklärt. Und eine größere Feindschaft als zwischen diesen Deutschen und den Juden gibt es nicht auf der Welt" (9. Oktober 1942).

Wie oft habe ich mir gewünscht, dass Hitler mich auch „staatenlos" gemacht hätte! Dass ich nicht dazugehörte! Anne Frank macht zwar einen Unterschied zwischen „diesen" Deutschen und anderen, und das spricht für ihre Fähigkeit zu differenzieren, sich genau auszudrücken. Aber für mich als Deutsche ist das nicht so einfach. Verstrickt waren schließlich alle, die nicht Widerstand leisteten, eingebunden in die verschiedensten Formen des Mitglaubens, Mitmachens und Mitprofitierens, und zu diesen „Mitläufern" im weiten Sinn des Wortes gehörten auch alle die, welche die Kunst des Wegsehens, Weghörens und Stummbleibens eingeübt hatten. Es ist viel gestritten worden über kollektive Schuld und Verantwortlichkeit. Mein Grundgefühl ist eher das einer unauslöschlichen Scham: zu diesem Volk zu gehören, diese Sprache der KZ-Wächter zu sprechen, diese Lieder, die auch in der Hitlerjugend und im BdM gesungen wurden, zu singen. Diese Scham verjährt nicht, ja sie muss lebendig bleiben.

[...]

So schämte ich mich heute wieder: über das Giftgas, das deutsche Industrielle den Feinden Israels geliefert haben, über die 18 Milliarden Deutsche Mark, die wir für den Golfkrieg übrig hatten, nicht für die Versorgung der von Cholera heimgesuchten Länder mit Trinkwasser. Ich brauche diese Scham über mein Volk, und ich will nichts vergessen, weil die Vergesslichkeit die Illusion nährt, es wäre möglich, ein Mensch zu werden auch ohne die Toten. In Wirklichkeit brauchen wir ihre Hilfe. Ich habe meine Freundin Anne Frank sehr gebraucht.

Im Jahr 2017 erschien Anne Franks Tagebuch als Graphic Diary umgesetzt von Ari Folman und David Polonsky. Das Graphic Diary ist eine Kombination aus dem Originaltext und fiktiven Dialogen.

Bildquellen

|akg-images GmbH, Berlin: 108. |alamy images, Abingdon/ Oxfordshire: PjrStatues 206. |Anne Frank Museum / Anne Frank House, Amsterdam: 7, 8, 115, 130, 135, 140, 152, 160, 161. |Asscher, Berrie: Mit freundlicher Genehmigung 96. |Beltz & Gelberg in der Verlagsgruppe Beltz, Weinheim: Mirjam Pressler, Ich sehne mich so, 1998 88. |Bridgeman Images, Berlin: SZ Photo 111. |Historisches Museum Frankfurt, Frankfurt/M.: 103. |Panstwowe Muzeum, Oswiecim: 94. |S. Fischer Verlag GmbH, Frankfurt/Main: Anne Frank Tagebuch, S. 35. Einzig autorisierte und ergänzte Fassung Otto H. Frank und Mirjam Pressler. © 1991 by ANNE FRANK-Fonds, Basel. Alle Rechte vorbehalten S. Fischer Verlag GmbH, Frankfurt am Main 16; Das Tagebuch der Anne Frank. Graphic Diary. Umgesetzt von Ari Folman und David Polonsky, S. Fischer-Verlag 2017 © 2017 by Anne Frank Fonds, Basel. Abdruck/Nutzung mit Genehmigung der Liepman AG, Zürich 215; Ernst Schnabel: Anne Frank. Spur eines Kindes. Ein Bericht. Überarbeitete Neuausgabe 1997 89; Willy Lindwer: Anne Frank. Die letzten sieben Monate. Augenzeuginnen berichten 164. |Spaarnestad Photo, Den Haag: 204. |Stadtarchiv und Landesgeschichtliche Bibliothek Bielefeld, Bielefeld: Fotograf: Fritz Stockmeier 175, 178, 179, 180, 181. |Theaterhaus Schnürschuh, Bremen: Kurt Wobbe 27. |ullstein bild, Berlin: Heritage Images 49. |Ullstein Buchverlage GmbH, Berlin: Melissa Müller: Das Mädchen Anne Frank, Claassen Verlag 1998 91. |Verlag Friedrich Oetinger GmbH, Hamburg: Ruud van der Rol/Rian Verhoeven: Anne Frank, hrsg. von der Anne-Frank-Stiftung, Amsterdam. Deutsch von Mirjam Pressler 100, 101, 118.

Wir arbeiten sehr sorgfältig daran, für alle verwendeten Abbildungen die Rechteinhaberinnen und Rechteinhaber zu ermitteln. Sollte uns dies im Einzelfall nicht vollständig gelungen sein, werden berechtigte Ansprüche selbstverständlich im Rahmen der üblichen Vereinbarungen abgegolten.

Literaturverzeichnis

zu Teil A

Anne Frank Tagebuch, Fassung von Otto H. Frank und Mirjam Pressler. Aus dem Niederländischen von Mirjam Pressler. Frankfurt/M.: Fischer Verlag 1988

zu Teil B

- Anne Frank Stiftung (Hrsg.): Anne Frank. Amsterdam, Hamburg: Oetinger 1993
- Anne Frank Stichting (Hrsg.): Anne Frank Haus – ein Museum mit einer Geschichte. Amsterdam 1992
- Anne Frank Stichting (Hrsg.): Die Welt der Anne Frank, 1929 – 1945. Materialien zur Ausstellung und zur Anne Frank Zeitung. Berlin: Pädagogisches Zentrum 1987
- Barnoun, David: Anne Frank. Vom Mädchen zum Mythos. Econ & List Taschenbuch Verlag 1999
- Frank, Anne: Geschichten und Ereignisse aus dem Hinterhaus. Ungekürzte Ausgabe. Frankfurt/M.: Fischer TB Verlag 1993
- Gies, Miep: Meine Zeit mit Anne Frank. München: Heyne Verlag 1999. Lizenzausgabe mit Genehmigung des Scherz Verlages.
- Gold, Alison Leslie: Erinnerungen an Anne Frank. Nachdenken über eine Kinderfreundschaft. Ravensburg: Ravensburger Buchverlag 1998
- Lee, Carol Ann: Roses form the Earth. The Biography of Anne Frank. Harmondsworth, Middlesex, England, 1999
- Lindwer, Willy: Anne Frank. Die Biographie. München: Claassen 1998
- Müller, Melissa: Das Mädchen Anne Frank. Die Biographie. München: Claassen Verlag 1998
- Niedersächsische Landeszentrale für politische Bildung. Begleitheft zur Ausstellung Bergen-Belsen. Hannover 1990
- Pressler, Mirjam: Ich sehne mich so. Die Lebensgeschichte der Anne Frank. Weinheim und Basel: Beltz & Gelberg 1992
- Rijksinstituut voor Oorlogsdocumentatie: Die Tagebücher der Anne Frank. Vollständige, textkritische, kommentierte Ausgabe. Frankfurt/M.: S. Fischer Verlag 1988

- Schnabel, Ernst: Anne Frank. Spur eines Kindes. Frankfurt/M.: Fischer Bücherei 1958
- Sölle, Dorothee: Gegenwind. Erinnerungen. Hamburg: Hoffmann und Campe 1995